奇妙的数学思维游戏书 I

许建铭 著

浙江人民出版社

图书在版编目（CIP）数据

奇妙的数学思维游戏书. I /许建铭著. —杭州：
浙江人民出版社，2021.6

ISBN 978-7-213-09859-8

Ⅰ.①奇…　Ⅱ.①许…　Ⅲ.①数学课－中小学－教学参考资料　Ⅳ.① G634.603

中国版本图书馆 CIP 数据核字（2020）第 188387 号

舞数擂台

回想我的中学时代，有个老师曾对班上的同学说："可以解决别人解不出来的问题，固然不简单。但创造别人解不出来的问题，更不简单。"从教育本身来看，后面这一句还需推敲。我一直认为，能让大众"情不自禁"地动脑解决问题才是真正的不简单。这些以独特的教育方式引人思考并给人启迪的人，是促进人类文明持续发展进步的重要力量。

当前，九年义务教育的目标，重在激发学生们的主动探索及研究精神，并培养他们独立思考与解决问题的能力。那么，数学教学的目标就该致力于让学生们理解数学的知识概念，善于基础运算，探索以推论的方法解决数学问题，并引导他们将数学方法运用于日常生活中，增强他们对数学及其相关学科的兴趣。

对孩子来说，中小学阶段正是他们学习、成长和智力发展的黄金期。在这一时期，如果给予孩子们正确的学习材料和妥切的教育激励，那么就会使他们头脑更清晰，反应更灵活，并有助于他们探索精神与应变能力的形成与提高。

本书内容分成两个部分：第一部分为"打通推算思路"，主要帮助学生及早确立对生活中一些基础推算的认知；第二部分为"启发图形知觉"，主要帮助学生增强对图形与空间的观察敏锐度。《怎样解题》的作者 G. 波利亚对数学学习有如下看法："很多人说学习应该是主动的，不该是被动接受的。如果在读书、听演讲或看图片时没有加上发自内心的思考，那么绝不可能学到任何事物，至少不可能学太多。"

本书中，每道题都不需高深的理论或固定的方法去解决，只需细致耐心、多动脑、勤动手就可解决。在平时练习中，对孩子来说，最重要的不是答案对错和解题时间长短，而是用心体会整个解题过程，并从中收获解题心得和技巧。

当前，孩子面临课业负担重、升学竞争激烈等问题。学习方法不当会导致学习效果不佳、学习压力加大和学习兴趣减退等一系列问题。本书旨在提供一套全新的解题思维和方法，辅助学生拥有更为出色的推算能力和学业表现。

目　录

打通推算思路

问题 1

小玉叫小丸子观察下图中数的变化规律，并在最右侧的圆圈内填上正确的数，但小丸子想了很久，还是一筹莫展。请你帮帮她。

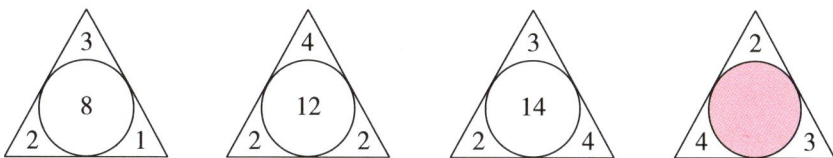

问题 2

下图中，每个长方形的顶点处都有 4 个数。阿笠博士说每个长方形里面的数都可以根据同一个推算式子得出。请问："？"表示的数是多少？

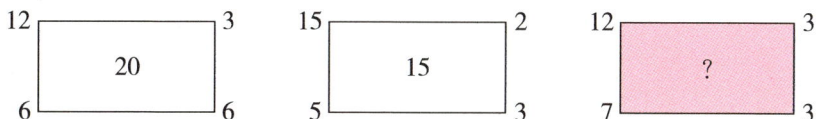

问题1解答

a，b，c，d 的关系为 $d=(a+b)\times c$，所以最右侧圆圈内的正确的数为 $(2+3)\times 4=5\times 4=20$。

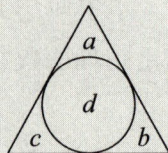

问题2解答

由 a，b，c，d 推算 e 的式子为 $e=a\div b+c\times d$，所以"？"表示的数是 $12\div 3+7\times 3=25$。

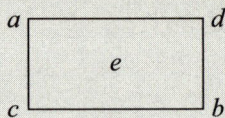

问题 3

下图中的数表示各个正方形的面积。阿笠博士说它们是按照某种规律由大到小排列的。请问："x"表示的数是多少？

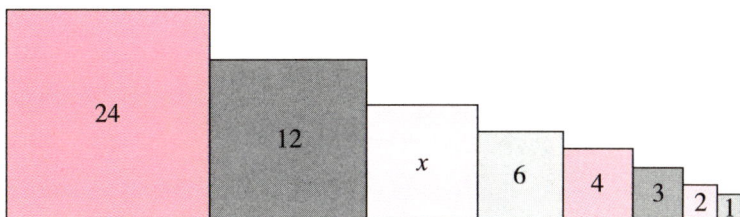

问题 4

柯南的父母最近买了一套四层楼的公寓，每个窗户的 4 块玻璃分别被涂上黑色和白色。每个窗户代表一个数字，每层楼有三个窗户，由左而右表示一个三位数，四个楼层共有四个三位数：275，362，612，791。请问：第三层楼表示哪一个三位数？

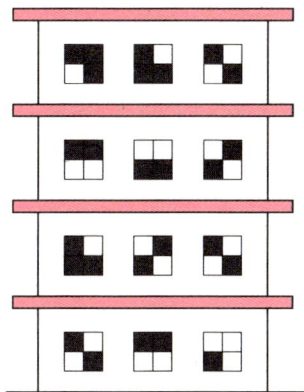

问题 3 解答

下图中"大小配"的两数乘积皆为24，即 $24 \times 1 = 12 \times 2 = 3 \times x = 6 \times 4 = 24$，所以 $x = 8$。

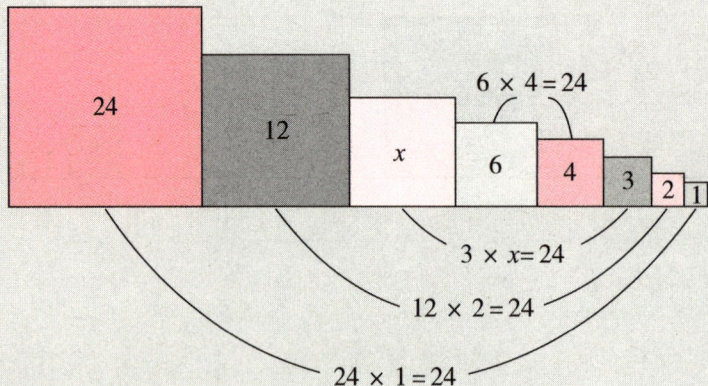

问题 4 解答

（1）由图示可知：第二层楼与第四层楼的窗户，所表示三位数的个位数字相同，再考虑题目给的两个三位数 362、612，便可推知这两层楼第三个窗户的数字为2。

（2）第一层楼的百位数字为2，所以第一层楼的三位数为275。

（3）因为第三层楼第一个窗户与第一层楼第二个窗户的数字相同，所以第三层楼表示的三位数为791。

问题 5

阿笠博士说以下四组数是按照某种规律依次发展的，请问："□"内应填入的数是多少？

（1）31，23，15

（2）42，18，12

（3）53，21，31

（4）64，20，□

问题 6

阿笠博士说 1，6，36，3，18，108，9，□，…是按照某种规律排成的一组数列。请问："□"内应填入的数是什么？

问题 5 解答

（1）的三个数，第一与第三个数的和是第二个数的 2 倍；

（2）的三个数，第一与第三个数的和是第二个数的 3 倍；

（3）的三个数，第一与第三个数的和是第二个数的 4 倍；

由上推知：（4）的三个数，64 与 □ 的和是 20 的 5 倍，所以 □ ＝36。

问题 6 解答

依次将三个数划为一组，第四个数 3 是第一个数 1 乘以 3，第五个数 18 是第二个数 6 乘以 3，第六个数 108 是第三个数 36 乘以 3，第七个数等于第四个数 3 乘以 3。

由上推知：第八个数是第五个数乘以 3，即 18×3=54，所以 □ 内应填入 54。

问题 7

　　小丸子与她的同学共 17 人，带着 14 件行李要渡河旅行。河边停着一艘小船，船夫说："小船最多只能再载客 4 人或行李 8 件，再多就要翻船了。"假设每个人的重量相同，每件行李的重量也相同，请问：小船要横越河面多少次，才能把所有人和行李运到河对岸？

笔记栏

问题7解答

4人的重量=8件行李的重量⟹1人的重量=2件行李的重量，所以14件行李的重量等同于7人的重量⟹17人带着14件行李的总重量等同于24人的重量。

由24÷4=6推知载6次就可将所有人和行李载过河。

可行的运载方式如下：

（1）3人与2件行李载过河，小船返回（共横越河面2次）；

（2）3人与2件行李载过河，小船返回（共横越河面2次）；

（3）3人与2件行李载过河，小船返回（共横越河面2次）；

（4）3人与2件行李载过河，小船返回（共横越河面2次）；

（5）3人与2件行李载过河，小船返回（共横越河面2次）；

（6）2人与4件行李载过河（横越河面1次）。

所以小船要横越河面11次，才能把所有人和行李运到河对岸。

笔记栏

问题 8

　　小丸子和她的姐姐共同参加植树活动，每人植树 3 棵。如果一个人挖一个树坑需要 15 分钟，运树苗一趟（最多可运 6 棵）需要 20 分钟，提一桶水（可浇 2 棵树）需要 10 分钟，栽好一棵树需要 10 分钟。现在以两人为一个小组进行合作，若每人必须至少做三项不同的工作，则完成植树活动所需的最短时间是多少分钟？

问题 9

　　美环在路上捡到一条由 7 个铁环接成的链子，花轮想要，美环就对花轮说："如果你可以从中砍断一个铁环，使链子成为三部分。而且我可以每天给你一个铁环，那一星期后链子就全是你的了。"请问：花轮要砍断哪一个，才能得到这条链子？

问题 8 解答

最短时间是（15×6+20+10×3+10×6）÷2=100（分钟），
考虑其实际安排如下：

小丸子 挖4个坑 → 提 水 → 栽1棵树 ⟶ 完成
60分钟　　　30分钟　　　10分钟

小丸子姐姐 运 苗 → 挖2个坑 → 栽5棵树
20分钟　　　30分钟　　　50分钟

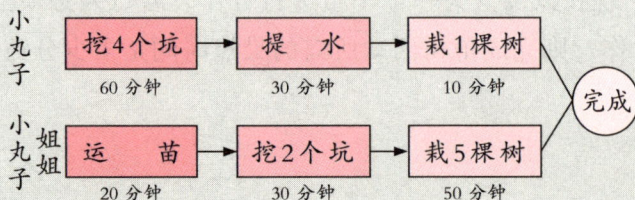

两人同步进行，所以完成任务所需的最短时间是100分钟。

问题 9 解答

砍断这两个铁环的任意一个皆可。

如上图，将第三个铁环砍断，可得"2个铁环""1个铁环""4个铁环"共三部分。

第一天给"1个铁环"；

第二天给"2个铁环"并拿回"1个铁环"；

第三天再给"1个铁环"；

第四天再给"4个铁环"并拿回"1个铁环"与"2个铁环"；

第五天再给"1个铁环"；

第六天给"2个铁环"并拿回"1个铁环"；

第七天再给"1个铁环"。

问题 10

下图有 5 节链子，每节由 3 个铁环接在一起。小美想要把 15 个铁环接成一条大链子。请问：最少要切开几个铁环？

问题 11

阿笠博士说以下各组数都遵循同一规律，请问：□内应该填入哪一个数？

第一组：76，27，59

第二组：77，21，28

第三组：78，16，□

问题 10 解答

如下图，只要切开 3 个铁环就可将另 4 节链子接在一起，成为 15 个铁环的大链子。

切开这3个铁环

用3个铁环将4节链子连接在一起

问题 11 解答

第一组三个数的关联性是（76+59）÷5=135÷5=27；

第二组三个数的关联性是（77+28）÷5=105÷5=21；

所以第三组三个数的关联性为（78+ $\square$ ）÷5=16 ⇒ 78+ $\square$ =16×5=80。

所以 $\square$ =2。

问题 12

阿笠博士说 1，2，3，2，5，6，11，30，□，…是按照某一规律排成的一组数列。请问：□内应该填入哪一个数字？

问题 13

阿笠博士说下列一组数有一定的规律，请填入□中的数。

2，3，5，3，4，7，4，5，□

问题 12 解答

以两个数为一组来看：

1，2，（1+2），（1×2），〔（1+2）+（1×2）〕，〔（1+2）×（1×2）〕，…

因为 11=5+6，30=5×6，所以 □ =11+30=41。

问题 13 解答

以三个数为一组来看：

2+3=5，3+4=7，4+5=9，所以 □ =9。

问题 14

阿笠博士说下列一组数有一定的规律，请填入 □ 中的数。

1，3，6，8，16，18，□，□，76，78

问题 15

花轮有两个大小不同却彼此完全嵌合的齿轮，其中较大的齿轮有 15 齿，较小的齿轮有 9 齿。若大齿轮每分钟转 18 圈，则小齿轮每分钟转多少圈？

问题 14 解答

1+2=3，3×2=6；

6+2=8，8×2=16；

16+2=18，18×2=36；

36+2=38，38×2=76；

76+2=78。

所以空格中的数依次为 36，38。

问题 15 解答

大小两个齿轮的齿数比为 15：9=5：3，

同一时间内，大小两个齿轮的圈数比为 $\frac{1}{5}$：$\frac{1}{3}$=3：5，

$18 \times \frac{5}{3}$ =30，

所以若大齿轮每分钟转 18 圈，则小齿轮每分钟转 30 圈。

问题 16

灰原有两条长短粗细不一、燃烧速率不稳定的绳子，而且每一条绳子从任意端点燃直到烧完都恰为 1 小时。柯南却说他可以用这两条绳子，测出 45 分钟时间。请问：他是怎么办到的？

问题 17

若一支钢笔比一支圆珠笔贵 120 元，则元太买 3 支钢笔、2 支圆珠笔比光彦买 2 支钢笔、3 支圆珠笔多花多少钱？

问题 16 解答

　　将其中一条绳子的两端与另一条的一端同时点燃，待一条烧完时（过了 30 分钟），立即点燃另一条的另一端，直到第二条也完全烧完，则合计费时 30+15=45（分钟）。

问题 17 解答

　　由以下两种图示的任意一种可知：买 3 支钢笔、2 支圆珠笔比买 2 支钢笔、3 支圆珠笔多花 120 元。

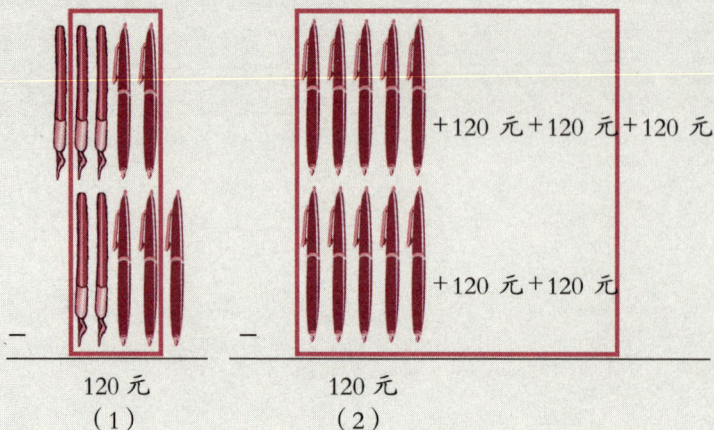

+120 元 +120 元 +120 元

+120 元 +120 元

120 元
（1）

120 元
（2）

问题 18

抽屉里有白袜 40 只、红袜 50 只、黄袜 60 只。请问：柯南在黑暗中至少要取出几只袜子，才能保证在取出的袜子中有 5 双颜色相同的袜子？

问题 19

小玉与小丸子一起去书店，她们看到一本好书。如果要买这本书，小丸子差 80 元，小玉差 2 元，而且就算两人一起出钱合买一本，还是差 1 元。请问：这本书卖多少钱？

问题18 解答

因为袜子只有白、红、黄三种不同颜色，所以一只一只取出11只袜子，则取出的袜子最多只会有3只不能成双。也就是说：取完11只时，最少有4双，再多出白、红、黄袜各一只，再取一只就有5双袜子了。所以至少要取12只袜子，才能保证在取出的袜子中有5双颜色相同。

问题19 解答

小玉要买这本书差2元，但合买还差1元，表示小丸子只有1元。小丸子要买这本书差80元，所以这书本的售价是1+80=81（元）。

问题 20

步美、光彦和元太到书店购买一本书，步美差 64 元，光彦差 59 元，元太差 77 元。若将他们三人的钱合起来，恰好够买这本书，则这本书卖多少钱？

问题 21

小玉将一张画有布丁狗、大小为 4 平方厘米的正方形图案（如下图），放到影印机影印，而且该影印机一次只能印出一张纸。如果小玉带的钱只够影印 5 次，那么小玉最多可以影印多少个布丁狗图案？

问题 20 解答

如果给他们 64 元、59 元和 77 元，则三人共可买三本书。

当前，三人的钱合起来刚好买一本书，

由此推知：两本书的售价为 64+59+77=200（元）。

由 200÷2=100 得出，这本书的售价为 100 元。

问题 21 解答

（1）第一次影印后，共有布丁狗图案 1+1=2（个）（一个是原来的，一个是影印的）；

（2）第二次影印（2 个图案一起影印）后，共有布丁狗图案 2+2=4（个）；

（3）第三次影印后，共有布丁狗图案 4+4=8（个）；

（4）第四次影印后，共有布丁狗图案 8+8=16（个）；

（5）第五次影印后，共有布丁狗图案 16+16=32（个）；

32-1=31（个），所以小玉最多可影印 31 个布丁狗图案。

问题 22

小丸子去戏院看戏，她想坐到有 60 个座位的那一排，但这一排的某些座位上已经坐了人。当小丸子要坐时，她发现无论坐在哪个座位都会与人相邻。请问：60 个座位上最少有几个人已经入座？

问题 23

阿笠博士说可以将 6 个分数 $\frac{1}{2}$，$\frac{1}{3}$，$\frac{1}{3}$，$\frac{1}{6}$，$\frac{1}{6}$，$\frac{1}{6}$ 全部填入下列两个等式的空格中，使两个等式都能成立，你知道怎么填吗？

$$\square + \square + \square = 1$$
$$\square - \square - \square = 0$$

问题 22 解答

可以假设最左侧的座位没有坐人，则自左向右讨论（"○"表示坐人，"×"表示不坐人），右端的结束方式有以下 3 种：

(1) ×○× ×○× … ×○× × ○ ×

(2) ×○× ×○× … ×○× × × ○

(3) ×○× ×○× … ×○× ○ × ×

由以上可见，以 3 个座位为 1 组，每组至少有 1 人入座才能满足题设。因为 60÷3=20（组），所以可按第（1）种方式安排座位，至少已经有 20 人入座。

问题 23 解答

以下是一种可行的填法：

$$\frac{1}{2} + \frac{1}{3} + \frac{1}{6} = 1$$

$$\frac{1}{3} - \frac{1}{6} - \frac{1}{6} = 0$$

问题 24

　　元太对步美说，如果今天是星期二，那么 600 天后的那一天与 600 天前的那一天有相同的星期数。请问：元太说对了吗？

问题 25

　　如下图，小丸子发现今晚天上的星星按一定的规律排列。请问：被山遮住的星星最少有几颗？

问题 24 解答

不对。因为 600÷7=85……5，所以 600 天后的那一天是星期日，600 天前的那一天是星期四。

问题 25 解答

天上的星星是按照 1，4，7，10，…，25 的规律排列，所以被山遮住的星星至少有：（13-2）+16+19+（22-1）=67（颗）。

问题 26

　　毛利侦探事务所是一家只有 8 名员工的公司，公司内总共有 5 个门锁，每个门锁都有不同的钥匙 1 把。但实际每天上班的员工只公平地轮流到 5 名员工。为了保证 5 个门锁每天都能顺利被打开，至少要打多少把钥匙分配给 8 名员工？

问题 27

　　藏宝库共有 10 个锁及 11 把钥匙，但钥匙被元太弄乱了，而且其中一把是错误的钥匙。若在开锁方式正确的情形下，则最多要试多少次才能把钥匙和锁一一配对？

问题 26 解答

（1）可以给 3 名员工 5 个门锁的每一把钥匙，其他 5 名员工每人各拿不同门锁的钥匙 1 把，所以至少要打 3×5+5×1=20（把）钥匙。

（2）也可以有 4 名员工都给 5 个门锁的每一把钥匙，另 4 名员工都不给任何门锁的钥匙，所以至少要打 4×5=20（把）钥匙。

问题 27 解答

第 1 个锁最多试 10 把钥匙（若都不正确，则第 11 把即正确钥匙），

第 2 个锁最多试 9 把钥匙（若都不正确，则第 10 把即正确钥匙），

第 3 个锁最多试 8 把钥匙（若都不正确，则第 9 把即正确钥匙），

依此类推，每配对 1 把钥匙与 1 个锁，下一个锁就可少试 1 把钥匙。

第 10 个锁最多试 1 把钥匙（若不正确，则第 2 把即正确钥匙），

所以最多要试 10+9+8+7+6+5+4+3+2+1=55（次）。

问题 28

小丸子、小玉两人轮流取吸管，一共有 63 根，规定每次最少取 1 根，最多可取 4 根。

（1）若取到最后一根的是获胜者。某次由小丸子先取吸管，如果她想抢得必胜先机，那么她第一次应该取多少根？

（2）若取到最后一根的是失败者。某次由小丸子先取吸管，如果她想抢得必胜先机，那么她第一次应该取多少根？

问题 29

饮料公司为促销某种瓶装饮料，提出 A、B、C 三个降价方案：A 为原售价打 7 折；B 为买二送一；C 为容量增加 30%，但售价不变。丸尾想享受最优惠的方案，应该选择哪一种？

问题 28 解答

（1）63÷（1+4）=12……3

一开始应该取 3 根，以后小玉取 a 根，小丸子就取 $5-a$ 根，则小丸子将取到最后一根而获胜。

（2）（63-1）÷（1+4）=12……2

一开始应该取 2 根，以后小玉取 a 根，小丸子就取 $5-a$ 根，则小玉将取到最后一根而失败。

问题 29 解答

A 打 7 折：如同买 10 罐算 7 罐的钱，所以 1 罐的价钱是原价的 $\frac{7}{10}=0.7$（倍）。

B 买二送一：如同买 3 罐算 2 罐的钱，所以 1 罐的价钱是原价的 $\frac{2}{3}\approx0.67$（倍）。

C 容量增加 30%：如同买 130 罐算 100 罐的钱，所以 1 罐的价钱是原价的 $\frac{100}{130}=\frac{10}{13}\approx0.77$（倍）。

由此可知，B 方案降价最多，是最优惠的方案。

问题 30

如下图，小丸子就读的小学，一、二、三年级男女学生共 1650 人，其中一年级男生比二年级男生多 100 人，二年级男生比三年级男生多 50 人；一年级女生比二年级女生多 100 人，二、三年级的女生人数相同。请问：一年级共有多少个学生？

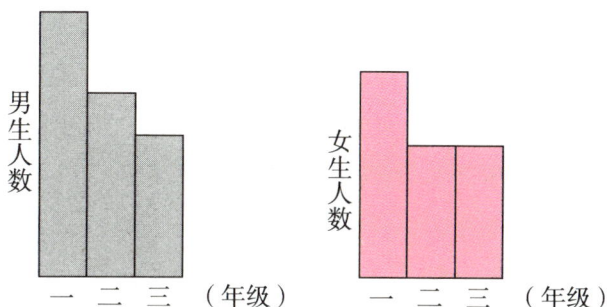

问题 31

下图是丸尾在作业本上写的两个两位数加法运算，其中有四张小纸片各盖住了一个数字。请问：被盖住的四个数字总和是多少？

问题 30 解答

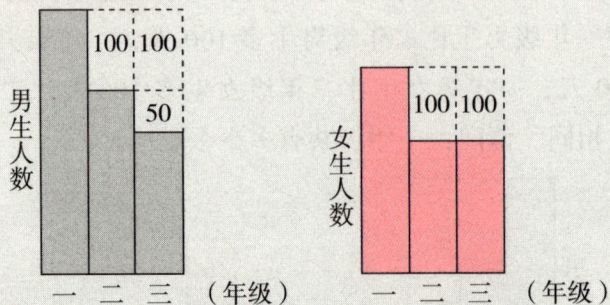

参考上图，如果二年级男、女生分别再加 100 人，三年级男、女生分别再加 150 人和 100 人，则一、二、三每个年级的男、女生总人数就会相等。

（1650+100+100+50+100+100）÷3＝700（人）。

所以一年级共有 700 个学生。

问题 31 解答

因为两个两位数的和是百位数字为 1、十位数字为 9 的三位数，可推知两个两位数的十位数字皆为 9，且个位数字的和为 15。所以四个数字的总和是 9+9+15＝33。

问题 32

柯南可以将 1 至 7 这七个数填入圆圈中，使得每条线上三个数的和都相等。请问：最中央的圆圈内可填入哪些数？

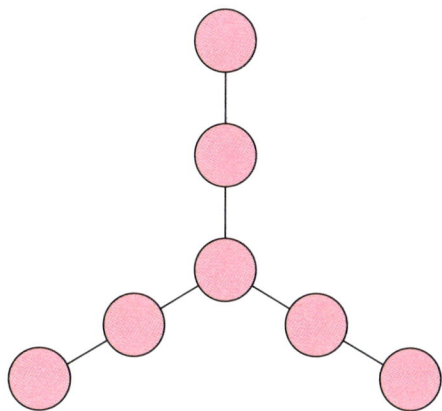

笔记栏

问题 32 解答

　　因为在每条线上三个数的和都相等，所以扣除最中央圆圈内的数，另六个数的总和应为 3 的倍数，且两个一组可被等分成三组，所以最中央圆圈内的数为 1 或 4 或 7。

　　（1）最中央圆圈内为 1，另六个数分为（2，7）（3，6）（4，5）三组；

　　（2）最中央圆圈内为 4，另六个数分为（1，7）（2，6）（3，5）三组；

　　（3）最中央圆圈内为 7，另六个数分为（1，6）（2，5）（3，4）三组。

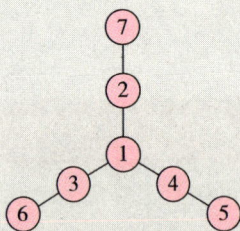

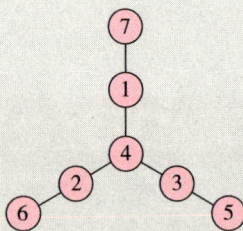

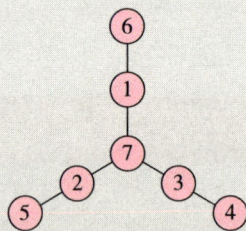

问题 33

　　小丸子想将 2，3，4，5，6，7，8，9 这八个数字，全部填入如下图的八个□中，使上下两个四位数相乘的积是最大的，请你也想想这两个四位数分别是什么？

$$\begin{array}{cccc} \square & \square & \square & \square \\ \times \quad \square & \square & \square & \square \end{array}$$

最大的积

问题 34

　　4 个茶杯并排放在一起，自左向右分别为甲、乙、丙、丁，但只有丙杯子上有盖子。若杯盖移动一次是指杯盖往左边或右边移动到相邻的杯子上，则当柯南闭上眼睛所听到的移动次数是 16 次时，杯盖在哪个杯子上？（确定杯盖已经不在丙杯子上）

问题 33 解答

　　要使四位数相乘的积最大，在高位的数要尽量取大数，即千位数字要填入 9、8（即 9 □□□ ×8 □□□）。

　　但因为相乘的积要成为最大，所以乘以千位数字 9 的四位数乘数，其百位数字也要尽量大（即 9 □□□ ×87 □□）；乘以千位数字 8 的四位数被乘数，其百位数字也要尽量大（即 96 □□ ×87 □□）。

　　依据以上的取数原则，可以推知：两个四位数分别是 9642 与 8753。

问题 34 解答

　　如果杯盖从杯子上移走，再移回原杯上，那么移动的次数必为偶数。所以杯盖从丙杯子移到另一杯子上的移动次数是奇数或偶数，就取决于杯盖最后所在的杯子与丙杯是否相邻。相邻，则移动次数是奇数；不相邻，则移动次数是偶数。

　　因为移动次数 16 是偶数，所以杯盖只会在丙或甲杯上。既然现在杯盖不在丙杯上，就一定在甲杯上。

问题 35

　　柯南、元太、光彦三个人到一个蛮荒之地探险，他们找到了三个当地人协助，但不敢掉以轻心。只要探险者人数少于当地人，当地人就会趁机谋财害命。现在他们想渡河，但只有一艘船，每次除船夫，最多只能坐 2 人。请问：柯南、元太、光彦三个人如何运用智慧，让六个人都能顺利搭船至河的对岸？

笔记栏

问题 35 解答

①②③表示柯南、元太、光彦，❶❷❸表示三个当地人。以下图示为假设三个探险者与三个当地人都先在河的左岸，再先后以 11 次的渡河安排，使六个人都能顺利搭船至河的右岸：

左岸　　　　　　　　　　　右岸

（1）❷❸②③　　　　　　　①❶

（2）❷❸②③①　　　　　　❶

（3）①②③　　　　　　　　❶❷❸

（4）①②③❶　　　　　　　❷❸

（5）①❶　　　　　　　　　②③❷❸

（6）①②❶❷　　　　　　　③❸

（7）❶❷　　　　　　　　　①②③❸

（8）❶②③　　　　　　　　①❷❸

（9）❸　　　　　　　　　　❶②③①❷❸

（10）❶❸　　　　　　　　❷①②③

（11）这边没人　　　　　　❶❷❸①②③

请思考，有没有更为简单的办法？

问题 36

步美养了一条面包虫，如果这条面包虫由幼虫长到成虫，每天长一倍，20天能长到12厘米，那么这条面包虫长到1.5厘米时需要花多少天？

问题 37

8个大小相同的圆形硬币中，已知其中7个等重，而恰有一个硬币比其他7个重。请问：柯南如何使用天平，可以用最少的次数将较重的硬币找出来？

问题 36 解答

12÷1.5=8（倍）。

因为每天长一倍（即今天是前一天身长的2倍），又因为 8=2×2×2，所以从1.5厘米长到12厘米，需历经3天。

故推知，长到1.5厘米需要20-3=17（天）。

问题 37 解答

任意取六个硬币，分成三个、三个两组，再分别放在天平的两边：

（1）若天平两边等重，再称剩下的两个，即可找出较重的硬币。

（2）若天平的其中一边较重，则取较重一边三个硬币的任意两个，一边一个再称一次：

①若此两个硬币等重，则剩下的一个为较重的硬币；

②若此两个硬币不等重，则两个当中较重的一个就是较重的硬币。

故只要使用天平称两次，就可将较重的硬币找出来。

问题 38

21，23，25，27，29，31，□ 是一组有规律的数列。如果柯南说，不要以为 □ 内填入的数一定是 33，其他两个数也可以，那么请你想一想另外两个数到底是什么。

问题 39

柯南、元太、光彦住进一间公寓，他们每人都付给女服务员 1000 元。女服务员将 3000 元交给老板。老板说："由于是小孩子，总共可优待 500 元。"所以要求女服务员将 5 张 100 元的纸币退还给三人，但她觉得三个人不好分，于是抽出 2 张 100 元的纸币并放入自己口袋，最后每个人只拿回 100 元。如此一来，柯南、元太、光彦等于每人缴了 900 元，合计是 2700 元，加上女服务员私吞的 200 元，共计是 2900 元。请问：三人原先缴了 3000 元，其中的 100 元为什么消失了？

问题 38 解答

（1）□内填入的数等于前一个数的个位数字加 2 后，再加上 20，所以□内填入 23。

（2）□内填入的数等于前一个数加上前一个数的十位数字，所以□内填入 34。

问题 39 解答

每人付给女服务员 1000 元，故三个人共付了 3000 元。后来女服务员退给每个人 100 元，所以每人缴了 900 元，合计是 2700 元。

此题将三人实际的总付款 2700 元与女服务员放入口袋的 200 元相加得出 2900 元，这是不合理的算法。原因是女服务员放入口袋的 200 元，原本就包含在三人付款的 2700 元内。

当前，3000 元的分配是三人手里 300 元，女服务员手里 200 元和老板手里 2500 元。"2900"元与"100"元都是错误运算的结果，所以"100 元为什么消失了"根本是混淆思考的说法。

问题 40

第一次数学考试（满分 100 分），小玉、年子、小丸子和猪太郎四人数学分数的和为 362 分。若四人的分数（都是整数）各不相同，并且猪太郎是四人中分数最低的，则猪太郎的分数最少是几分，最多是几分？

笔记栏

问题 40 解答

　　我们以 a、b、c、d 表示小玉、年子、小丸子、猪太郎四人的数学分数,

　　所以 $a+b+c+d=362$ 分。

　　当 d 最少时,则 $a+b+c$ 最大,

　　即当 $a+b+c=100+99+98=297$(分),

　　d 为 $362-297=65$(分)。

　　当 d 最多时,则四个人的分数是由小到大依次多 1 分,

　　即 $d+(d+1)+(d+2)+(d+3)=362 \Rightarrow d=89$(分)。

　　故猪太郎的分数最少是 65 分,最多是 89 分。

笔记栏

问题 41

有三个完全相同的容器，第一个容器内盛有 3 升的纯糖浆；第二个容器内盛有 20 升的水；第三个容器则是空的。可以任意选择以下的操作：

（1）将某容器中的溶液全部倒入另一个容器中；

（2）将某容器中的溶液全部倒掉；

（3）任选两个容器，将第三个容器的溶液倒入其中一个容器中，使得所选这两个容器内溶液的液面一样高。

请问：阿笠博士要如何操作，才能得到浓度为 30% 的糖浆溶液 10 升？

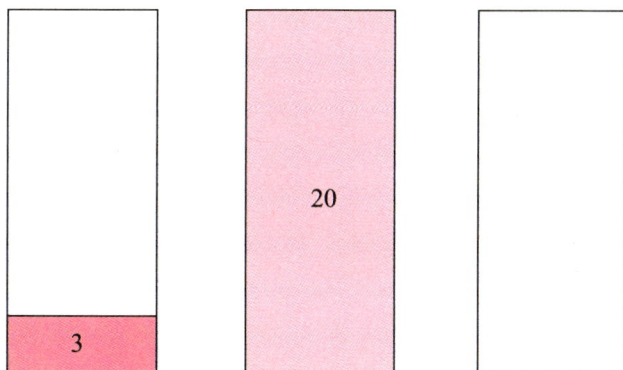

问题 41 解答

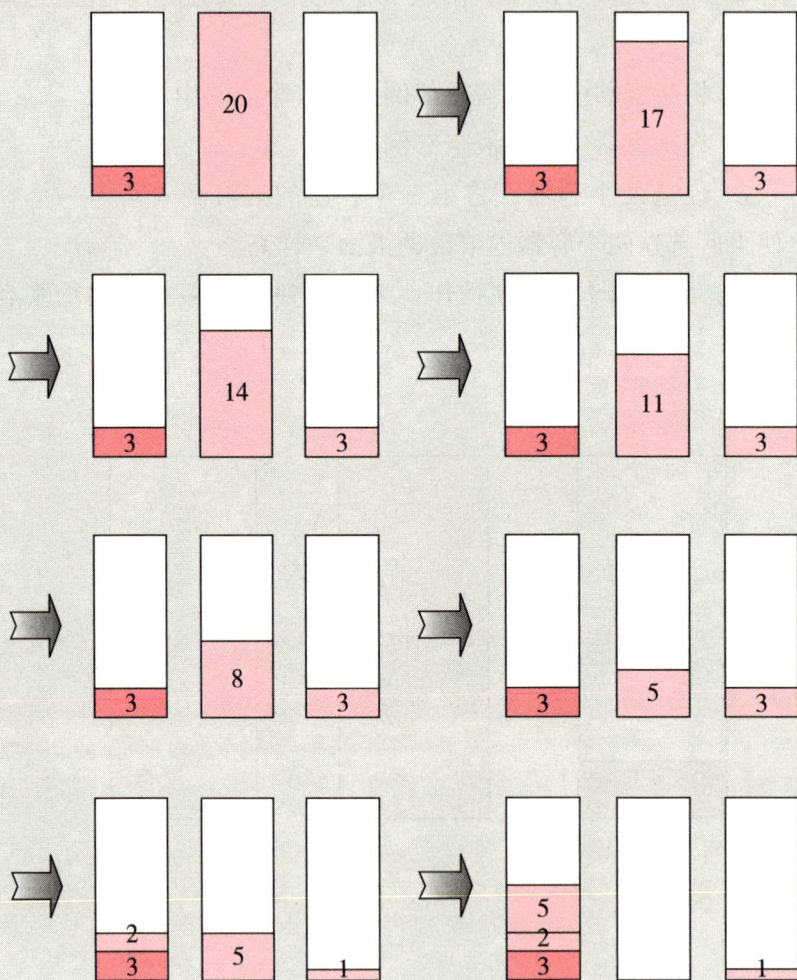

问题 42

一个容量为 8 升的牛奶罐内装满了牛奶，现在必须将这些牛奶平分给步美与光彦，但只有两个容量分别为 3 升与 5 升的空牛奶罐。请问：柯南如何使用这三个牛奶罐，将 8 升牛奶平分给步美与光彦？

问题 43

猪太郎以每小时 4 千米的速度，从 20 千米远的地方走路回家，此时他身旁的猪却以每小时 10 千米的速度先跑回家，猪一回到家就立即回头，再跑到猪太郎身边，然后又立即跑回家，像这样来回跑来跑去的猪，在猪太郎回到家之时，他一共跑了多少千米？

问题 42 解答

（1）将 8 升牛奶罐内的牛奶倒入 3 升的空牛奶罐，并且倒满。

（2）将 3 升牛奶罐内的牛奶全倒入 5 升的空牛奶罐。

（3）将 8 升牛奶罐内的牛奶倒入 3 升的空牛奶罐，并且倒满。

（4）将 3 升牛奶罐内的牛奶倒入 5 升的牛奶罐，并且装满 5 升的牛奶罐，则 3 升牛奶罐内还剩 1 升牛奶。

（5）将 5 升牛奶罐内的牛奶全倒入 8 升的牛奶罐。

（6）将 3 升牛奶罐内还剩的 1 升牛奶全倒入 5 升的牛奶罐。

（7）将 8 升牛奶罐内的牛奶倒入 3 升的空牛奶罐，并且倒满，则 8 升牛奶罐内有牛奶 4 升。

（8）将 3 升牛奶罐内的牛奶全倒入 5 升的牛奶罐，则 5 升的牛奶罐内有牛奶 4 升。

问题 43 解答

猪太郎以每小时 4 千米的速度走 20 千米需 20÷4=5（小时），而猪不停地跑 5 小时，跑的路程共 10×5=50（千米）。

问题 44

步美收集 50 张卡片，形状为矩形或圆形，颜色为红色或黄色，若红色矩形卡片有 16 张，黄色卡片有 28 张，圆形卡片有 19 张，则黄色圆形卡片有几张？

	矩形	圆形	合计
红色	16		
黄色			28
合计		19	50

问题 45

小玉、年子、小丸子三人一起到百货公司买糖果，已知三人一共买了 150 颗糖果，如果小玉给年子 20 颗糖果后，年子又给小丸子 35 颗糖果，那么三人的糖果数目就一样多。请问：年子原来有多少颗糖果？

问题 44 解答

由下图可知：红色卡片有 50−28=22（张），

推得：红色圆形卡片有 22−16=6（张），

所以黄色圆形卡片有 19−6=13（张）。

	矩形	圆形	合计
红色	16		50 − 28 = 22
黄色			28
合计		19	50

	矩形	圆形	合计
红色	16	22 − 16 = 6	22
黄色			28
合计		19	50

问题 45 解答

（1）小玉、年子、小丸子三人的最后糖果数各为50颗。

（2）年子给小丸子35颗糖果前，小玉、年子、小丸子的糖果数各为50颗、85颗、15颗。

（3）所以小玉给年子20颗糖果前，小玉、年子、小丸子的糖果数各为70颗、65颗、15颗。

所以年子原来有糖果65颗。

问题 46

有一杯牛奶，元太先喝了半杯，然后加满水，喝了半杯，再加满水，又喝了半杯，再加满水，又再次喝了半杯，又再加满水，最后全部喝掉。请问：元太喝下去的牛奶和水的比例是多少？

问题 47

在捐款活动中，灰原于 2 月 1 日至 2 月 28 日，除了星期日以外，每到星期一时，捐 50×1 元；星期二时，捐 50×2 元；星期三时，捐 50×3 元；…星期六时，捐 50×6 元的计算方式捐款。请问：灰原共捐了多少元钱？

问题 46 解答

　　元太喝下去一杯牛奶与四个半杯的水，即一杯牛奶与两杯水，所以元太喝下去的牛奶和水的比例是 1：2。

问题 47 解答

　　每周捐款 50×（1+2+3+4+5+6）=1050（元），
1050×4=4200（元）。

　　所以 4 周（即 28 天）共捐款 4200 元。

问题 48

上课铃声响起，小玉和小丸子同时自图书馆走回同一间教室。若两人步行速率相同，跑步速率也相同（跑步速率大于走路速率），现在小丸子以一半路程步行、另一半路程跑步；小玉又跑步又步行，刚到达教室时，步行与跑步时间各半。请问：谁先到达教室？

问题 49

柯南的"麻醉手表"表面上，两个数字显示"小时"，另外两个数字显示"分"。请问：这个手表从 15:30 至 17:30 之间，表盘上共有多少分钟显示有数字 2？

问题 48 解答

　　小玉自图书馆走向教室，有一半时间跑步、一半时间走路，小玉跑步的路程必超过一半路程。同小丸子以一半路程步行、另一半路程跑步的方式比较，显然小玉跑步的路程多于小丸子，所以小玉应先到达教室。

问题 49 解答

　　（1）15:32、15:42、15:52，共计 3 分钟。

　　（2）16:02、16:12、16:20 ～ 16:29、16:32、16:42、16:52，共计 15 分钟。

　　（3）17:02、17:12、17:20 ～ 17:29，共计 12 分钟。

　　由 3+15+12=30，推知 15:30 到 17:30 之间出现数字 2 的时段共有 30 分钟。

问题 50

阿笠博士将0～9的十个数字分别填入以下三个算式的空格中，使三个等式都成立，你知道他是如何办到的吗？

$$\Box + \Box = \Box$$
$$\Box - \Box = \Box$$
$$\Box \times \Box = \Box\Box$$

问题 51

如果用300元可以买笔记本3本、铅笔3支，或买笔记本1本、铅笔6支，那么步美买笔记本7本与买12支铅笔共需要多少元？

= 300 元

= 300 元

问题 50 解答

（1）1+7=8（或 7+1=8）；

9-6=3（或 9-3=6）；

4×5=20（或 5×4=20）

（2）3+6=9（或 6+3=9）；

8-7=1（或 8-1=7）；

4×5=20（或 5×4=20）。

问题 51 解答

一共买笔记本 7 本与 12 支铅笔，

300+300+300=900，所以共需要 900 元。

问题 52

一瓶饮料连瓶子共重 1000 克，若柯南将饮料喝了三分之一后，剩下的饮料与瓶子共重 850 克，则瓶子本身的重量是多少克？

问题 53

小丸子家最近刚买了一台饮水机，有凉水与热水两个出水口。如果只打开其中一个出水口，每秒流出的水量都是 12 毫升；如果同时打开两个出水口，凉水出水口每秒流出的水量是 8 毫升，热水出水口每秒流出的水量是 6 毫升。请问：小丸子的爷爷要将容量 180 毫升的杯子装满热水以及容量 480 毫升的瓶子装满凉水，至少需要多少时间？

问题 52 解答

喝掉的饮料重量：1000−850=150（克），

全部的饮料重量：150×3=450（克），

1000−450=550（克），所以瓶子本身的重量是550克。

问题 53 解答

（1）分开装：

$$\frac{180}{12}+\frac{480}{12}=15+40=55（秒）。$$

（2）同时装：

装满热水的时间为$\frac{180}{6}$=30（秒）。

此段时间瓶子装了凉水8×30=240（毫升），480−240=240（毫升）。

关闭热水，继续装凉水240毫升，需要240÷12=20（秒），30+20=50（秒）。

比较以上（1）和（2）两种装法，得知至少需要50秒。

问题 54

光彦、元太两人分别自两地同时相向而行，光彦每小时走 3 千米，元太每小时走 2 千米，当光彦走至两人最初距离的中点时，光彦、元太相距为 4 千米。请问：光彦、元太两人最初距离是多少千米？

问题 55

小丸子过生日时，收到一个大礼盒，大礼盒内有 2 个中礼盒，每个中礼盒内有 6 个小礼盒，每个小礼盒内有 6 包巧克力，每包巧克力有 6 块巧克力。请问：总共有多少块巧克力？

问题 54 解答

因为光彦、元太两人走 1 小时的路程相差 3-2=1 千米，由光彦走至中点时，光彦、元太相距 4 千米，可推知光彦走到中点需费时 4÷1=4（小时）。

3×4×2=24（千米），

所以两人原相距 24 千米。

问题 55 解答

小礼盒共有 6×2=12（盒），

巧克力共有 6×12=72（包），

巧克力共有 6×72=432（块），

所以总共有 432 块巧克力。

问题 56

基德说有一个六位数，它的各位数字之和为 52。请问：这样的六位数可能有哪些？

问题 57

柯南问："如果 5 个人在 5 分钟内可以吃完 5 个比萨（每个人吃的速度与比萨的大小都相同），那么 10 个人在 10 分钟内可以吃完几个比萨？"元太答 10 个，你觉得元太答对了吗？

问题 56 解答

因为 52=9+9+9+9+9+7=9+9+9+9+8+8，

将以上的六位数字做不同的安排：

（799999，979999，997999，999799，999979，999997）；

（889999，898999，899899，899989，899998，

988999，989899，989989，989998，998899，

998989，998998，999889，999898，999988）。

所以符合题意的六位数共有以上 21 个。

问题 57 解答

不对，应该是 20 个。

因为 1 个人在 5 分钟内可以吃完 1 个比萨，

推知：1 个人在 10 分钟内可以吃完 2 个比萨，

所以 10 个人在 10 分钟内可以吃完 20 个比萨。

问题 58

小丸子和她姐姐养的小猫于 11 点 20 分从家里偷溜出去玩，并以每分钟 50 米的速度跑向公园；跑至公园时，天开始下雨，小猫立即以 2 倍的速度奔回家，回到家正好是 11 点 35 分。请问：她们家与公园相距多少米？

问题 59

（1）小丸子的妈妈对小丸子说："没有做完功课，不准看电视！"请问妈妈讲这句话的意思与下列哪一个叙述相同？

A．功课做完，就可以看电视。

B．功课没做完，也可以看电视。

C．想看电视，就得先做完功课。

D．不想看电视，就可以不做完功课。

（2）小丸子的铅笔盒装满了各式各样的笔，但是小丸子的爸爸跟她说："有些人的铅笔盒只装了几支笔，但是学习成绩非常好。"下面哪句话，你觉得一定对？

A．铅笔盒装满各式各样的笔，这种学生通常学习成绩不大好。

B．学业成绩非常好的学生，铅笔盒通常没有几支笔。

C．爸爸想跟小丸子说，你的学业成绩不理想，必须多努力。

D．爸爸想跟小丸子说，铅笔盒少装几支笔，学业成绩会更好。

E．铅笔盒内有多少支笔，与学习成绩的好坏没有绝对的关系。

问题 58 解答

小猫出去的总时间为 35−20=15（分），

回家速度与跑向公园的速度比是 2：1，

所以回家花的时间与跑至公园花的时间比是 1：2。

跑至公园花的时间为 $15 \times \dfrac{2}{3} = 10$（分），

$50 \times 10 = 500$（米）。

所以她们家与公园相距 500 米。

问题 59 解答

（1）答案为 C，想看电视，就得先做完功课。

（2）答案为 E，铅笔盒内有多少支笔，与学习成绩的好坏没有绝对的关系。

问题 60

小丸子、小丸子的姐姐与父母称体重，已知母亲和小丸子的姐姐共 110 千克，父亲和小丸子共 120 千克。若小丸子的姐姐比小丸子重 3 千克，则父亲比母亲重多少千克？

问题 61

胖虎收集许多价格相同的"玩具超人"，小夫收集许多价格相同的"玩具火车"。如果小夫用全部的"玩具火车"与胖虎交换同数量的"玩具超人"，则须补给胖虎 1600 元；如果不补钱，就会少换得 5 个"玩具超人"。已知 3 个"玩具超人"比 5 个"玩具火车"少 240 元。请问：小夫原有多少个"玩具火车"？

问题 60 解答

　　母亲和小丸子的姐姐共重 110 千克，父亲和小丸子共重 120 千克，父亲、小丸子的体重和比母亲、小丸子的姐姐的体重和多 120-110=10（千克），又小丸子的姐姐比小丸子重 3 千克，所以父亲比母亲重 10+3=13（千克）。

问题 61 解答

　　1600÷5=320，也就是 1 个"玩具超人"为 320 元；

　　3 个"玩具超人"为 320×3=960（元）；5 个"玩具火车"为 960+240=1200（元）；

　　1200÷5=240，推得 1 个"玩具火车"为 240 元；

　　320-240=80，也就是 1 个"玩具超人"与 1 个"玩具火车"的价差为 80 元；

　　1600÷80=20，故小夫原有 20 个"玩具火车"。

问题 62

通常我们在做研究时都会先作假设，然后根据假设，再导出合理的推论。请判断：若以下的假设成立，则小玉、丸尾、美环、长山四个人的叙述，哪几个是合理推论？

假设：如果便利店的地点适中，每天一定有不少顾客上门，就有可能赚钱。

小玉：便利店地点适中，就会赚钱。
丸尾：便利店一天通常没有多少顾客上门，因为它地点不适中。
美环：便利店没赚钱，因为它地点不适中。
长山：便利店每天经常有不少顾客上门，因为它地点适中。

问题 63

小丸子、小玉、丸尾、美环、长山五个人一起玩一个每轮只能由三个人玩的纸牌游戏，并且定了如下的游戏规则：
一是在结束游戏时，每个人都必须恰好玩了三轮。
二是谁都不能连续玩三轮。
三是谁都不能连续休息两轮。
请问：
（1）假如在这次游戏中，小丸子、丸尾、美环玩第一轮，小玉、美环、长山玩第二轮，则谁一定得玩第四轮？
（2）假如在这次游戏中，丸尾和长山不玩第一轮，则丸尾和长山必定会一起玩第几轮？

问题 62 解答

便利店的地点是否适中，只与上门顾客的多寡有关，而与便利店会不会赚钱，并无必然关系。

所以四个人的叙述，只有丸尾的推论合理。

问题 63 解答

（1）因为谁也不可连续玩三轮，所以第三轮美环不能玩，又因为谁也不可以连续休息两轮，所以美环一定要玩第四轮。

（2）因为谁都不能连续休息两轮，所以丸尾和长山一定要玩第二轮。而且丸尾和长山在第三轮、第四轮一定都要有一轮休息、一轮玩。又因为游戏规则是每人都必须玩三轮，所以丸尾和长山都必须玩第五轮。

故两人必须一起玩第二轮与第五轮。

问题 64

　　如图，小丸子、小玉、丸尾、美环、长山和小杉六个人坐在圆桌前共进晚餐。如果小玉与丸尾分别坐 1 号与 3 号椅子，美环坐在小丸子的正对面，长山面向圆桌的右手边隔一个人坐着小杉，且长山与小丸子不相邻，就请标出六个人分别坐在几号椅子上。

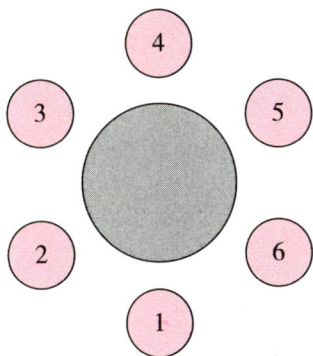

笔记栏

问题 64 解答

（1）因为"小玉与丸尾分别坐1号与3号椅子，美环坐在小丸子的正对面"，所以可能小丸子坐在2号，美环坐在5号，也可能美环坐在2号，小丸子坐在5号。

（2）但若美环坐在2号，小丸子坐在5号，则长山与小丸子的座位必相邻，这种情况与"长山与小丸子不相邻"的已知条件不符，所以小丸子坐在2号，美环坐在5号。

（3）因为"长山面向圆桌的右手边隔一个人坐着小杉"，所以长山坐在6号，小杉坐在4号。

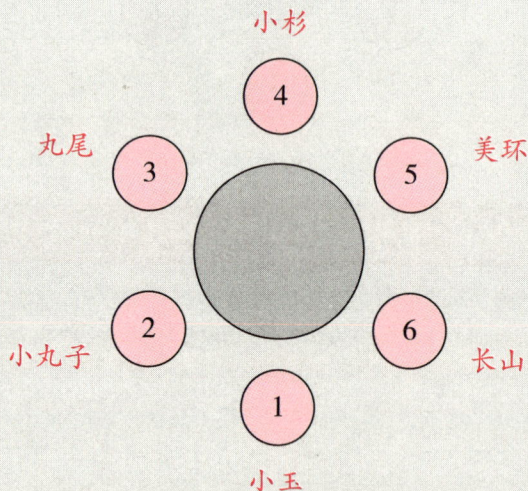

问题 65

小丸子、小玉、小杉三人到专卖汉堡与三明治的早餐店买早餐，三个人买的数量与价钱如下表，已知小玉、小杉两人买的汉堡数量相等，则"？"表示的数是多少？

			价钱
小丸子	2	3	174
小玉	？	5	275
小杉	？	3	219

笔记栏

73

问题 65 解答

　　由小玉、小杉两人买的汉堡数量相等，并且小玉比小杉多买两个三明治，可推知：

　　一个三明治的价格为（275−219）÷2=28（元），

　　再由小丸子花的钱，可知

　　2×汉堡+28×3=174（元），

　　一个汉堡的价格为（174−84）÷2=45（元）。

　　所以"？"表示的数为（219−3×28）÷45=135÷45=3。

笔记栏

问题 66

从 A 到 B 是一段下坡路，从 B 到 C 是 6 千米平路，从 C 到 D 是一段比 A 到 B 多 6 千米路程的上坡路。小丸子和小玉步行，下坡的速度都是 1 小时走 6 千米，平路速度都是 1 小时走 4 千米，上坡速度都是 1 小时走 2 千米。现在小丸子和小玉分别从 A、D 同时出发，小丸子从 A 走至 D，小玉从 D 走至 A，请问：

（1）两人走完全程所花的时间相差多少小时？

（2）两人在中途相遇时，所走的路程相差多少千米？

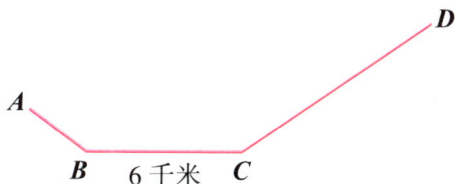

问题 67

元太住在一栋十层高的大楼中，每层楼的高度相等。请问：他从一楼爬到九楼是从一楼爬到三楼高度的几倍？

问题 66 解答

（1）如下图，如果少了 CE 这段路，两人花的时间是相等的。但事实上，这段路对小丸子而言是上坡路，对小玉而言是下坡路。

$6÷2=3$，$6÷6=1$，$3-1=2$，所以相差 2 小时。

（2）当小丸子从 A 走至 B 时，小玉从 D 走至 E（如下图）；

小玉从 E 走至 C，需 $6÷6=1$（小时），这 1 小时的时间，小丸子也从 B 走至 F；

小丸子与小玉再各走 1 千米，便会相遇。

所以两人在中途相遇时，所走的路程相差 $6-4=2$（千米）。

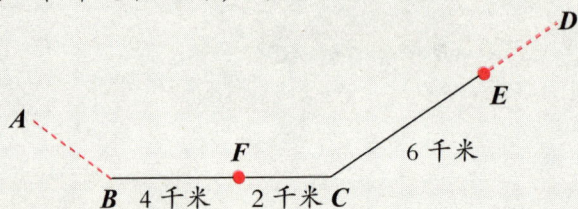

问题 67 解答

从一楼爬到九楼共爬了 $9-1=8$（层）楼高。

从一楼爬到三楼共爬了 $3-1=2$（层）楼高。

$8÷2=4$，

所以从一楼爬到九楼是从一楼爬到三楼高度的 4 倍。

问题 68

阿笠博士有五个箱子，箱内只装有红色与黄色珠子，每个箱子内所装的珠子数量分别为 90 个、85 个、110 个、75 个、100 个。若从中拿走一个箱子，则剩下的四个箱子内，红色珠子的总数是黄色珠子的总数的 3 倍。请问：拿走的箱子内总共装了多少颗珠子？

问题 69

美环取来一张纸撕成 4 片，并将其中一片又撕成 4 片，再取任意一片撕成 4 片（不管纸片的大小），重复这种规则一直撕下去，最后能否撕成 2008 片？

问题 68 解答

90+85+110+75+100=460，

因为从中拿走一个箱子，则剩下的四个箱子内红色珠子的总数是黄色珠子的总数的 3 倍，可推知剩下四箱的珠子总数是 4 的倍数。

460÷4=115……0，

100÷4=25……0，

所以拿走的箱子内总共装了 100 颗珠子。

问题 69 解答

每撕一张纸片，会失去原来 1 张纸片，而变成 4 张纸片。也就是说，每撕 1 张纸，纸张数会增加 3，所以纸张数的变化情形是 1+3+3+…。当撕纸的动作结束时，纸张总数应是 3 的倍数多 1。

2008÷3=669……1，所以理论上可以撕成 2008 片。

问题 70

目暮警官有一把密码锁，他竟然忘记了密码，只记得四个数都不是零，且四个数码的总和是 7。请问：要打开这把锁，最多要试多少次？

问题 71

小杉、野口、滨崎三人恰好是隔壁邻居。有一天，老师想做家访，于是就问他们的门牌号码，小杉说："我们三家的门牌号码是连续的整数。"野口说："我们三家门牌号码的和是 87。"滨崎说："小杉家在我家的右边，野口家在我家对面。"请问：野口家的门牌号码是几号？

问题 70 解答

　　因为四个数码都不是零的正整数，又总和为 7，所以最大的可能数码为 4，最小的可能数码为 1。

　　（1）最大的数码为 4：1114、1141、1411、4111。

　　（2）最大的数码为 3：1123、1132、1213、1312、1231、1321、2113、3112、2131、3121、2311、3211。

　　（3）最大的数码为 2：1222、2122、2212、2221。

　　因为密码锁的四个数码共有 4+12+4=20（种）可能，所以要打开这把锁，最多要试 20 次。

问题 71 解答

　　因为 87÷3=29，所以三家的门牌号码是 28、29、30。

　　因为偶数门牌号码在道路的同一边，又小杉家在滨崎家的右边，所以野口家的门牌号码是 29 号。

问题 72

　　小丸子、小玉两人骑脚踏车沿着周长 2400 米的圆形公路绕行，小丸子骑脚踏车的速度比小玉快。如果她们同时同地背向而行，每 4 分钟会相遇一次；如果她们同时同地同向而行，每 48 分钟会相遇一次。请问：小丸子骑脚踏车的速度是多少？

问题 73

　　小丸子养的猫在路上遇到一只狗，开始时，狗和猫相距 30 米，追了 48 米后，狗与猫相距 6 米。请问：狗还要跑多远才能追上猫？

问题 72 解答

小丸子、小玉两人骑脚踏车的速度和为：

2400÷4=600（米／分钟）。

小丸子、小玉两人骑脚踏车的速度差为：

2400÷48=50（米／分钟）。

（600+50）÷2=650÷2=325，

所以小丸子骑脚踏车的速度为每分钟 325 米。

问题 73 解答

狗追猫 48 米后，狗与猫相距 6 米，

所以当狗跑 48 米时，猫跑（48−30+6）=24（米），

即狗与猫追跑的速度比为 48：24=2：1，

所以当狗与猫相距 6 米时，狗还要跑 6×2=12（米）就能追上猫。

问题 74

桌上有三堆火柴棒，其中第一堆 11 根，第二堆 7 根，第三堆 6 根。请通过移动来改变各堆火柴棒的数量，其移动规则是：假如甲堆火柴棒数量不少于乙堆，则可以从甲堆中移动与乙堆数量相等的火柴棒至乙堆（例如：如果本来有一堆共有 6 根火柴，可以从某堆一次移入 6 根到这一堆内）。请问：柯南如何移动火柴棒，可以用最少的次数使三堆火柴棒的数目相同？

问题 75

上体育课时，全班排成一列，老师要同学们从排头到排尾分别依下列三种方式各报数一遍：

第一种：1，2，1，2，1，2，1，2，1，2，…；

第二种：1，2，3，1，2，3，1，2，3，1，2，3，…；

第三种：1，2，3，4，5，6，7，1，2，3，4，5，6，7，…。

小丸子刚好是最后一位同学，老师问她："在这三次报数中，你每次报的数各是多少？"小丸子说："我报的都是 1。"老师说："我知道你们班有一位学生没来上课。"如果这个班的学生人数少于 50 人。请问：该班共有多少位学生？

问题 74 解答

（1）初始状况：

第一堆 11 根，第二堆 7 根，第三堆 6 根。

（2）从第一堆移 7 根至第二堆：

第一堆 4 根，第二堆 14 根，第三堆 6 根。

（3）从第二堆移 6 根至第三堆：

第一堆 4 根，第二堆 8 根，第三堆 12 根。

（4）从第三堆移 4 根至第一堆：

第一堆 8 根，第二堆 8 根，第三堆 8 根。

所以只要移动 3 次，就可使三堆火柴棒的数目相同。

问题 75 解答

依题意可知：到课的学生，无论被 2、3 或 7 除都余 1。

因为 2、3、7 的最小公倍数为 42，所以被 2、3 或 7 除都余 1 的最少人数是 42+1=43（人）。

又因为该班的学生人数少于 50 人，且有一位学生没来上课。

所以推知：该班共有 43+1=44（位）学生。

问题 76

工藤新一伸出右手，由大拇指开始数数（如图所示），从大拇指开始数 1，食指数 2，中指数 3，无名指数 4，小拇指数 5，无名指数 6，中指数 7，食指数 8，大拇指数 9，食指数 10……依照这样的方法一直数下去。请问：1234 这个数会落在哪只手指上？

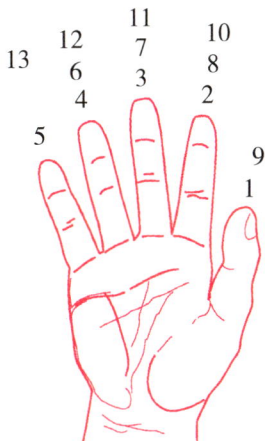

问题 77

如图，小兰想分别在三个圆圈内各填入一个数，使得两两相加后的数等于边上的数 20、26、30。请问：她该怎么做？

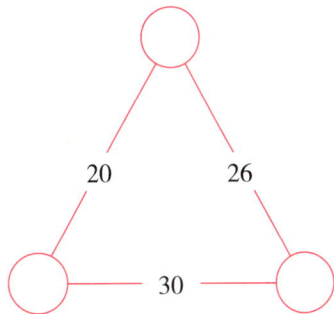

问题 76 解答

数到 9 时，又数回大拇指，所以 8 个数就成一个周期循环，即数 1，9，17，25，…都数在大拇指上。

$1234 \div 8 = 154 \cdots \cdots 2$，

所以 1234 这个数会落在食指上。

问题 77 解答

（最上方）+（左下角）=20，

（最上方）+（右下角）=26，

（左下角）+（右下角）=30，

推知：

（最上方）+（左下角）+（右下角）=（20+26+30）÷2=76÷2=38，

38−30=8，38−26=12，38−20=18。

所以最上方、左下角与右下角圆圈内的数依次为 8、12、18。

问题 78

知名连锁零食店为了促销与配合环保，决定回收糖果纸。每 3 张特定牌子的糖果纸，可以换一颗相同的糖果。如果小丸子吃了该品牌的糖果 83 颗，那么她最少买了多少颗糖果？

问题 79

小杉、野口、滨崎三人各有糖果若干颗，现在玩某种输赢游戏。第一次游戏由野口、滨崎两人先玩，其中一人输给另一人 5 颗糖果；第二次游戏由小杉、滨崎两人来玩，其中一人输给另一人 6 颗糖果；第三次游戏由小杉、野口两人来玩，其中一人输给另一人 7 颗糖果。三次游戏后，结果小杉有 11 颗糖果，野口有 5 颗糖果，滨崎有 9 颗糖果。请问：未开始游戏前，滨崎原有几颗糖果？

问题78 解答

就当小丸子是一颗一颗单买的，而且只要有3张糖果纸就拿去换一颗糖果来吃。以下图来说明：83颗糖果由上而下，由左而右，每3个排成1列，而83除以3得27余2，所以共28列。而第2列至第28列最上面的一颗糖果（做记号的，共有27颗）表示用3张糖果纸换来的，所以最少买了83−27=56（颗）糖果。

问题79 解答

	小杉	野口	滨崎
末（第3次）	11	5	9
第2次	11 − 7 = 4	5 + 7 = 12	9
第1次	4 + 6 = 10	12	9 − 6 = 3
初	10	12 − 5 = 7	3 + 5 = 8

所以滨崎在游戏未开始前有8颗糖果。

问题 80

山根、山田、前田在一起聊天，其中一位是体操教练，一位是出租车司机，一位是证券分析师，已知：

（1）前田比证券分析师的年纪大。

（2）山根和出租车司机年纪不同。

（3）出租车司机比山田年纪小。

请问：谁是体操教练，谁是出租车司机，谁是证券分析师？

问题 81

（1）医生给小丸子 3 粒药丸，告诉她每 6 小时吃一粒。请问：小丸子吃完 3 粒药丸最少需多少时间？

（2）阿笠博士的孙子生日是 2 月 29 日。请问：从 2006 年至 2106 年，这一百年间，他最多隔几年才可以过生日？

问题80解答

由（2）山根和出租车司机年纪不同⇒山根不是出租车司机，又由（3）出租车司机比山田年纪小⇒出租车司机是前田，前田比山田年纪小。

由（1）前田比证券分析师的年纪大⇒山田不是证券分析师⇒山田是体操教练⇒山根是证券分析师。

问题81解答

（1）只要间隔2次的6小时，即可吃完3粒药丸，所以共花了6×2＝12（小时）。

（2）2096年是闰年，有2月29日这一天。但从2097年、2098年、2099年、2100年、2101年、2102年、2103年，这七年都是平年，2月只有28天，没有2月29日，直到2104年才会是闰年。

（注：年数不为4的倍数，该年是平年；但为100倍数，却不是400倍数，该年也是平年，例如2100年，其余都是闰年。）

所以阿笠博士的孙子从2006年至2106年，这一百年间，最多将隔8年过生日。

问题 82

工藤新一帮学校买 10 个篮球和 8 个足球，共付出 5560 元，如果一个足球比一个篮球贵 20 元，那么一个足球卖多少钱？

问题 83

阿笠博士在纸上有规律地写出两数相乘：1×2，4×4，7×8，10×16，…。请问：第 8 次他应该写出哪两个数相乘？

问题 82 解答

将 10 个篮球换成 10 个足球，则必须多付 20×10=200 元，即 18 个足球共花费 5560+200=5760（元）。

5760÷18=320，所以一个足球卖 320 元。

问题 83 解答

被乘数每次都比前一次增加 3，乘数每次都变为前一次的 2 倍，

由此推知第 8 次的被乘数为 1+3×7=22，

乘数为 2×2×2×2×2×2×2×2=256，

所以第 8 次应该是 22×256。

问题 84

柯南收到一盒里面分隔为 4×4 个小格子的苹果礼盒，里面恰好有 16 个苹果，每一个苹果恰好在一个小格子内（如图所示）。

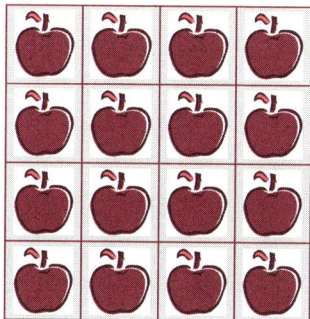

他对小兰说："请你从中取走 6 个苹果，使得盒内剩下的苹果恰好每行、每列都有偶数个。如果你能做到这一点，那么这 16 个苹果就全归你了。"请画出小兰可以得到这 16 个苹果的一种取法。

问题 85

有 5 个小朋友围成一圈玩报数游戏。游戏的规则是：小丸子从 1 开始报数，接着由小丸子右手边的小朋友报下一个数，当轮到要报的数字中含有 3 或为 3 的倍数时，则必须以拍一次手代替报数，并由下一位小朋友报下一个数（例如，当轮到要报的数字为 3 时，必须拍一次手，并由下一位小朋友报 4）。假设游戏过程顺利，则当报到 60 时，共拍过几次手？

问题 84 解答

下图是一种可行的办法：

问题 85 解答

（1）60÷3=20，

所以 3 的倍数的数共有 20 个。

（2）个位数字为 3 的有 3、13、23、33、43、53 共 6 个，扣除 3 的倍数中的 3 与 33，还有 4 个。

（3）十位数字为 3 的共有 30 ～ 39 共 10 个，扣除 3 的倍数中的 30、33、36、39 共 4 个，还有 6 个。

20+6+4=30，共拍过 30 次手。

问题 86

小玉将标记"1"的数字球 1 个，标记"2"的数字球 2 个，标记"3"的数字球 3 个……标记"42"的数字球 42 个，全部放入不透明的桶内，再随意从桶中取出一些数字球，且不再放回。为了确保取出的球中，至少有 6 个球标记相同。请问：至少要取出多少个球？

问题 87

猪太郎将 52 头猪分别养在 8 间猪舍内（如图）。只要他到正方形猪舍的各边一数都是 16 头，他就认为猪没有少。但事实上，已经有个神偷连续 4 天晚上，每天都偷走了 4 头猪，但猪太郎仍然坚称猪没有减少！请问：这个小偷是如何办到的？

3	10	3
10		10
3	10	3

问题86解答

　　取出的所有球中，没有相同标记的6个球的最多情况为："1"球1个，"2"球2个，"3"球3个，"4"球4个，"5"球5个，"6"球5个，"7"球5个，"8"球5个，"9"球5个……"42"球5个。即取出的所有球中，没有相同标记的6个球的最多球数为1+2+3+4+5+5×37=200（个）。

　　只要比200个再多1个，就可确保取出的球中至少有6个球有相同的标记。

　　200+1=201，所以至少要取出201个球。

问题87解答

　　由以下四个图示，可看出神偷每晚偷走4头猪，还将猪舍内的猪数做了巧妙更改。

第一天晚上	第二天晚上	第三天晚上	第四天晚上

4	8	4
8		8
4	8	4

5	6	5
6		6
5	6	5

6	4	6
4		4
6	4	6

7	2	7
2		2
7	2	7

问题 88

如图，若柯南将 2，4，6，8，10 五个数字分别填入图中的五个圆圈中，使得 L_1 上三个数字和与 L_2 上三个数字和相等。请问：中央的圆圈中可以填入上列哪一个数字？

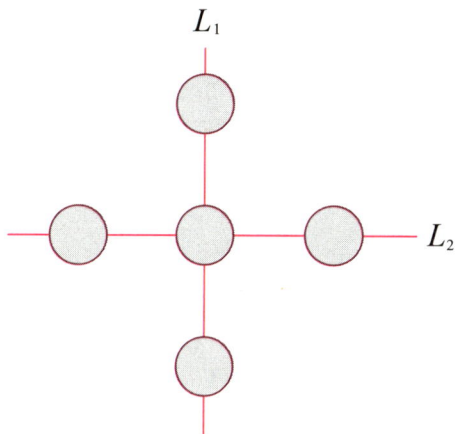

问题 88 解答

中央的圆圈为2⇒4、6、2、8、10（可以）

中央的圆圈为4⇒2、6、4、8、10（不可以）

中央的圆圈为6⇒2、4、6、8、10（可以）

中央的圆圈为8⇒2、4、8、6、10（不可以）

中央的圆圈为10⇒2、4、10、6、8（可以）

所以中央的圆圈中可以填入2或6或10。

笔记栏

问题89

　　山根汽车清洁美容厂，一次只对一辆汽车进行美容服务，且时间都正好是 100 分钟。请问：在某一段连续 4 个小时的时间里，美容厂最多在为几辆汽车做美容？

问题90

　　阿笠博士写出如下的乘法运算结果，请观察其发展规律，再帮忙写出未完成的计算结果。

$$123456789 \times 9 = 1111111101$$
$$123456789 \times 18 = 2222222202$$
$$123456789 \times 27 = 3333333303$$
$$123456789 \times 36 = 4444444404$$
$$123456789 \times 45 = \underline{\qquad}$$
$$123456789 \times 54 = \underline{\qquad}$$
$$123456789 \times 63 = \underline{\qquad}$$
$$123456789 \times 72 = \underline{\qquad}$$
$$123456789 \times 81 = \underline{\qquad}$$

问题 89 解答

$60 \times 4 = 240$，$240 \div 100 = 2 \cdots\cdots 40$，

$2 + 2 = 4$，

以下是某一段连续 4 个小时的时间里可能出现的情况：

甲 80 分钟，【甲 20 分钟；乙 100 分钟；丙 100 分钟；丁 20 分钟】，丁 80 分钟……

"【】"内为"某一段连续 4 个小时的时间"，所以最多 4 辆汽车。

问题 90 解答

$123456789 \times 9 = 1111111101$

$123456789 \times 18 = 2222222202$

$123456789 \times 27 = 3333333303$

$123456789 \times 36 = 4444444404$

$123456789 \times 45 = 5555555505$

$123456789 \times 54 = 6666666606$

$123456789 \times 63 = 7777777707$

$123456789 \times 72 = 8888888808$

$123456789 \times 81 = 9999999909$

问题 91

阿笠博士写出如下的乘法运算结果，请观察其发展规律，再帮忙写出未完成的计算结果。

$$12345679 \times 9 = 111111111$$
$$12345679 \times 18 = 222222222$$
$$12345679 \times 27 = 333333333$$
$$12345679 \times 36 = 444444444$$
$$12345679 \times 45 = \underline{\hspace{2cm}}$$
$$12345679 \times 54 = \underline{\hspace{2cm}}$$
$$12345679 \times 63 = \underline{\hspace{2cm}}$$
$$12345679 \times 72 = \underline{\hspace{2cm}}$$
$$12345679 \times 81 = \underline{\hspace{2cm}}$$

问题 92

柯南交给小兰九张分别是 1 点到 9 点的纸牌，然后由小兰抽出其中三张放在桌上。柯南先问小兰第一张加第二张的和是多少，小兰回答是 15；柯南再问小兰第一张加第三张的和是多少，小兰回答是 16；柯南最后问小兰第一张的点数是否比第二张大，小兰回答说不是。请问：这三张纸牌的点数分别是多少？

问题 91 解答

12345679 × 9 =111111111

12345679 ×18=222222222

12345679 ×27=333333333

12345679 ×36=444444444

12345679 ×45=555555555

12345679 ×54=666666666

12345679 ×63=777777777

12345679 ×72=888888888

12345679 ×81=999999999

问题 92 解答

（1）因为第一张加第三张的和是 16，

所以可能第一张是 9，第三张是 7，也可能第一张是 7，第三张是 9。

（2）如果第一张是 9，第三张是 7，由"第一张加第二张的和是 15"，可推知第二张是 6，那么第一张的点数就大于第二张的点数，但此与"第一张的点数小于第二张的点数"的已知条件不合。

（3）如果第一张是 7，第三张是 9，由"第一张加第二张的和是 15"，可推知第二张是 8，且第一张的点数小于第二张的点数。

所以这三张纸牌的点数分别为：第一张是 7，第二张是 8，第三张是 9。

问题 93

关口每逢星期一必说谎话，其余的六天说实话；前田每逢星期四必说谎话，其余六天说实话。

某天其中一人说："明天是星期二"，过了一星期后，此人又说："我明天将说谎话。"请问：他说话这一天是星期几？

问题 94

阿德有 2 男 5 女共 7 个小孩，他们的年龄都不一样。已知 7 个小孩之中，今年最大的年龄是 12 岁，最小的年龄是 5 岁，而且大姐比最小的弟弟大 4 岁，大哥比最小的妹妹大 5 岁。请问：大哥是几岁？

问题 93 解答

　　假设此人是关口，因为关口只有星期一说谎，所以他不会说："明天是星期二"，且因关口其余六天都说实话，所以关口在星期日、二、三、四、五、六，只会说："明天是星期一、三、四、五、六、日。"由上推知"明天是星期二"这句话是前田说的。

　　若前田说此话是真话，则应该是星期一说"明天是星期二"，但因为前田星期二不说谎，所以这句话又与"我明天将说谎话"互相矛盾。因此可推得问题中的两句话，都是前田在星期四说的谎话。

问题 94 解答

　　（1）如果年龄最大（12岁）的是大哥，那么最小的妹妹是7岁⇒最小的弟弟是5岁⇒大姐是9岁。结果与"有五个年龄都不一样的女孩"的事实矛盾。

　　（2）如果年龄最大（12岁）的是大姐，那么最小的弟弟是8岁⇒最小的妹妹是5岁⇒大哥10岁。结果与事实相符。

　　所以大哥是10岁。

问题 95

柯南将正整数依次写入甲、乙、丙、丁四区，如下表，则数字543会落在哪一区？

乙区	…11、7、3	1、5、9…	甲区
丙区	…10、6、2	4、8、12…	丁区

笔记栏

问题95解答

甲区的数字除以4余1;

乙区的数字除以4余3;

丙区的数字除以4余2;

丁区的数字除以4余0（即被4整除）;

$543 \div 4 = 135 \cdots\cdots 3$,

所以543会落在乙区。

• • • 笔记栏 • • •

问题 96

桌上自左向右放了五个纸盒，小丸子将各写有一个数字 1、2、3、4、5、6，1、2、3、4、5、6，1、2、3、4、5、6……的卡片，依次自左向右，一次放入一张；再自右向左，一次放入一张；再自左向右，一次放入一张；再自右向左，一次放入一张……按照这一规律，总共放入 385 张数字卡。请问：五个纸盒当中，纸盒内所有卡片上数字的最大总和是多少？

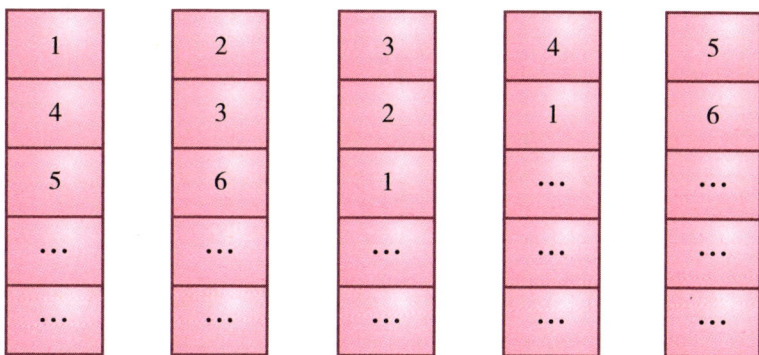

笔记栏

问题 96 解答

1	2	3	4	5
4	3	2	1	6
5	6	1	2	3
2	1	6	5	4
3	4	5	6	1
6	5	4	3	2

1

如上图排了 30 张卡片后，将会回到一开始的放置状态，此时每个纸盒中，都恰有 1、2、3、4、5、6 的数字卡各 1 张，所以每个纸盒中卡片上的数字总和相等。

385÷30=12……25，

而最后的 25 张卡片，以最右边纸盒内 5 张卡片上的数字和为最大：

（1+2+3+4+5+6）×13-2=21×13-2=273-2=271。

所以 5 个纸盒当中，卡片上最大的数字总和是 271。

问题 97

　　如下图，小玉的爸爸带着小玉出去旅游与摄影，小玉发现在笔直的公路上，从里程数 8 米开始到 4000 米为止，每隔 8 米将树与灯按图中所示的规则设置：在里程数 8 米处种一棵树，在 16 米处立一盏灯，在 24 米处种一棵树……且每两盏灯之间的距离均相等。请依此规则，画出里程数 800 ~ 824 米之间，树与灯的正确排列顺序。

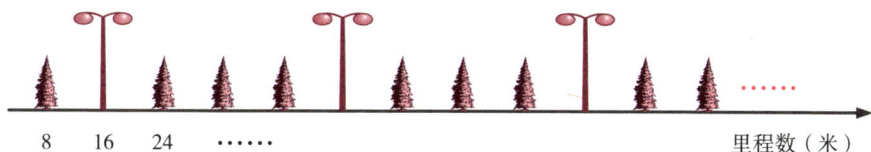

8　16　24　……　　　　　　　　　　　里程数（米）

问题 98

　　有九张分别写上数字 1 至 9 的纸牌，以两张一组分成四组后多出一张。若丸尾发现其中四组的数字之和分别是 5、7、11 与 14，请确定各组纸牌上的两个数字以及多出的一张纸牌上的数字。

问题 97 解答

灯设置在这些位置上：16，16+8×4，16+8×8，16+8×12……

也就是灯的设置里程数除以 32 的余数是 16。

$800 \div 32 = 25 \cdots\cdots 0$，$808 \div 32 = 25 \cdots\cdots 8$，

$816 \div 32 = 25 \cdots\cdots 16$，$824 \div 32 = 25 \cdots\cdots 24$，

所以里程数 800～824 米之间，树与灯的正确排列顺序如下图：

| 800 | 808 | 816 | 824 |

问题 98 解答

（1）因为 5+7+11+14=37，而 1+2+3+4+5+6+7+8+9=45，所以由 45-37=8，可推得多出的一张纸牌上的数字为 8。

（2）又 14=5+9（因为 14=6+8 是不合的）

可再推得 11=4+7（因为 11=2+9 与 11=3+8 与 11=5+6 都是不合的），所以 7=1+6，且 5=2+3。

由上可推知：各组纸牌的两个数字分别为 14=5+9，11=4+7，7=1+6，5=2+3，而多出的一张纸牌上的数字为 8。

问题 99

长山在一张方格纸上，以红、绿、蓝、黄、橙、灰、紫7种彩笔，自最左上角依次往右、往下在方格内涂上颜色（如下图），则由上往下第299行，再自左向右第400列的方格内，将被涂上哪一种颜色？

行 →

列 ↓

红	绿	蓝	黄	橙	灰	紫	红
绿	蓝	黄	橙	灰	紫	红	
蓝	黄	橙	灰	紫	红		
黄	橙	灰	紫	红			
橙	灰	紫	红				
灰	紫	红					
紫	红						
红							

笔记栏

问题 99 解答

　　从第一行往下数至任何一格后，再向右继续数，则其颜色的呈现规则必为红、绿、蓝、黄、橙、灰、紫、红、绿……

　　299+399=698，698÷7=99……5，

　　所以由上往下第 299 行，再由左向右第 400 列的方格内涂上的颜色为橙色。

行 →							
红	绿	蓝	黄	橙	灰	紫	红
绿	蓝	黄	橙	灰	紫	红	
蓝	黄	橙	灰	紫	红		
黄	橙	灰	紫	红			
橙	灰	紫	红				
灰	紫	红					
紫	红						
红							

列

问题 100

阿笠博士设计一个分割成 10 格的电子广告墙，每一格提供一种不同商品的广告，且每个广告依一定的规律，每天变换一次位置，其变换规律如下：左边 10 个广告展示一天后，第二天改变到右边的位置：

请指出经过 100 天后，原左上角的 A 广告会变到哪一个位置？

笔记栏

第一天 | A 　　　 → 第二天 | 　A 　　

第三天 → | 　　A 　 第四天 → | 　　　A

第五天 → | 　　　　A 第六天 → | 　　　　A

第七天 → | 　　　A 第八天 → | A 　　　

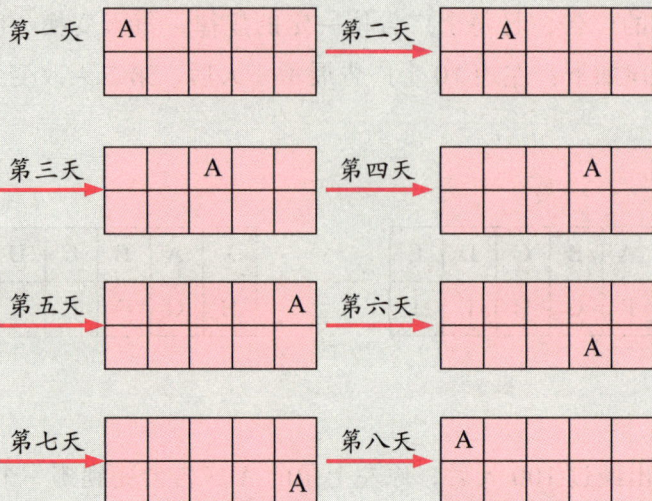

　　对 A 广告而言，从第一天呈现的位置，经过七天不同的位置变换，到第八天又回到第一天的呈现位置，所以变换周期是七天。

　　$100 \div 7 = 14 \cdots\cdots 2$，

　　所以经过 100 天后，原左上角的广告 A 会变到如下图的位置：

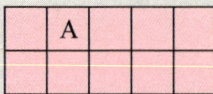

| 　A

问题 101

如图，从小玉、小丸子、丸尾、美环、长山这五个人中的一人开始，按逆时针方向数 1，2，3，4，…，如果数到 153 时，刚好数到小丸子，那么是从谁开始数的？

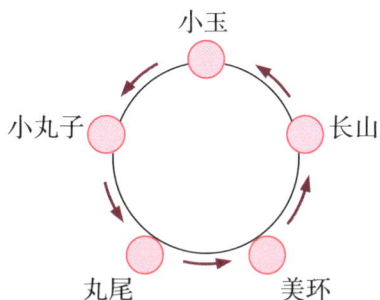

问题 102

如图，小丸子的爷爷将黑色、白色两种棋子上、下对齐排列，若最后一个图形的最底层一排有 25 个棋子，则该图形的黑、白两种棋子哪一种较多，多几个？

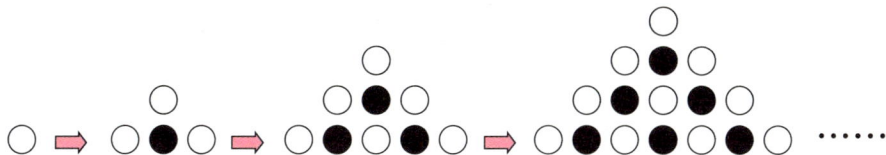

问题 101 解答

153÷5=30……3，

所以小丸子是总共数了 30 轮后，又数了三个的最后一个。

依此递推，可知是从长山开始数的。

问题 102 解答

因为每一层的白色棋子都比黑色棋子多一个，又最后一个图形的最底层一排有 25 个棋子，所以该图形的最底层一排有 13 个白色棋子与 12 个黑色棋子。

又由最后一个图形的最底层一排有 13 个白色棋子与 12 个黑色棋子，可推知图形共有 13 层，所以最后一个图形的白色棋子比黑色棋子多 13 个。

问题 103

花轮想将 10 瓶养乐多装入一长方体盒子，若规定不能上下叠放，则会有甲、乙两种排列方式（下图每个圆圈代表一瓶养乐多）。请问：20 瓶养乐多装入一长方体盒子，共有多少种装法？

甲：○○○○○○○○○○
一行共10瓶

乙：○○○○○
　　○○○○○
每行共5瓶，共2行

问题 104

小玉、小丸子、丸尾、美环、长山结伴搭火车旅游，但只买到 3 张坐票与 2 张站票，在 2 个小时的旅程中，5 个人公平轮流坐 3 个座位（每个座位只坐一人），则平均每个人坐在座位上多少分钟？

问题 103 解答

（1）一行共 20 瓶：

○○○○○○○○○○○○○○○○○○○○

（2）每行 10 瓶，共 2 行：

○○○○○○○○○○
○○○○○○○○○○

（3）每行 5 瓶，共 4 行：

○○○○○
○○○○○
○○○○○
○○○○○

所以共有 3 种装法。

问题 104 解答

$2 \times 60 \times 3 \div 5 = 72$，

所以平均每个人坐在座位上 72 分钟。

以 A、B、C、D、E 代表小玉、小丸子、丸尾、美环、长山，下表是可行的座位分配时长。

24 分钟	24 分钟	24 分钟	24 分钟	24 分钟
A	A	A	C	C
B	B	B	D	D
C	D	E	E	E

问题 105

如图是一张城市街道路线图的局部，其中的斜线段是中央公园的穿越道路。若健太想从家里出发，以最短的路线到市运动场踢足球，则他可以有多少条路线？

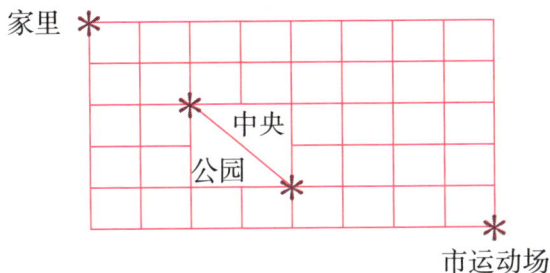

问题 106

如图，表示长方形垛的叠法。柯南将橘子堆成长方形垛，若最底层的长边排 12 个橘子，短边排 7 个橘子，则这个长方形垛共叠了多少个橘子？

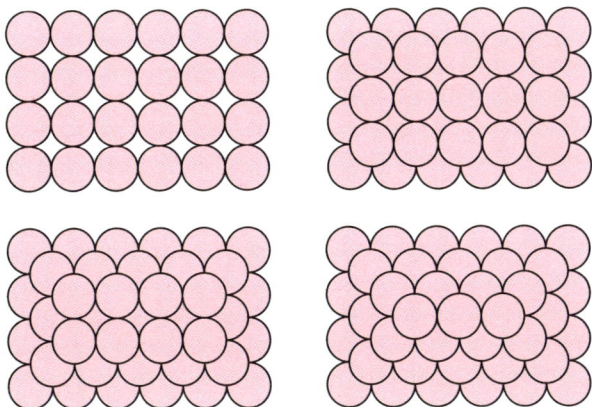

问题 105 解答

因为走中央公园的斜线会比走其他路线快，所以是必经之地，而从家里到中央公园最短的路线共有：→→↓↓、→↓→↓、→↓↓→、↓→↓→、↓↓→→、↓→→↓ 6 种走法，而从中央公园到运动场最短的路线共有：→→→→↓、→→→↓→、→→↓→→、→↓→→→、↓→→→→ 5 种走法，所以总共有 6×1×5=30（条）路线可以选择。

问题 106 解答

由下层至上层：（长 12、宽 7）（长 11、宽 6）（长 10、宽 5）……

12×7+11×6+10×5+9×4+8×3+7×2+6×1=280，所以共叠了 280 个橘子。

问题107

步美有一个收纳盒，共分隔成 9×9=81 个收纳格，每个收纳格内部各放置 1～9 颗弹珠（放置方式如图所示）。请问：盒内共有多少颗弹珠？

9	8	7	6	5	4	3	2	1
8	8	7	6	5	4	3	2	1
7	7	7	6	5	4	3	2	1
6	6	6	6	5	4	3	2	1
5	5	5	5	5	4	3	2	1
4	4	4	4	4	4	3	2	1
3	3	3	3	3	3	3	2	1
2	2	2	2	2	2	2	2	1
1	1	1	1	1	1	1	1	1

笔记栏

所有的弹珠数量等同于分装在 9 个正方形收纳盒内的弹珠数量总和（如下图）：

所以弹珠总数量

$=1^2+2^2+3^2+4^2+5^2+6^2+7^2+8^2+9^2$

$=（1+49）+（4+36）+（9+81）+（16+64）+25$

$=50+40+90+80+25=285$（颗）。

问题 108

　　如图，有12个人围成一个圆圈，面向圆心坐在草地上，当毛利小五郎问每一个人："请问：坐在你右边的是怎样的人呢？"结果得到的答案都一样，每个人都回答："坐在我右边的是一个说谎的人。"请问：这12个人当中，共有几个诚实的人，以及几个说谎的人？

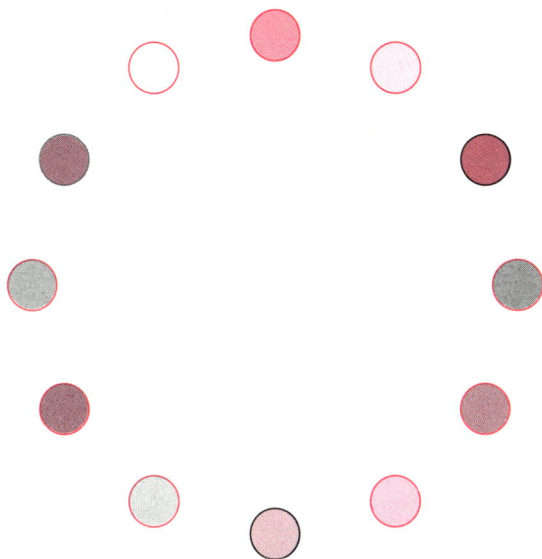

笔记栏

问题 108 解答

（1）假设坐在 12 点位置的人是个诚实的人，则坐在 10、8、6、4、2 点位置的人是诚实的人，坐在 11、9、7、5、3、1 点位置的人是说谎的人。

（2）假设坐在 12 点位置的人是个说谎的人，则坐在 10、8、6、4、2 点位置的人是说谎的人，坐在 11、9、7、5、3、1 点位置的人是诚实的人。

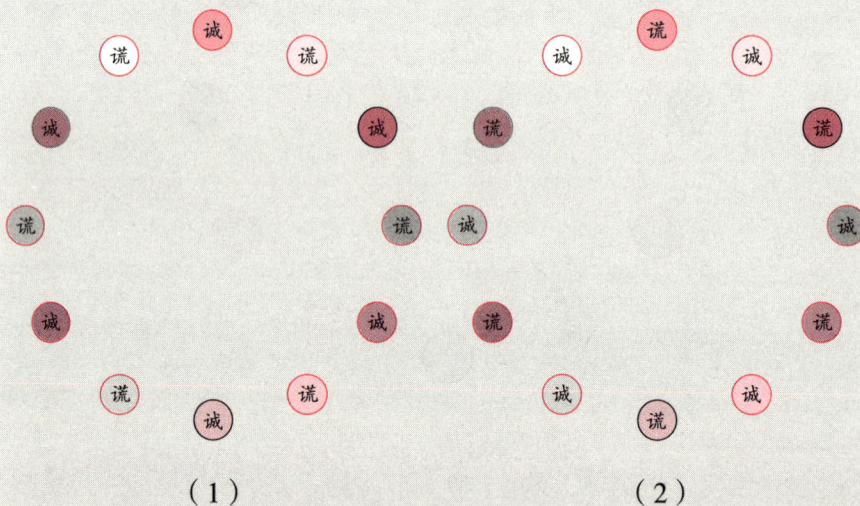

（1）　　　　　　　　　（2）

所以这 12 个人当中，共有 6 个诚实的人，以及 6 个说谎的人。

启发图形知觉

问题 109

如图，毛利小五郎、目暮警官、白鸟警官 3 个人，经常因为车子被挡住出口而闹得不愉快。柯南说只要移动 1 根火柴棒就可以改造这个可停 3 辆汽车的车库，使每辆汽车都可以自由进出。请问：柯南是如何办到的？

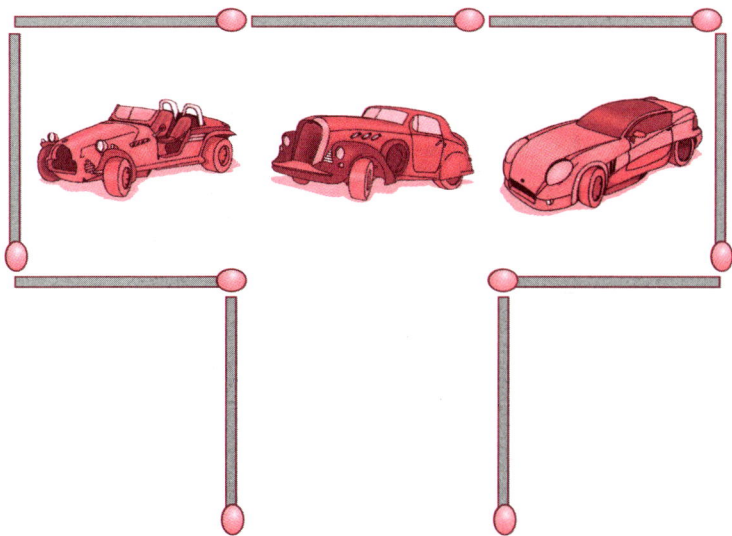

笔记栏

思维不够灵活的人，很容易受限于图中汽车的停放位置，从而无计可施。

（1）如下图，移动一根火柴棒后，成为可自由进出的一个车库：

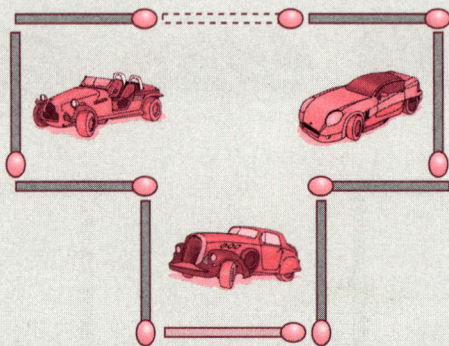

（2）如下图，移动一根火柴棒后，成为可自由进出的两个车库：

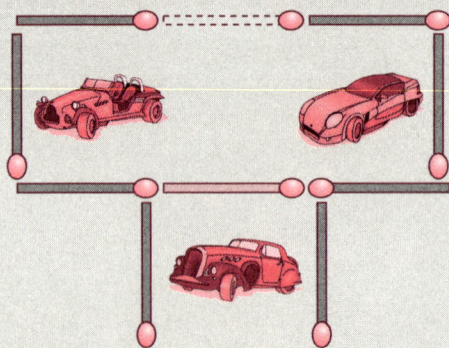

问题 110

如图，小丸子告诉丸尾，只要移动 3 根火柴棒，就可成为 3 个大小相同的正方形。请问：小丸子是如何办到的？

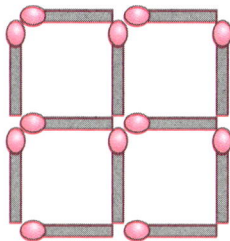

问题 111

如图，丸尾告诉小丸子，只要移动 2 根火柴棒，就会变成没有任何三角形。请问：丸尾是如何办到的？

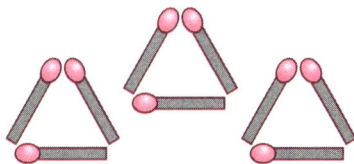

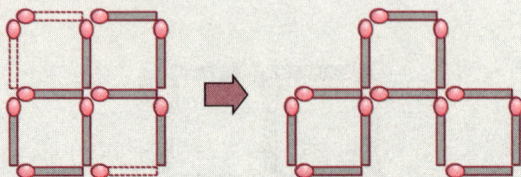

　　此题无法仅以"图形方法"处理，还要运用"计算方法"处理，即"相等的两数相减等于零（没有）"，如下图（1）的移法；或以"大小相等、符号相反的两个数相加会完全抵消，结果为零（没有）"，如下图（2）的移法。

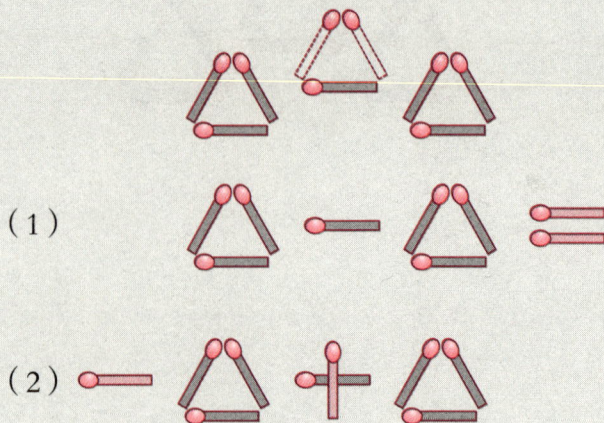

（1）

（2）

问题 112

　　如图，小丸子与丸尾分别用四张大小相同的正三角形色纸，拼成如下图的一件三角内裤与一件四角内裤。请问：他们是如何办到的？（色纸不可折叠，但可切割，切割成的张数尽量少。）

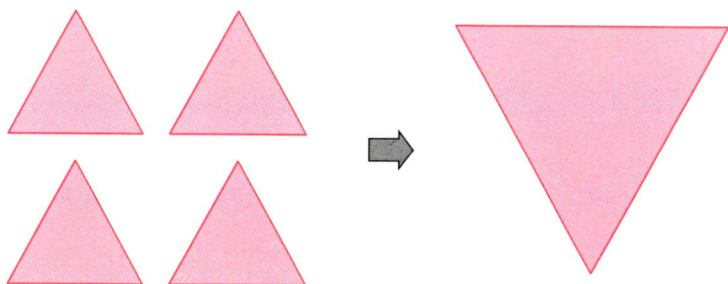

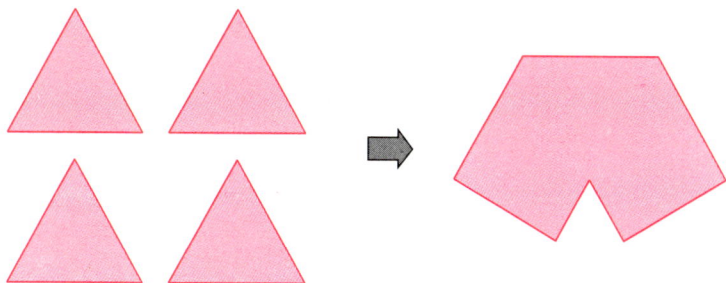

问题 112 解答

（1）拼成的三角内裤如下图：

（2）拼成的四角内裤如下图（必须等分切割其中一张色纸）：

问题 113

这个图形是阿笠博士用 6 个相同的线对称图形，以彼此相接而不重叠的方式拼成的，请找出图中 6 个相同的线对称图形。

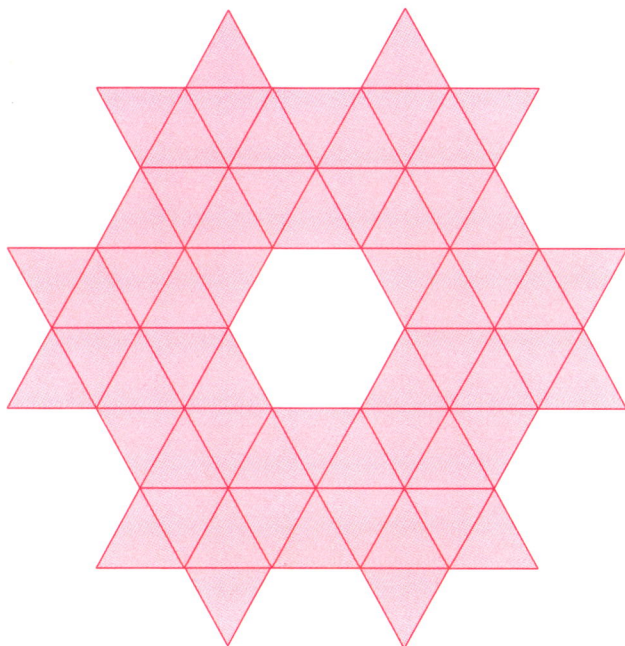

问题 113 解答

　　全图可由以下任一种相同的线对称图形拼成，第一种较容易被发现，第三种较难被发现。

问题 114

如图，小兰在桌上排了八张纸牌，柯南说只要将上、下相连的两张纸牌皆旋转180°，就可使心尖向下的红心总数与心尖向上的红心总数相等。请问：可以旋转哪两张纸牌？

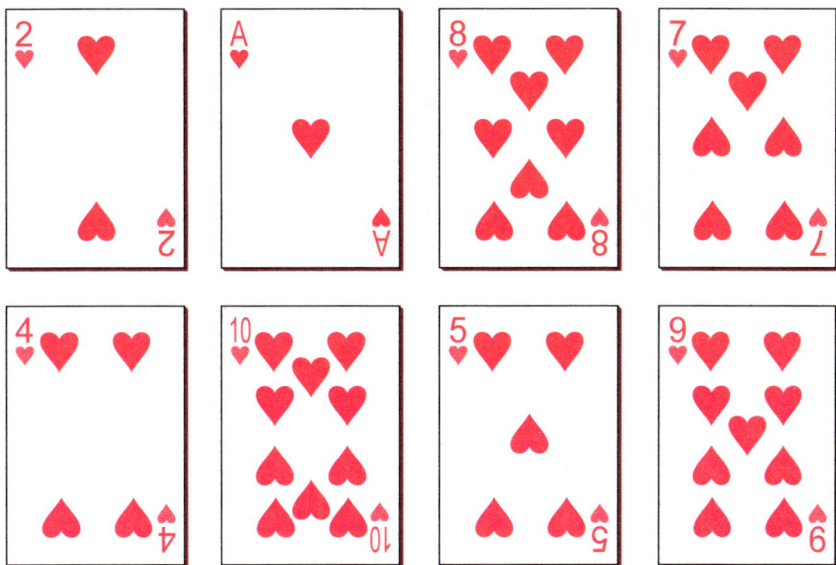

笔记栏

问题 114 解答

　　在偶数点数 2、4、10 的每张纸牌上，心尖向下的红心总数与心尖向上的红心总数相等；

　　再观察点数 1、5、7、8、9 这五张纸牌，点数 1、9 的两张纸牌心尖向下的红心数比心尖向上的红心数多 1 个，点数 5、7 的纸牌心尖向下的红心数比心尖向上的红心数少 1，而点数 8 的纸牌心尖向上的红心数比心尖向下的红心数多 2 个。

　　所以可以将点数 1 与点数 10 的两张纸牌做 180° 倒转，或将点数 8 与点数 5 的两张纸牌做 180° 倒转，皆可使心尖向下的红心总数与心尖向上的红心总数相等（举例见下图）。

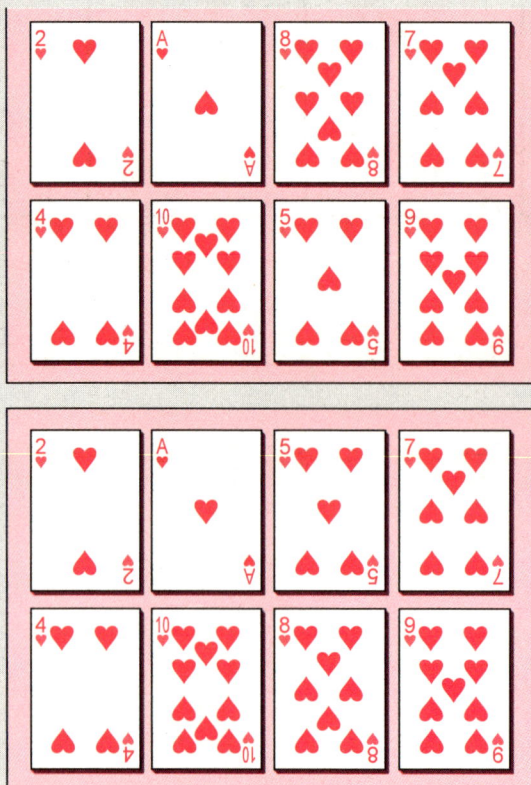

问题 115

如图，在一个 5×5 的小正方格中，共有五种食物平均罗列其中，柯南设计了一张五格镂空黑色纸，恰好可套出五种不同的食物。请问：英文字母 A、B、C、D 要如何与 E、F、G、H 做对应？（请以直接观察的方式找出答案。）

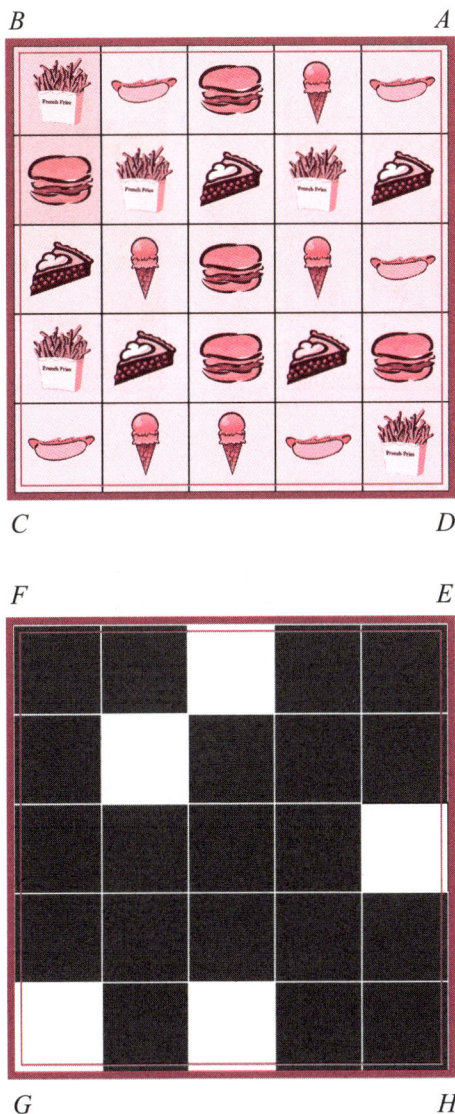

问题 115 解答

如图，将五格镂空黑色纸垂直翻转后，A、H 对应，B、G 对应，C、F 对应，D、E 对应，将黑色纸套在 5×5 的小正方格上，即可套出不同的五种食物。

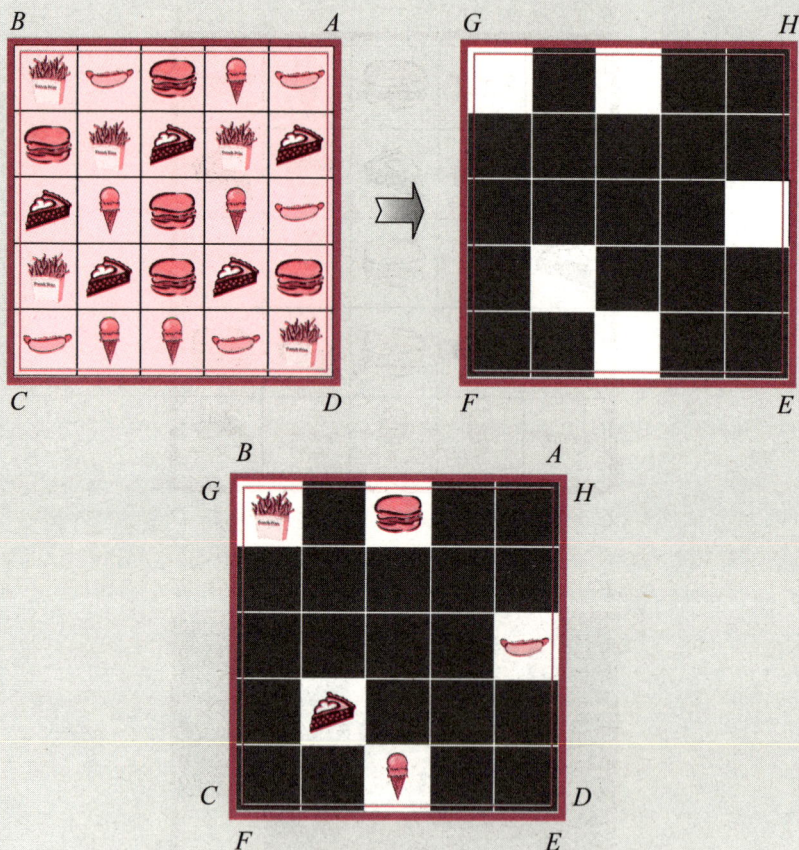

问题 116

有一个长 15 厘米、宽 10 厘米的草莓蛋糕（如图），灰原在不移动草莓位置以及必须保持草莓完整的前提下，将蛋糕均分成大小、形状相同的 4 块，而且每一小块都含有一粒草莓。请问：灰原是如何办到的？

问题 117

下图是一个上底 12 厘米、下底 24 厘米、高 12 厘米的梯形草莓蛋糕，灰原在不移动草莓位置以及必须保持草莓完整的前提下，将蛋糕均分成大小、形状相同的 9 块，而且每一小块都含有一粒草莓。请问：灰原是如何办到的？

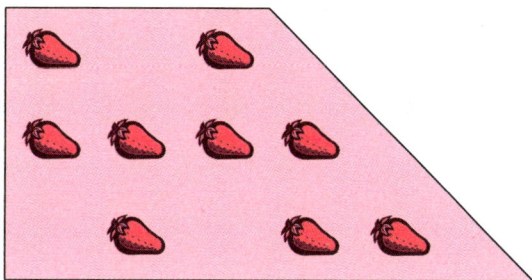

问题 116 解答

分割方式如图：

问题 117 解答

分割方式如图：

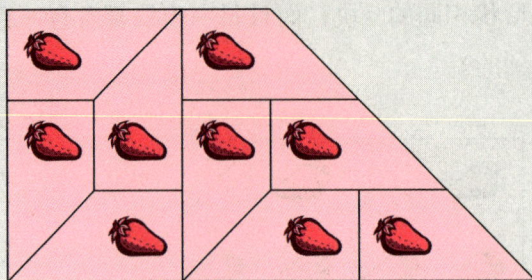

问题 118

操场上有 3 个大人与 10 个小朋友，元太、步美、光彦各套入一个菱形，就使得操场分割成 13 个区域，且每个区域内都恰有一个人。请问：他们是如何办到的？

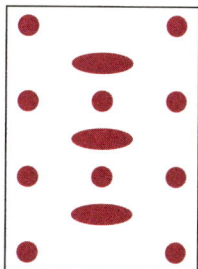

问题 119

溜冰场上有 15 个小朋友，元太、步美、光彦各套入一个椭圆，就使得溜冰场分割成 15 个区域，且每个区域内都恰有一个小朋友。请问：他们是如何办到的？

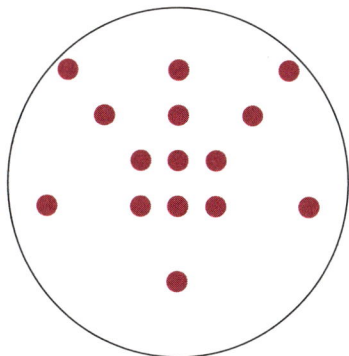

问题 118 解答

分割方式如图：

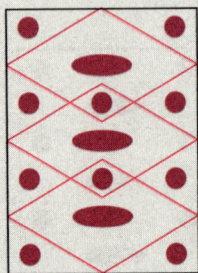

问题 119 解答

分割方式如图：

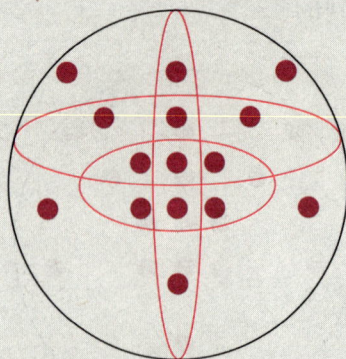

问题 120

如图，显微镜下共有 19 个细菌，阿笠博士加入三个椭圆，使每一只细菌皆被隔离于一个区域。请问：他是如何办到的？

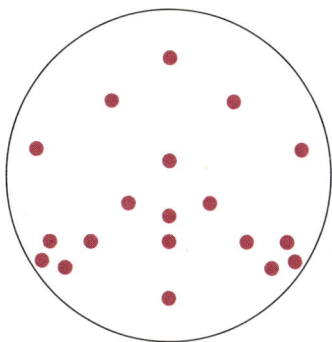

问题 121

下图是美环画的图形。请问：图中共有多少个梯形？

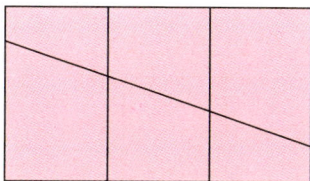

问题 120 解答

隔离方式如图：

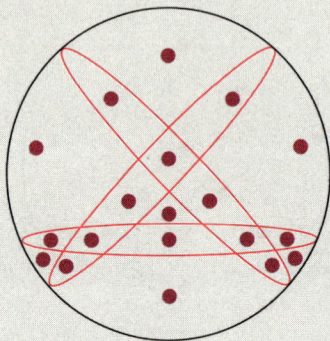

问题 121 解答

斜线之上有 6 个梯形，斜线之下有 6 个梯形，
6+6=12，所以共有 12 个梯形。

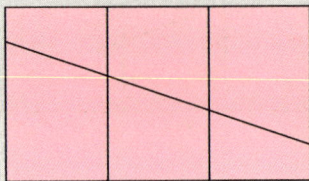

问题 122

下图是藤木画的图形。请问：图中共有多少个正方形？

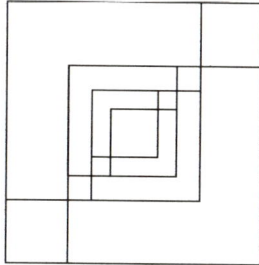

问题 123

下图是藤木画的图形。请问：图中共有几个四边形？

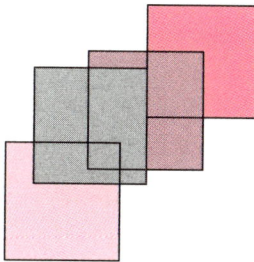

　　下面最左边的图形中，共有 6 个正方形；中间的图形比最左边的图形多 5 个正方形，也就是有 6+5=11（个）正方形；最右边的图形比中间的图形多 5 个正方形，所以本题的图形中共有 11+5=16（个）正方形。

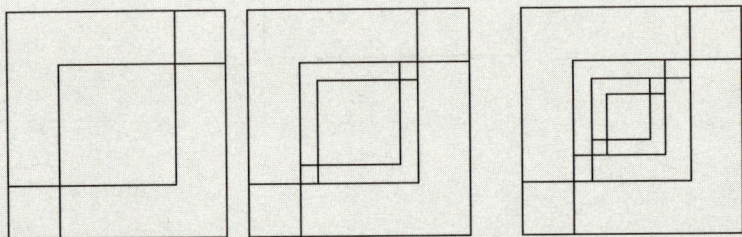

　　下图中有 4 个大小相同的正方形，另外还有 10 个长方形，4+10=14，所以图中共有 14 个四边形。

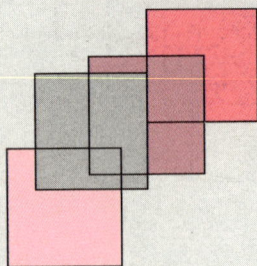

问题124

下图为 8 根吸管，其中长吸管为短吸管长度的 2 倍，毛利说可利用它们拼出 3 个大小相同的正方形；柯南说可利用它们拼出 3 个大小不相同的正方形。请问：他们是如何办到的？

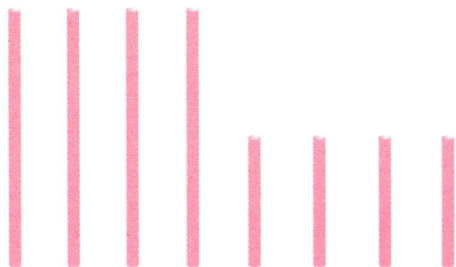

问题125

小丸子的爷爷利用 8 根等长的火柴棒同时拼出包含 1 个正八边形、2 个正方形、8 个等腰直角三角形的图形。请问：他是如何办到的？

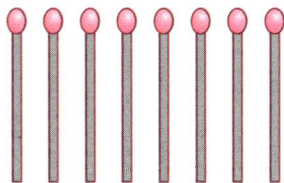

问题 124 解答

（1）如图，拼合成 3 个大小相同的正方形：

（2）如图，拼合成 3 个大小不相同的正方形：

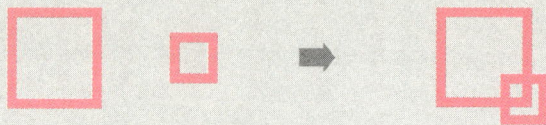

问题 125 解答

下图包含 1 个正八边形、2 个正方形、8 个等腰直角三角形：

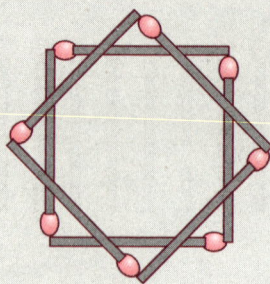

问题 126

　　如图，由 14 根等长火柴棒围成的一个长方形区域，其面积等于
10 平方单位。毛利说可移动其中 6 根火柴棒，围出两个总面积为 5
平方单位的区域；柯南说可移动其中 6 根火柴棒，围出一个面积为
5 平方单位的区域。请问：他们是如何办到的？

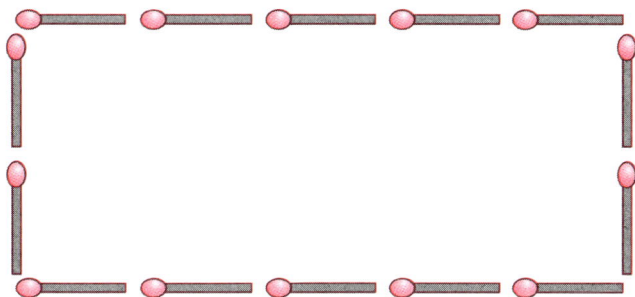

问题 126 解答

（1）以下两种方式皆可围出两个总面积为 5 平方单位的区域：

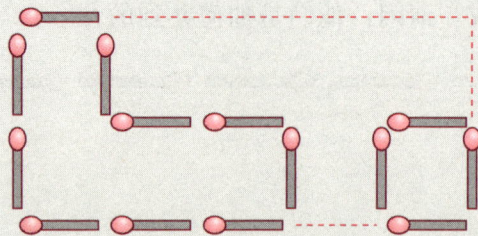

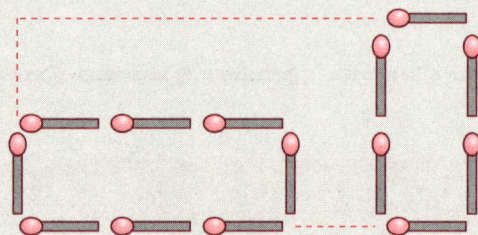

（2）以下方式即可围出一个面积为 5 平方单位的区域，其中两个灰色区域的三角形面积皆各为 2.5 平方单位。

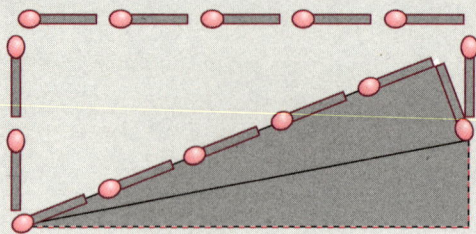

问题 127

（1）有一张正方形彩纸，美环依照步骤①②③对折，在步骤④时剪了一刀，请画出剪后打开摊平的纸张形状。

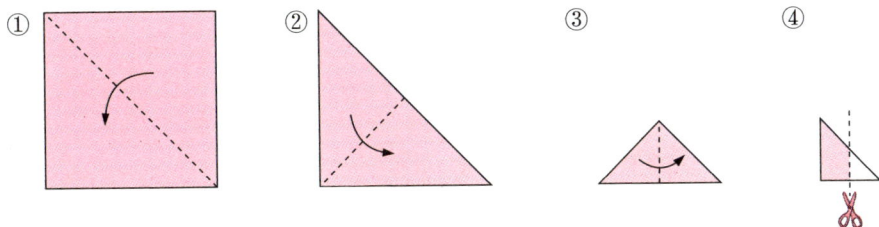

（2）有一张正方形彩纸，小玉依照步骤①②③对折，在步骤④时剪了两刀，请画出剪后打开摊平的纸张形状。

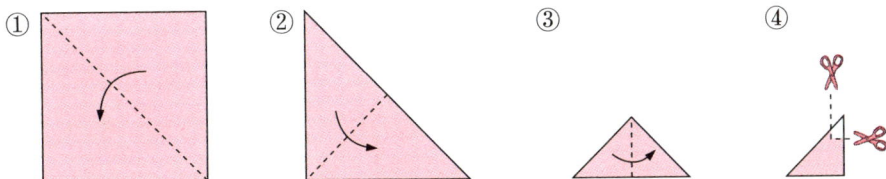

问题 127 解答

（一）如图，依步骤从后向前思考，就可画出打开摊平的纸张形状。

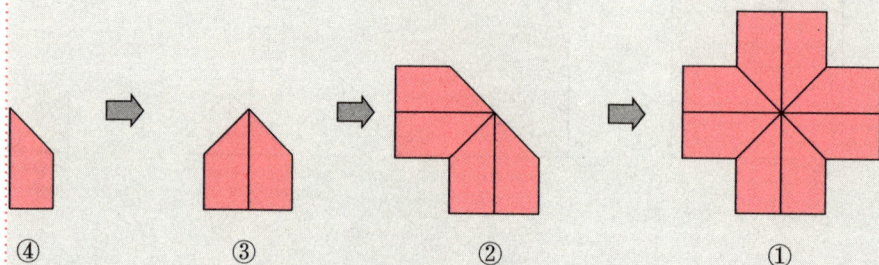

④ ③ ② ①

（二）如图，依步骤从后向前思考，就可画出打开摊平的纸张形状。

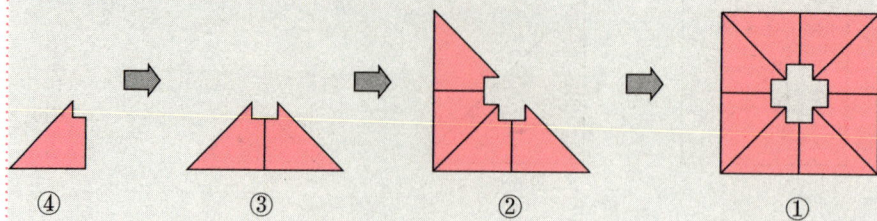

④ ③ ② ①

问题 128

花轮将一正方形彩纸对折两次后，再分别如图①②的十字方式剪开。请问：剪开后摊平的所有纸张形状与其张数各为多少？

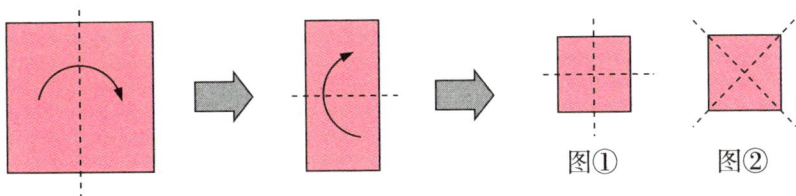

图①　　图②

问题 129

小杉要猪太郎观察下图（1）中图形的变化规律，再画出图（2）"？"中的图形，但猪太郎想了很久，也想不出。请帮帮他吧！

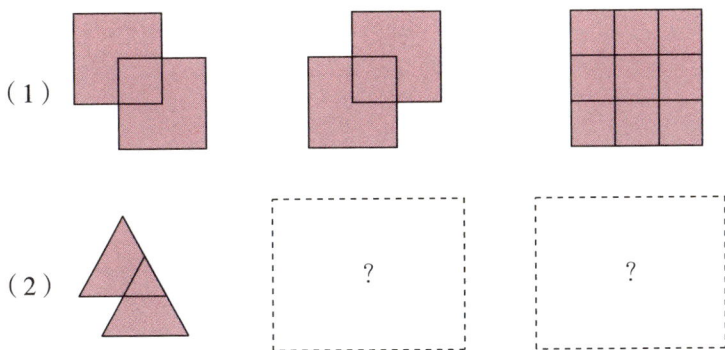

（1）

（2）

问题 128 解答

图①有 5 张正方形与 4 张长方形。

图②有 4 张正方形与 8 张等腰直角三角形。

问题 129 解答

第二个图形是第一个图形的水平翻转，第三个图形由第一、二个图形拼成。

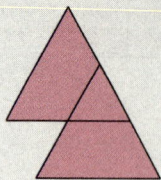

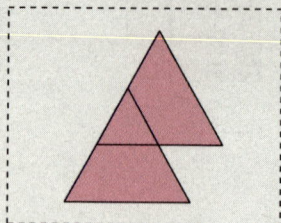

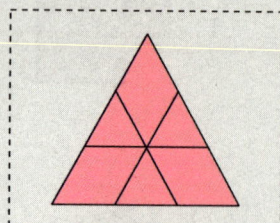

问题 130

猪太郎问全班同学："谁知道图中的等腰三角形内，涂上颜色的方格面积与白色的方格面积相差多少平方单位？（一个小正方格的边长为 1 单位长）可是很简单喔！"班上的同学竟然想不出来！请你也想想看吧！

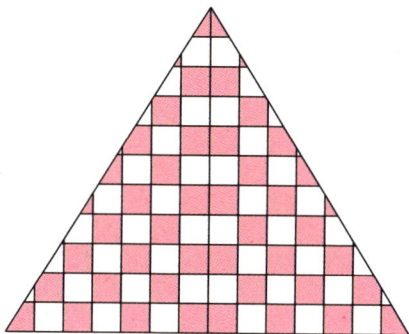

问题 131

小丸子带 8 个朋友到家里玩，小丸子的妈妈以 4 刀将一个西瓜切成 9 块后，分给 9 人吃。但过一会儿妈妈去清扫时，却扫到了 10 块西瓜皮，这到底是怎么回事呢？

问题 130 解答

猪太郎是将如图的长方形，沿着对角线分割成两个相同的直角三角形后，再翻转而拼成等腰三角形，由图可推知：有颜色的小正方格数量较白色小正方格的数量多 1 个，故两者的面积相差 1 平方单位。

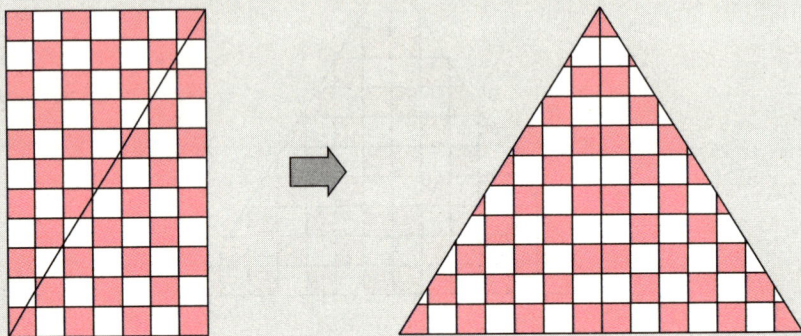

问题 131 解答

9 块西瓜中，有一块吃完会有 2 块西瓜皮。

我有2块西瓜皮！

问题 132

　　猪太郎说他可以将 21 个苹果装入 4 个篮子，使得每个篮子里，都装有奇数个苹果。请问：猪太郎是如何办到的？请以数字表示苹果的数量，然后画出苹果与篮子的配置图。

问题 133

　　下图是由 16 根火柴棒组成的图形，怪盗基德把 8 根火柴棒（不能相互交叠）放入此图形，就把图形分割成 4 个形状相同、大小相同的图形。请问：他是如何办到的？

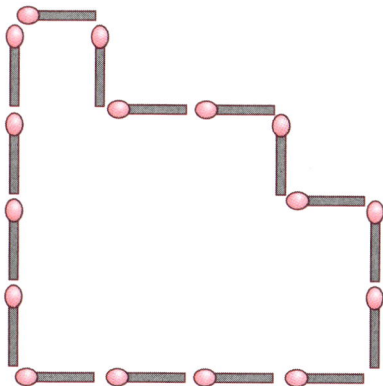

问题 132 解答

下图是两种可行的配置图，即小篮子装了苹果，一起放入较大的篮子里。

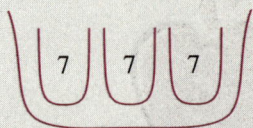

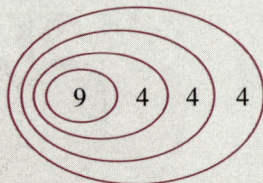

问题 133 解答

按如图所示放置全黑的 8 根火柴棒：

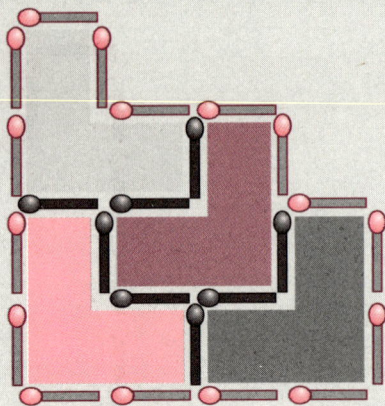

问题 134

基德说下图可被分割成两个大小、形状完全相同的图形。请问：他是如何办到的？

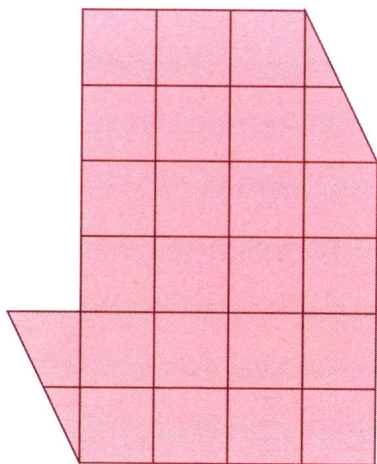

问题 134 解答

分割方式如下图：

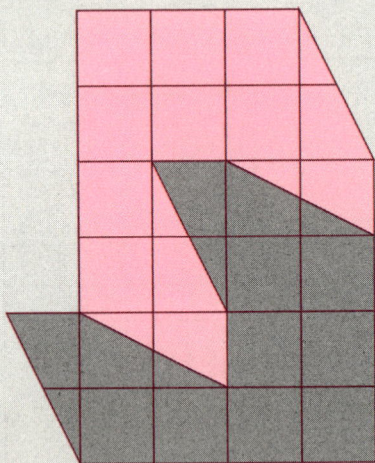

笔记栏

问题135

以下有乙、丙、丁、戊、己五个图形，阿笠博士拿掉其中一个图形后，剩下的四个图形就拼成甲图了。请问：阿笠博士拿掉了哪一个图形？

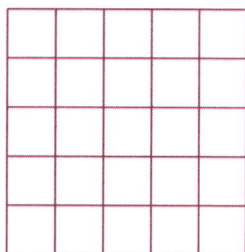

甲

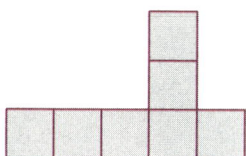

乙

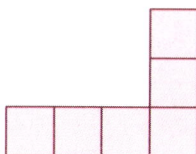

丙

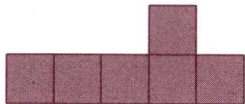

丁

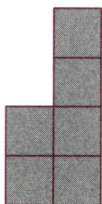

戊

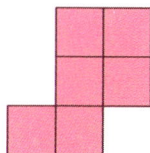

己

问题 135 解答

因为甲图共有 5×5=25（个）小正方格，而乙图有 7 个小正方格，丙、丁、戊、己四个图形都有 6 个小正方格，所以一定要去掉一个 6 个小正方格的图形，才能使 7+6+6+6=25。

因为有 7 个小正方格的乙图一定要加入拼图，且其中 5 个整排的小正方格，一定要靠边放（如下方左图画◎的部分）。如果将丁图放入，即使搭配任何两个图形，都无法顺利拼出甲图。

所以要顺利拼成甲图，必须将丁图去掉（如下方右图）。

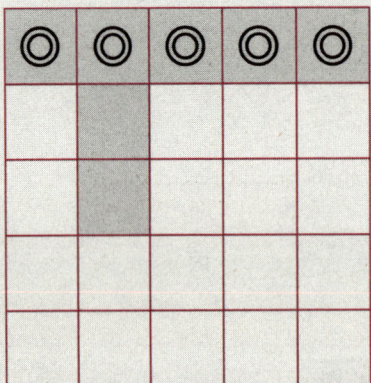

下图是一个 9 平方单位的图形（共有 9 个小正方形），步美想沿着正方形格线将此图切割成两片，在不翻面的条件下，拼合成一个 3×3 的正方形，请帮她找出所有的切拼方式。

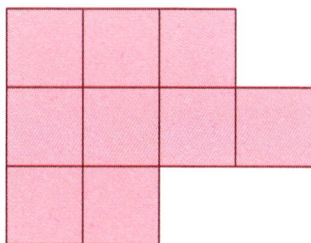

笔记栏

问题 136 解答

9＝1+8＝2+7＝3+6＝4+5，切割成 1、8 或 2、7 或 4、5（共三种方式），才可顺利拼合成 3×3 的正方形（如图）。

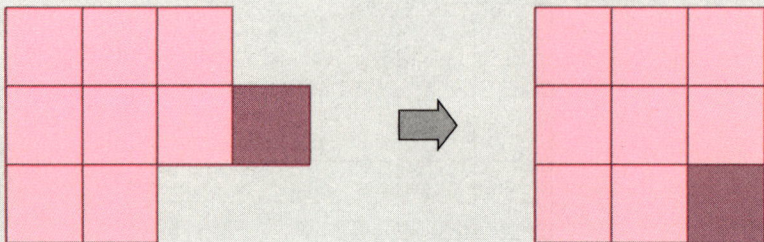

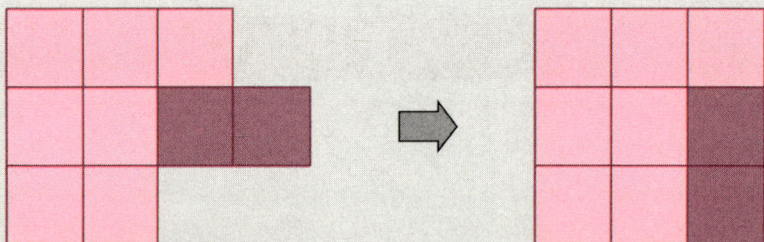

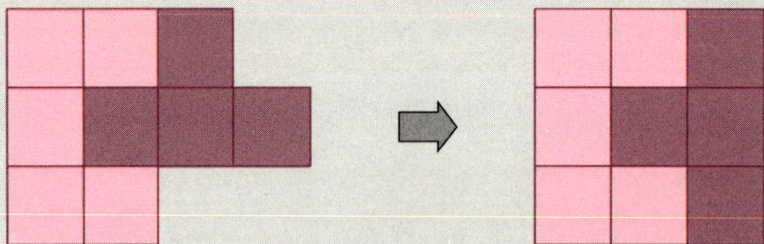

问题137

如图，有一个长、宽、高分别为 6 厘米、9 厘米、4 厘米的长方体，它是胖虎用一些边长为 1 厘米的小正方体堆砌而成的。现在想要让这个长方体变成一个最大的正方体，最少应移除多少个小正方体？

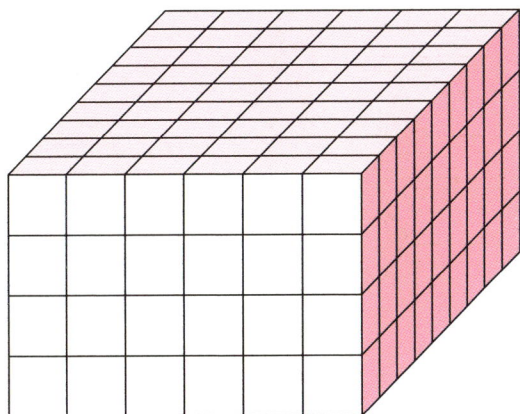

问题 137 解答

　　如下图，不需要移除任何一个小正方体，只要将72个小正方体移动位置，即可变成一个 6×6×6 的正方体。

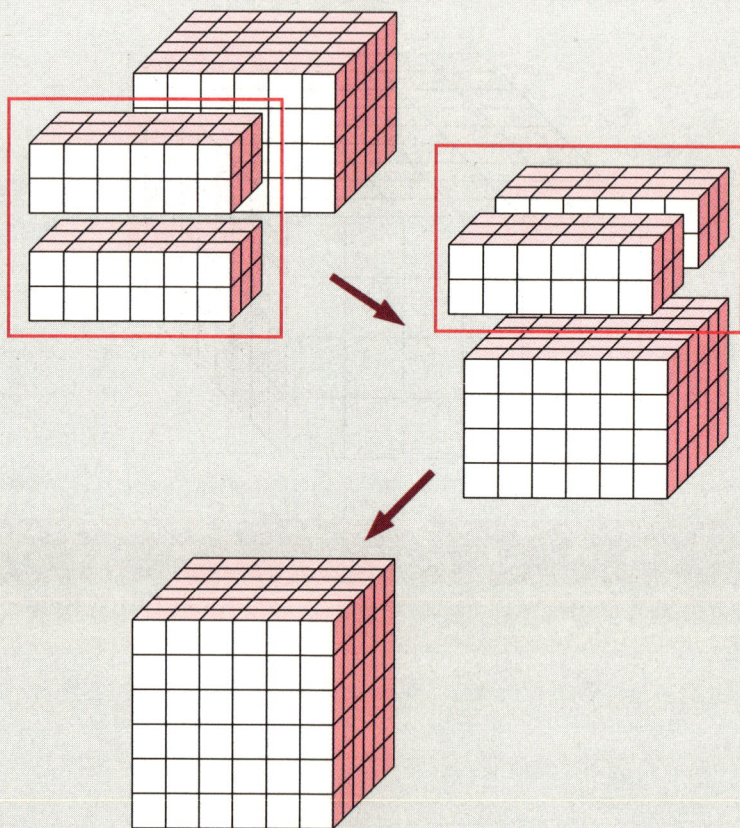

问题 138

如图，大正方形 *ABCD* 是由 64 个大小相同的正方形所组成，阴影部分是光彦设计的少年侦探队徽章。若 *ABCD* 的面积是 24 平方单位，则徽章的图形面积是多少？

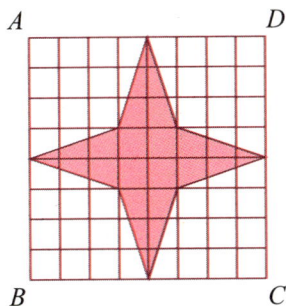

问题 139

下图是山田的美术作品，*E*、*F*、*G*、*H* 分别是正方形 *ABCD* 各边的中点，已知中间阴影部分（小正方形）的面积是 9 平方单位。请问：大正方形的面积是多少？

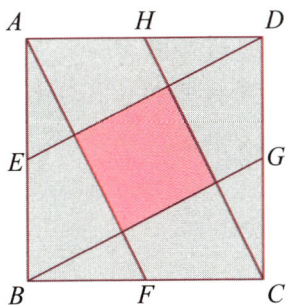

问题 138 解答

阴影部分的图形面积为全部面积的 $\dfrac{16}{64} = \dfrac{1}{4}$，

所以阴影部分的图形面积 $= 24 \times \dfrac{1}{4} = 6$（平方单位）。

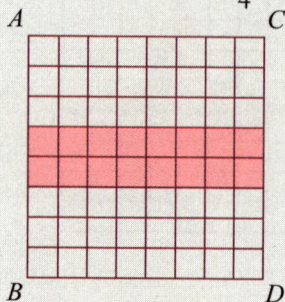

问题 139 解答

如图，将 4 个直角三角形割补至适当位置，则形成由 5 个小正方形组成的十字形，因为中间阴影部分（小正方形）的面积是 9 平方单位，所以大正方形的面积是 $9 \times 5 = 45$（平方单位）。

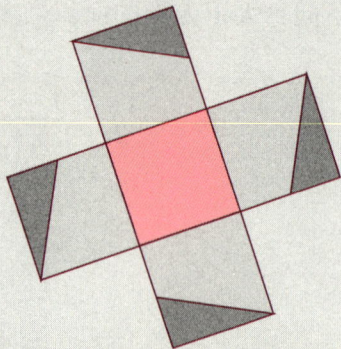

问题 140

下图是野口的美术作品，$\overset{\frown}{AB}$、$\overset{\frown}{BC}$、$\overset{\frown}{DE}$、$\overset{\frown}{EF}$、$\overset{\frown}{AGD}$、$\overset{\frown}{BGE}$、$\overset{\frown}{BHE}$、$\overset{\frown}{CHF}$ 皆为直径为 2 的半圆。请问：斜线部分面积是多少平方单位？

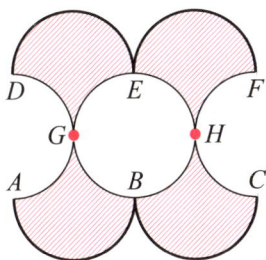

问题 141

小丸子把一个直径为 10 厘米的圆形碗口，向右平移了 8 厘米，求斜线部分的面积是多少平方厘米？

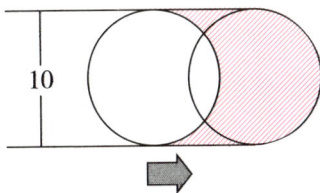

问题 140 解答

　　图形虽然有点复杂，但只要将图形分解、割补一下，就可以得知：斜线部分面积等于长方形的面积（如图）。

　　所以斜线部分面积 =2×4=8（平方单位）。

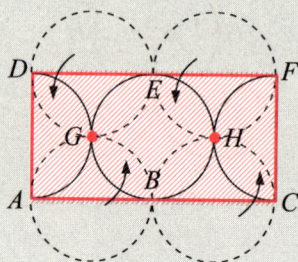

问题 141 解答

　　如图，将右侧的半圆区域置换至左侧，所以斜线部分面积等于 8×10=80（平方厘米）的长方形面积。

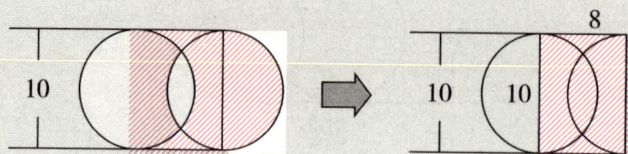

问题 142

一块正方形土地由 25 个大小相同的小正方形组成，中间是一片森林，而且其中 4 个小正方形是 4 户人家。佐佐木爷爷接受委托，要将它分成四等份（形状、大小都相同），而且每一等份都包含一户人家的小正方形，但森林为公用，请帮佐佐木爷爷想想该怎么划分。

问题 142 解答

　　如下图，可利用中心旋转的方法进行划分，答案为最下边的划分方式。

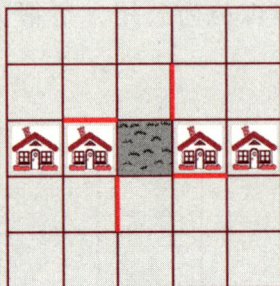

问题 143

　　元太将边长分别为 4 厘米、3 厘米、2 厘米的 3 个正方体木块用胶水粘在一起，所得到的立体图形露在外面的表面积最小值是多少平方厘米？

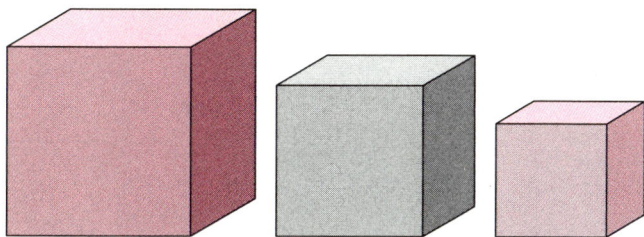

问题 144

　　如图是滨崎装玩具的一个正方体盒子，他用直尺和笔连出其中两面各有一条的对角线 AB 与 BC，∠ABC 的度数是多少？

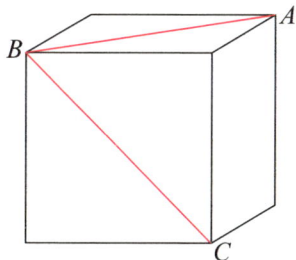

问题 143 解答

使三个正方体木块黏合的面积越大，则立体图形露在外面的表面积会较小。

如右图的黏合方式，露在外面的表面积会最小：

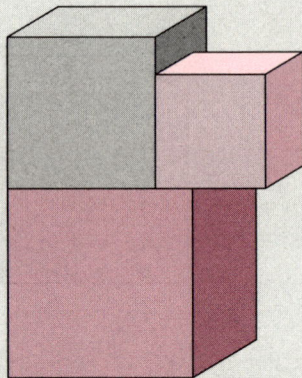

露在外面的表面积

$=（4×4+3×3+2×2）×6-3×3×2-2×2×2-（4-3）×2×2$

$=29×6-18-8-4$

$=174-30=144$（平方厘米）。

问题 144 解答

（1）连结 AC。

（2）因为 $AB=BC=AC$（此三条线段皆为相同正方形的对角线），

所以 $△ABC$ 为正三角形，故 $∠ABC=60°$。

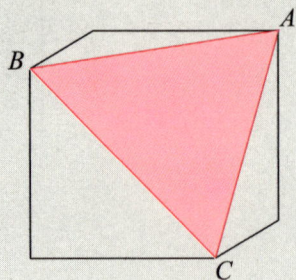

问题 145

下图左侧是小玉的爸爸从两个不同方向拍摄到的正方体图片，下图右侧是三张展开图，请补充 A、B、C 的正确图案。

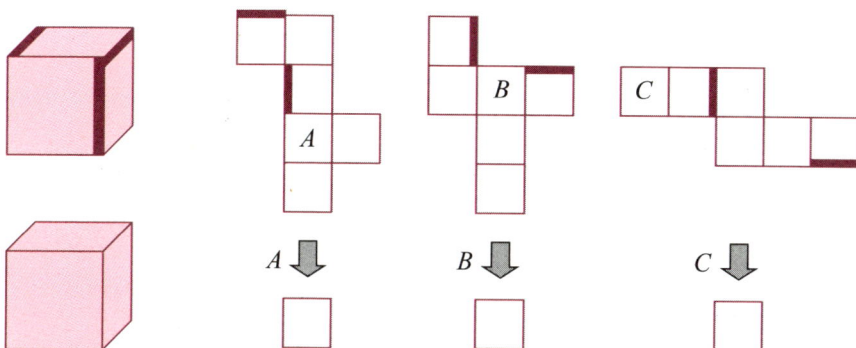

问题 146

下图左侧是小玉的爸爸从两个不同方向拍摄到的正方体图片，请据此完成以下两张展开图的正确图案。

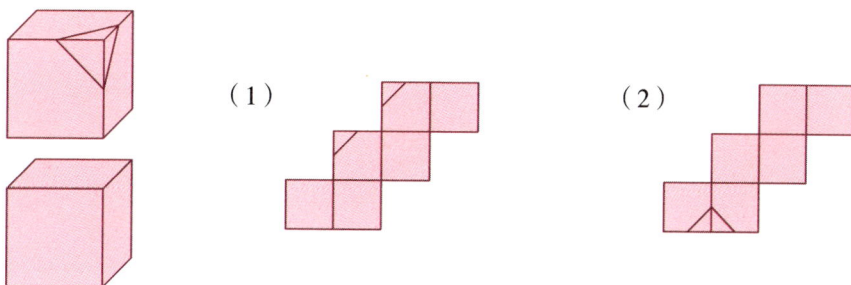

（1）

（2）

问题 145 解答

A、B、C 正确图案分别如下：

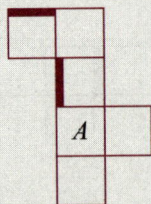

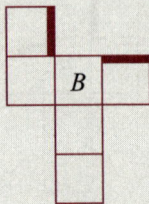

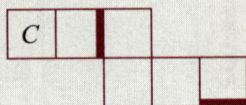

问题 146 解答

（1）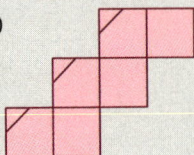

（2）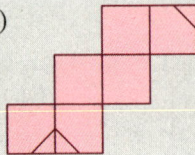

问题 147

阿德用 64 块大小相同的小正方体积木（木头原色）拼成一个大正方体，若用红、灰、白三种颜色的油漆将大正方体的六个面均涂上颜色（每个面只能涂一种颜色），而且有共同边的两面所涂油漆的颜色不同，等油漆干后再将所有小正方体积木拆开，请计算涂上各种颜色的小正方体积木各有多少个。

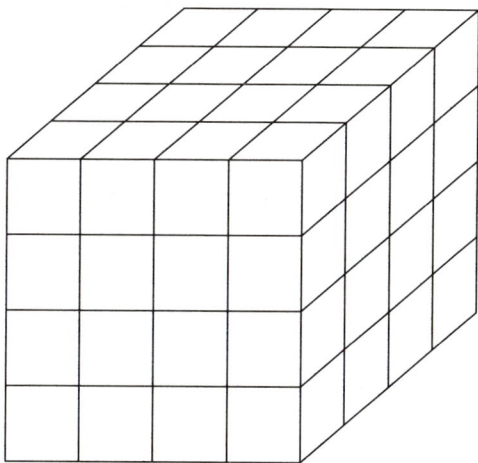

笔记栏

问题 147 解答

大正方体任一面与其对面的油漆颜色相同（如下图），而涂上油漆的小积木有

$$4 \times 4 \times 4 - (4-2) \times (4-2) \times (4-2) = 64 - 8 = 56（个），$$

其中：

（1）（红、灰、白）的小积木：共 8 个。

（2）（红、灰）（灰、白）（红、白）的小积木各 8 个。

（3）（红）（灰）（白）的小积木各 8 个。

问题 148

　　长山有 8 个表面全为红色的单位正方体积木，她想用这些积木拼成表面全为红色的 $2 \times 2 \times 2$ 的正方体。关口非常顽皮，偷偷地把这些积木的某些表面改涂为灰色，想迫使长山无法达成她的目的（但长山会尽量把涂有灰色的表面藏在内部而不暴露在外部）。请问：关口至少要将几个面涂为灰色？

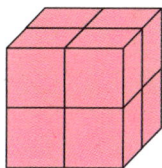

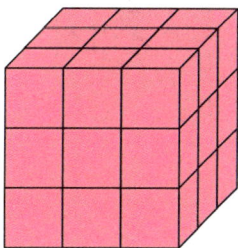

问题 149

　　长山有 27 个表面全为红色的单位正方体积木，她想用这些积木拼成表面全为红色的 $3 \times 3 \times 3$ 的正方体。关口非常顽皮，偷偷地把这些积木的某些表面改涂为灰色，想迫使长山无法达成她的目的（但长山会尽量把涂有灰色的表面藏在内部而不暴露在外部）。请问：关口至少要将几个面涂为灰色？

问题 148 解答

　　只要将其中一个正方体积木的 2 个面涂为灰色，则无论摆在哪里，都会有一个灰色面暴露在外部。

　　所以至少要将 2 个面涂为灰色。

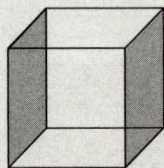

问题 149 解答

　　只要将两个正方体积木的 6 个面全涂为灰色，则无论摆在哪里，都至少会有一个灰色面露在外部。

　　所以至少要将 $6 \times 2 = 12$ 个面涂为灰色。

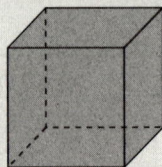

问题 150

（1）请问猪太郎可以利用下面哪两个图形，拼出最下方的立体图形？

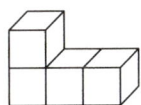 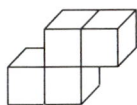 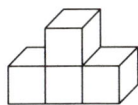  

1号　　　　2号　　　　3号　　　　4号　　　　5号

（2）请问猪太郎可以利用下面哪两个图形，拼出最下方的立体图形？

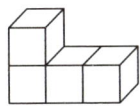 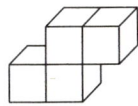 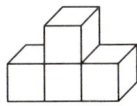  

1号　　　　2号　　　　3号　　　　4号　　　　5号

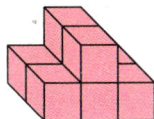

问题150 解答

（1）2号与3号

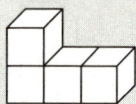 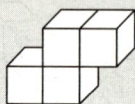 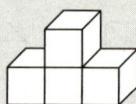 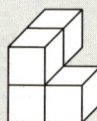 

1号　　　　2号　　　　3号　　　　4号　　　　5号

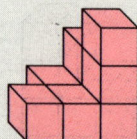

（2）1号与4号

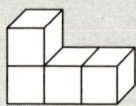 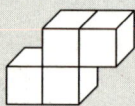 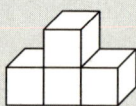  

1号　　　　2号　　　　3号　　　　4号　　　　5号

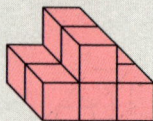

问题 151

（1）请问小丸子利用下面哪两个图形，刚好可以合并成一个长方体？

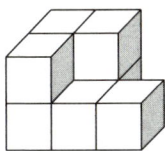
1号

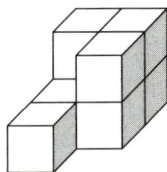
2号

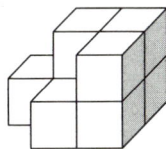
3号

4号

（2）请问小丸子利用下面哪两个图形，刚好可以合并成一个长方体？

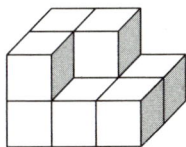
1号

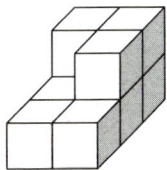
2号

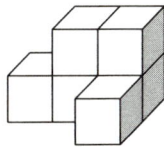
3号

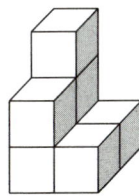
4号

💡 **问题 151 解答**

（1）1号与2号

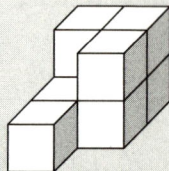

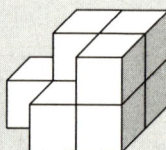

1号　　　　　2号　　　　　3号　　　　　4号

○　　　　　○

（2）1号与4号

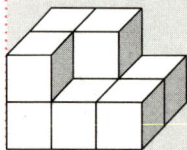

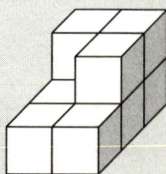

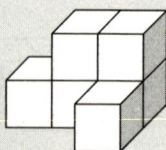

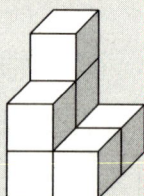

1号　　　　　2号　　　　　3号　　　　　4号

○　　　　　　　　　　　　　　　　　　○

问题 152

下图是藤木用 35 个边长为 3 厘米的小正方体拼成的实心正方垛。请问：这个立体图形的表面积是多少平方厘米？

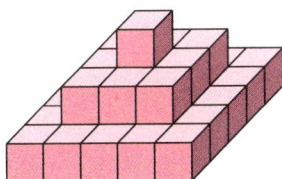

问题 153

下图原本是小丸子用 125 个小正方体积木拼成的大正方体，但现在却被关口拆掉了 10 个小正方体积木。请问：哪一个组合积木，可恰好嵌入缺口重新组成大正方体？

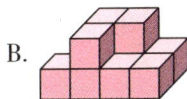

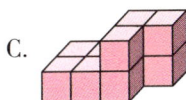

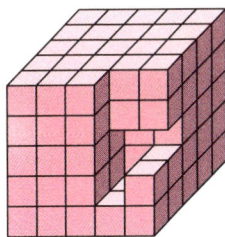

A.　　　　　B.

C.　　　　　D.

问题152 解答

（1）从上、下看得的面积为：

（3×3）×（5×5）×2=450（平方厘米），

（2）从前、后、左、右看得的面积为：

（3×3）×（1+3+5）×4=324（平方厘米），

所以立体图形的表面积是450+324=774（平方厘米）。

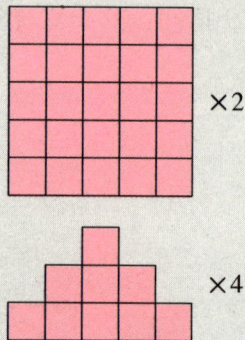

×2

×4

问题153 解答

C.组积木恰好可嵌入。

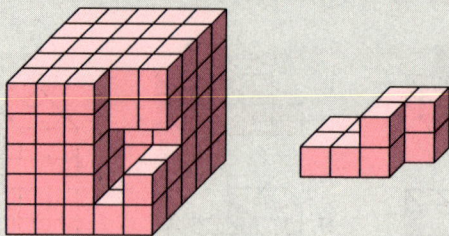

问题 154

　　骰子为一正方体，六个面的点数分别为 1、2、3、4、5、6 点，且相互平行的两个面，其点数和都是 7（即点数 1 与 6 的两面相互平行；点数 2 与 5 的两面相互平行；点数 3 与 4 的两面相互平行）。右图是小丸子的爷爷用两颗相同骰子叠成的立体图形。请问：最底下一面的点数是多少?

问题 155

　　骰子为一正方体，六个面的点数分别为 1、2、3、4、5、6 点，且相互平行的两个面，其点数和都是 7（即点数 1 与 6 的两面相互平行；点数 2 与 5 的两面相互平行；点数 3 与 4 的两面相互平行）。下图为掷一颗骰子一次的立体图，以及小丸子尚未完成的展开图，请帮她画出完整的骰子展开图。

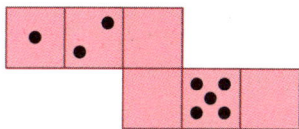

问题 154 解答

　　考虑立体图形中，两个点数 2 的面，以及上层骰子点数 3 的对面为点数 4 的理由，可确定下层骰子朝上一面的点数也是 1 点，所以最底下一面的点数是 6。

问题 155 解答

　　由"相互平行的两个面，其点数和都是 7"，可进一步找到点数 6 的一面（如下图）：

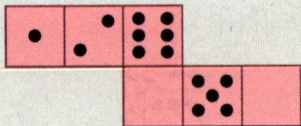

　　又由骰子的立体图，可确知点数 3 与点数 4 的确定位置以及它的涂点样式（如下图）：

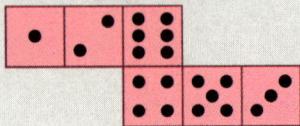

问题 156

灰原将一个正方体的六个面分别涂上红、橙、黄、绿、蓝、紫六种不同颜色，下图为这个正方体从三个不同方向看的结果。请问：

（1）如果要将正方体的六个面展开成如下图示的平面图，必须要切开几个边？

（2）A、B、C、D 分别代表什么颜色？

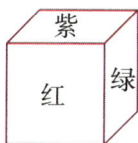

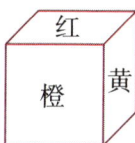

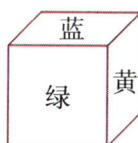

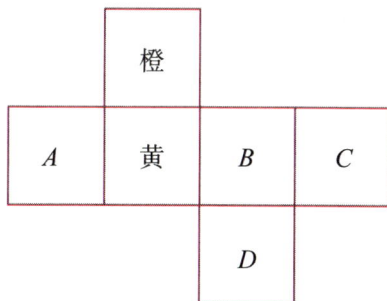

问题 156 解答

（1）多切开正立方体的一个边，平面展开图会多两个正方形的边长，又因为平面展开图的周长等于 14 倍的正方形边长，所以必须要切开 7 个边。

（2）由图示正方体第一与第二个图，可知紫、绿、黄、橙四个面与红色的面相邻，所以红色的对面是蓝色；由图示正方体第二与第三个图，可知红、橙、绿、蓝四个面与黄色的面相邻，所以黄色的对面是紫色。又由图示正方体第二个图，可推知展开图的 B 面为红色。故 A、B、C、D 分别代表蓝色、红色、紫色、绿色（详细的展开图如下图）。

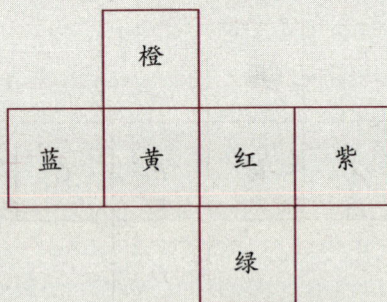

	橙		
蓝	黄	红	紫
	绿		

问题 157

　　如下图，它是一套总共有 7 片的"俄罗斯方块"，山田想使用其中不同的 4 片（方块不得翻面使用），恰好拼出一个 4×4 的正方形，请你帮忙想个办法吧！

①

②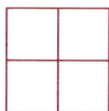

③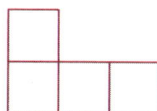

④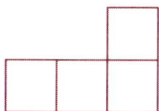

⑤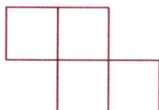

⑥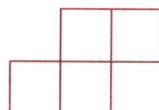

⑦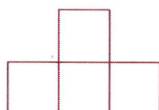

问题 157 解答

（1）使用①②③④可拼成 4×4 的正方形：

（2）使用①③④⑤可拼成 4×4 的正方形：

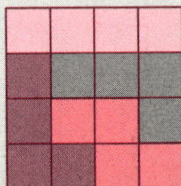

（3）使用①③④⑥可拼成 4×4 的正方形：

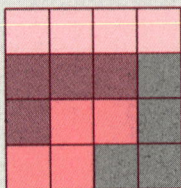

你还能想到其他方法吗？

问题 158

小丸子的爸爸用相同的正方形瓷砖，边与边对齐靠紧，恰好贴满一面长、宽不相等的长方形墙壁。若长方形墙壁上最外圈的瓷砖数共有 48 片，且每段长边与短边的瓷砖数都是奇数。请问：墙壁上总共贴有多少片瓷砖？

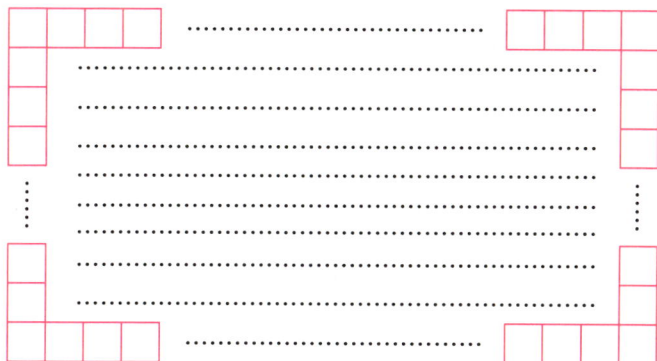

最外圈的瓷砖数有48片

问题 159

阿笠博士问少年侦探队一个数学问题：有一个"能屈能伸"的长方形，长边告诉宽边说："如果我可以再增长 3 厘米，则我们的面积就会增加 72 平方厘米。"宽边听了之后就告诉长边说："如果我减少 2 厘米，则我们的面积就会减少 72 平方厘米。"宽边讲完，长边马上增长 3 厘米，接着宽边也减少 2 厘米。请问：原来的长方形与最后改变完成的长方形，两者的面积相差多少？你能解答博士的问题吗？

问题 158 解答

　　长方形墙壁最外圈的瓷砖数共有 48 片，所以长方形墙壁一段长边上的瓷砖数与一段宽边上的瓷砖数和为（48+4）÷2=26（片）。

　　26 的可行奇数组合有（3，23）（5，21）（7，19）（9，17）（11，15）。

　　$3 \times 23=69$，$5 \times 21=105$，$7 \times 19=133$，$9 \times 17=153$，$11 \times 15=165$。

　　所以墙壁上总共的瓷砖数有 69 或 105 或 133 或 153 或 165 片（如下图）。

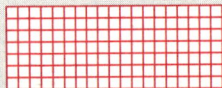

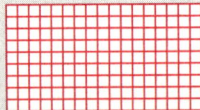

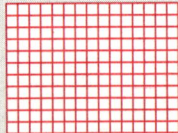

问题 159 解答

　　原来的长方形的长边长 72÷2=36（厘米），

　　原来的长方形的宽边长 72÷3=24（厘米），

　　原来的长方形面积为 $36 \times 24=864$（平方厘米），

　　最后改变完成的长方形面积为 $39 \times 22=858$（平方厘米），

　　864-858=6（平方厘米），所以原来的长方形与最后改变完成的长方形面积相差 6 平方厘米。

问题 160

如下图，基德在纸上画了三组平行线，各含有 2 条、3 条、4 条直线。请问：共有多少个三角形？

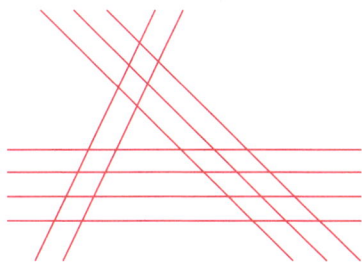

问题 161

如下图，滨崎用 8 条 10 厘米的铁丝焊出一个金字塔架构，最初有一只蚂蚁先停在 A 处，然后沿着铁丝爬行，不回头也不重复，当它重回 A 点时，其所走的最大距离是多少厘米？

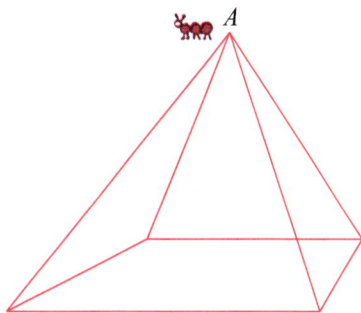

问题160解答

　　从2条平行线的这一组任选一条（有2种选取法），从3条平行的这一组任选一条（有3种选取法），从4条平行线的这一组任选一条（有4种选取法），以上任选三条，就会产生一个三角形。

　　因为共有2×3×4=24（种）选取法，故可产生24个三角形。

问题161解答

　　因为同一路线不经过两次，所以走的最大距离为先向下走至底面的任一顶点，再走底面的3条铁丝长，最后向上走回A点，故最大距离=10×5=50（厘米）。

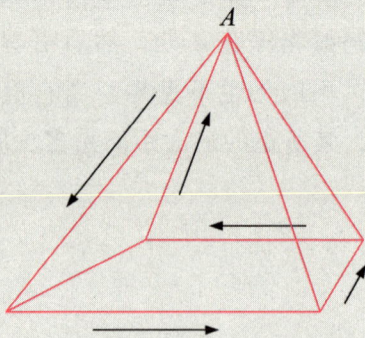

问题 162

下图是小丸子用一些等长的火柴棒拼成许多正三角形的图形，若往下拼完第 10 层，请问：

（1）最小的正三角形总共有多少个？

（2）总共需要多少根火柴棒？

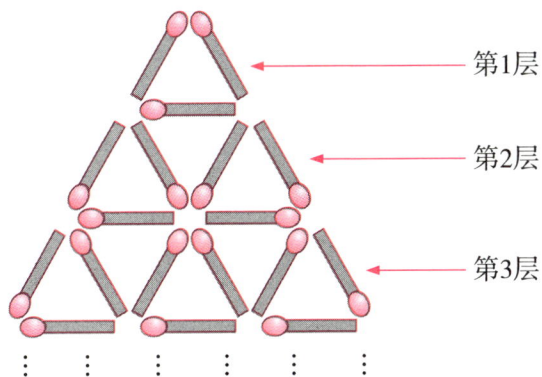

第1层

第2层

第3层

问题 163

柯南在一张纸上先画定了 A、B 两点，他现在想在同一平面上找 C 点，使得 $\triangle ABC$ 是正三角形或等腰直角三角形。请问：C 点的取法有几种？

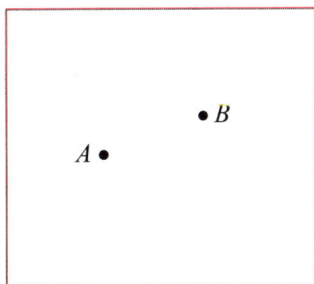

（1）正立的最小正三角形个数为：1+2+3+…+9+10=55（个），

倒立的最小正三角形个数为：0+1+2+3+…+9=45（个），

55+45=100，所以总共有 100 个最小正三角形。

（2）只考虑正立的最小正三角形个数：

因为每一个正立最小正三角形必须由 3 根火柴棒拼成，所以总共需要 55×3=165（根）火柴棒。

（1）正三角形：

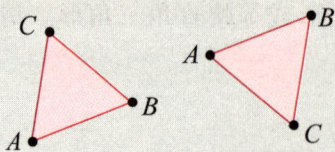

（2）等腰直角三角形：

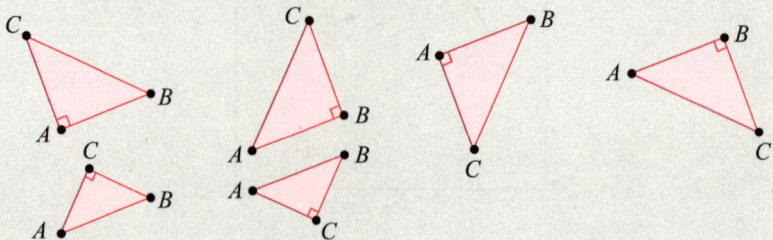

所以 C 点的取法共有 8 种。

问题 164

　　小丸子买了许多贺年卡要寄给同学，将完全相同的两张卡片，以下图方式重叠（画斜线处），其中 M 点是两张卡片长边的中点，若一张卡片的面积为 48 平方厘米，则画斜线处的面积是多少平方厘米？

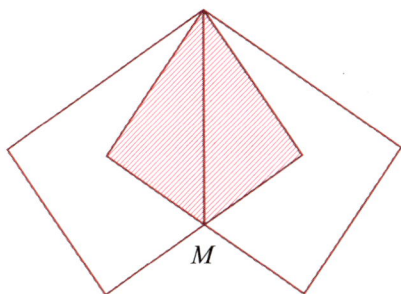

M

笔记栏

由 M 点是矩形长边的中点，

得知三角形①面积＝三角形②面积＝$\frac{1}{4} \times 48 = 12$（平方厘米），

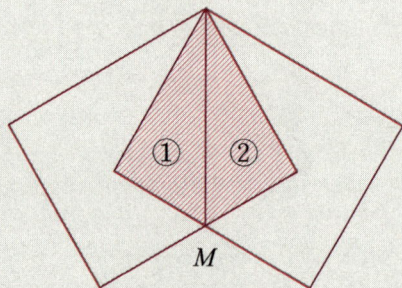

所以画斜线的重叠处面积＝$12 \times 2 = 24$（平方厘米）。

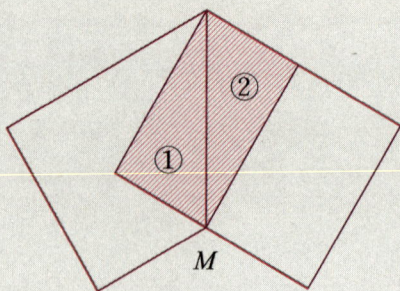

问题165

　　长山在纸上画了一个矩形 $ABCD$，其中 $ED=12$、$BF=5$，请算出左右两个梯形的周长差。

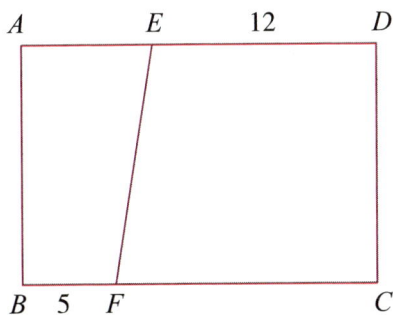

问题 165 解答

$ED-BF=12-5=7$，所以周长相差 $7 \times 2=14$。如下两种方式思考：

（1）如图（a），如果 $MD=BF=5$，那么梯形 $ABFM$ 与梯形 $DCFM$ 的周长相等。但现在 ED 比 MD 长7，左右两个梯形的边长"一退一进"的改变，便相差了 $7 \times 2=14$。

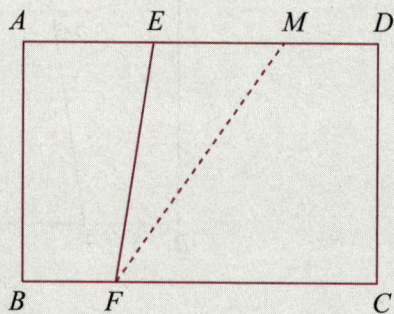

（a）

（2）如图（b），如果 $MD=BF=5$，MN 平行于 EF，则梯形 $ABFE$ 与梯形 $DCNM$ 的周长相等。但梯形 $DCFE$ 的周长比梯形 $DCNM$ 多了 EM 与 FN，所以就相差 $(12-5) \times 2=14$。

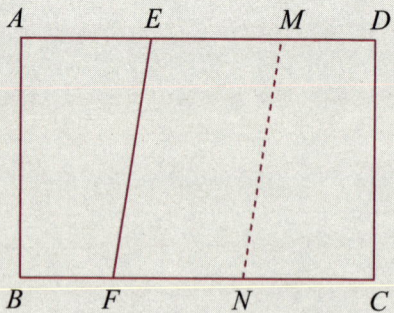

（b）

问题 166

小丸子的爷爷将一些长为 2 厘米、宽为 1 厘米的长方形骨牌排成一层、二层、三层……如下图所示。请问：排到第十五层时所得到的图形的面积为多少平方厘米，周长为多少厘米？

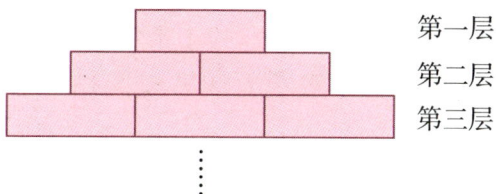

第一层
第二层
第三层

问题 167

小兰有 6 张大小相同的等腰直角三角形纸板，其中 3 张内部涂满灰色，另 3 张内部涂满红色。请问：若以这些纸板的任意张数，共可拼出多少种内部涂满灰色或红色的正方形？

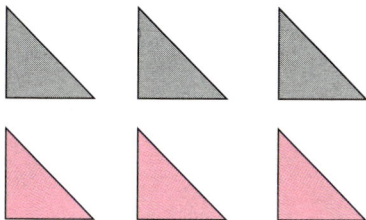

问题 166 解答

从第一层排到第十五层的长方形共有

$$\frac{15 \times (1+15)}{2} = 120 （个），$$

所以面积 = （2×1）×120=240（平方厘米）。

又因为此图形周长等同于长 2 厘米 ×15，宽 1 厘米 ×15 的长方形周长。

所以周长 = （2×15+1×15）×2=90（厘米）。

问题 167 解答

（1）2 张纸板：

（2）4 张纸板：

所有共有 3+4=7（种）。

问题 168

小丸子的爷爷订制甲、乙、丙、丁四块完全相同的长方形木板，且每块木板的周长都是 30 厘米，若用它们拼成一个面积最大的正方形，则面积是多大？

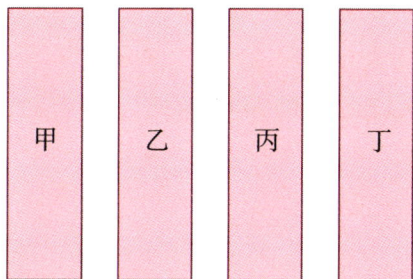

问题 168 解答

  将甲、乙、丙、丁四块完全相同的长方形木板拼成如下的图形，由于每块木板的周长都是 30 厘米，所以拼出的正方形边长恰等于长方形木板的一长一宽的和。

  推知正方形边长为 30÷2=15（厘米）。

  所以拼成最大正方形的面积为 15^2=225（平方厘米）。

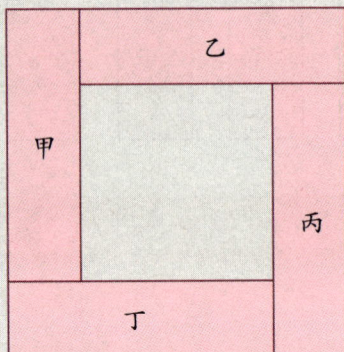

笔记栏

问题 169

　　如下图，小玉将两个边长为 12 厘米的正方形 ABCD、EFGH 的部分区域重叠在一起，形成一多边形区域（即多边形 ABPFGHQD）。若此多边形区域的周长为 70 厘米，则四边形 EPCQ 的周长为多少？

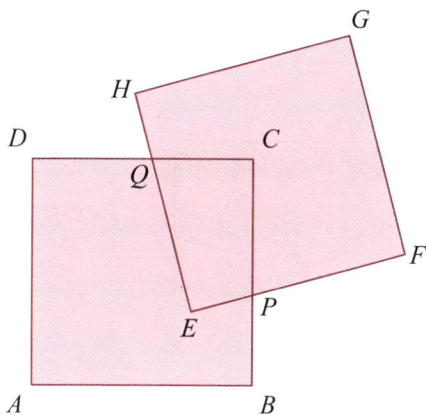

笔记栏

问题 169 解答

四边形 $EPCQ$ 周长

= 两正方形周长和 - 多边形 $ABPFGHQD$ 周长

$=12×4×2-70=96-70=26$（厘米）。

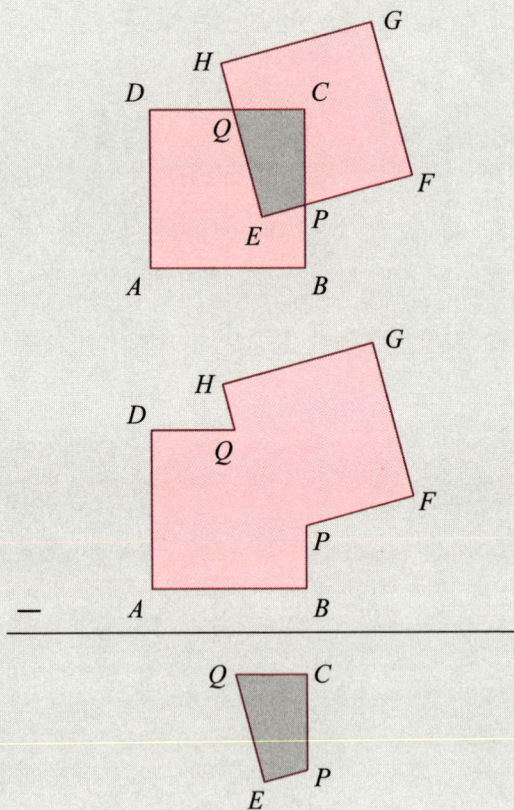

问题 170

毛利小五郎收藏了一块长方体的奶酪，长20厘米、宽15厘米、高 30 厘米，若想将它分成相同的两部分，且使得每块的表面积为最小，则每块奶酪的最小表面积是多少平方厘米？

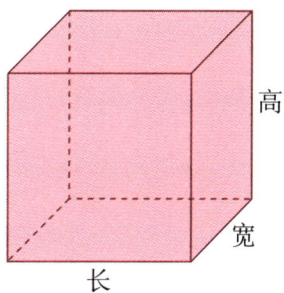

笔记栏

问题170 解答

切割成相同两部分的方式有很多，但可只考虑以下（1）～（3）三种方式，算出哪一个切面的面积最小，就可算得哪一块有最小的表面积。

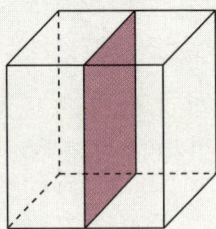 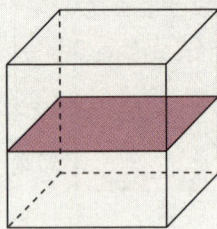 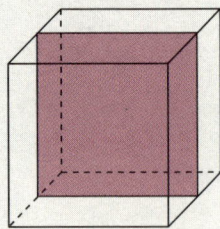

（1）　　　　　（2）　　　　　（3）

（1）每块奶酪的表面积为

（20×15+15×30+30×20）+15×30

=1350+450=1800（平方厘米），

（2）每块奶酪的表面积为

（20×15+15×30+30×20）+15×20

=1350+300=1650（平方厘米），

（3）每块奶酪的表面积为

（20×15+15×30+30×20）+20×30

=1350+600=1950（平方厘米），

所以每块奶酪的最小表面积是1650平方厘米。

问题 171

下图是藤木上数学课画的正方体骰子的表面展开图，已知骰子不相邻两面（即互相平行的对面）的点数和为 7，求 A、B、C 所代表的点数分别是多少？

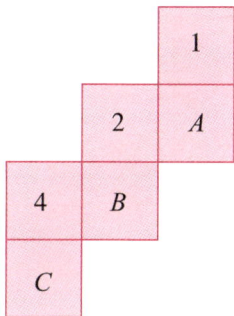

问题 172

小丸子将一个正方体平放在桌面上，每一面都写上一个数，任何相对两个面上的两数和都是 13；小玉能看到顶面和两个侧面，她看到的三个数之和是 18；年子能看到顶面和另外两个侧面，她看到的三个数之和是 24。请问：贴着桌子这个面的数是多少？

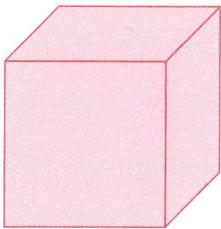

问题 171 解答

由 $A+4=B+1=C+2=7$，

可推知：$A=3$，$B=6$，$C=5$。

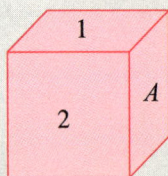

阳面

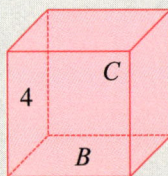

阴面

问题 172 解答

小玉看到了顶面和两个侧面，年子看到了顶面和另外两个侧面，所以两人看到的数字和会等于四个侧面的数字和再加上 2 倍的顶面数字。

$\Rightarrow$ 顶面数字 $=(18+24-13\times2)\div2$

$\qquad\qquad\quad =(42-26)\div2$

$\qquad\qquad\quad =16\div2$

$\qquad\qquad\quad =8$，

$13-8=5$，所以贴着桌子这个面的数是 5。

问题 173

顽皮的关口将四个正方体的某些角切掉，如下图放置于桌上。若恰好只有两个形体是完全相同的，是哪两个？这两个的缺角数是多少？

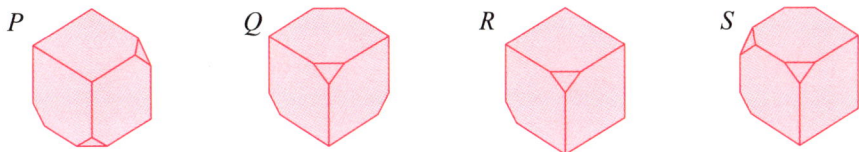

问题 174

右图是小玉送给小丸子的生日礼物，它是个正八面体，若其中四个表面各涂上红、黄、蓝、绿的颜色，而另四个表面是白色，下列哪项为其展开图？

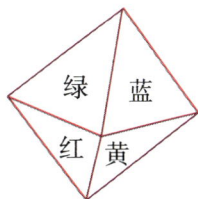

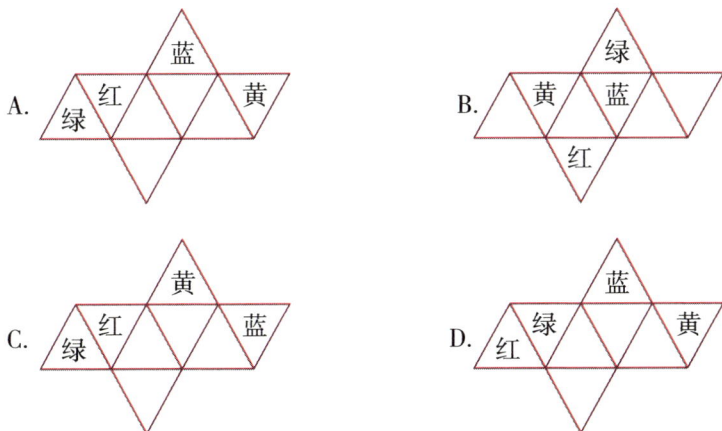

213

问题 173 解答

（1）Q 的六个面，每一面至少有两个缺角，而 P、R、S 都至少有一面只有一个缺角，所以 Q 不可能有相同者。

（2）S 至少缺三个角的面恰有三面，而 P、R 都不可能有三个面是至少缺三个角的，所以 S、P 不可能为相同者，S、R 不可能为相同者。

（3）故 P、R 两个形体是完全相同的，且都有 3 个缺角。

问题 174 解答

A、B、C、D 四个选项的多面体分别如下图，所以答案是 C。

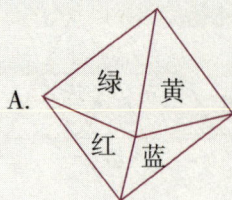

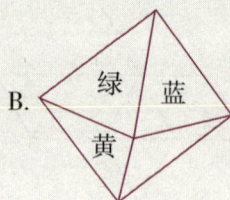

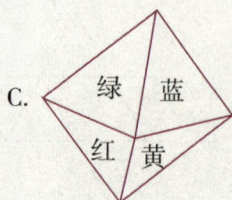

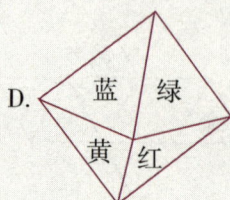

A. 绿 黄 / 红 蓝

B. 绿 蓝 / 黄

C. 绿 蓝 / 红 黄

D. 蓝 绿 / 黄 红

"思维火花"记录栏

"思维火花" 记录栏

"思维火花" 记录栏

"思维火花"记录栏

奇妙的
数学思维
游戏书

II

许建铭　著

浙江人民出版社

图书在版编目（CIP）数据

奇妙的数学思维游戏书. Ⅱ/许建铭著. —杭州：
浙江人民出版社，2021.6
ISBN 978-7-213-09859-8

Ⅰ.①奇… Ⅱ.①许… Ⅲ.①数学课－中小学－教
学参考资料 Ⅳ.① G634.603

中国版本图书馆 CIP 数据核字（2020）第 188389 号

舞数擂台

回想我的中学时代，有个老师曾对班上的同学说："可以解决别人解不出来的问题，固然不简单。但创造别人解不出来的问题，更不简单。"从教育本身来看，后面这一句还需推敲。我一直认为，能让大众"情不自禁"地动脑解决问题才是真正的不简单。这些以独特的教育方式引人思考并给人启迪的人，是促进人类文明持续发展进步的重要力量。

当前，九年义务教育的目标，重在激发学生们的主动探索及研究精神，并培养他们独立思考与解决问题的能力。那么，数学教学的目标就该致力于让学生们理解数学的知识概念，善于基础运算，探索以推论的方法解决数学问题，并引导他们将数学方法运用于日常生活中，增强他们对数学及其相关学科的兴趣。

对孩子来说，中小学阶段正是他们学习、成长和智力发展的黄金期。在这一时期，如果给予孩子们正确的学习材料和妥切的教育激励，那么就会使他们头脑更清晰，反应更灵活，并有助于他们探索精神与应变能力的形成与提高。

本书内容分成两个部分：第一部分为"打通推算思路"，主要帮助学生及早确立对生活中一些基础推算的认知；第二部分为"启发图形知觉"，主要帮助学生增强对图形与空间的观察敏锐度。《怎样解题》的作者 G. 波利亚对数学学习有如下看法："很多人说学习应该是主动的，不该是被动接受的。如果在读书、听演讲或看图片时没有加上发自内心的思考，那么绝不可能学到任何事物，至少不可能学太多。"

　　本书中，每道题都不需高深的理论或固定的方法去解决，只需细致耐心、多动脑、勤动手就可解决。在平时练习中，对孩子来说，最重要的不是答案对错和解题时间长短，而是用心体会整个解题过程，并从中收获解题心得和技巧。

　　当前，孩子面临课业负担重、升学竞争激烈等问题。学习方法不当会导致学习效果不佳、学习压力加大和学习兴趣减退等一系列问题。本书旨在提供一套全新的解题思维和方法，辅助学生拥有更为出色的推算能力和学业表现。

目 录

打通推算思路

问题1

下图共有 7 张数字或符号的卡片，小玉发现目前的等式是错误的，但花轮将卡片的放置方式稍微改变后，等式就成立了，而且方法还不止一种。想想看，花轮到底是怎么办到的呢？

⑥ ✛ ⑦ ▣ ⑤ ✛ ②

问题2

有 34 个人站成一排，从左边数，小丸子是第 8 人；从右边数，小玉是第 12 人。请问：小丸子与小玉之间相隔多少个人？

问题1解答

（1）如下图，将数字卡"6""5"左右互换位置；将等号右侧的符号卡"+"旋转成"×"，卡片位置做此改变后，等式就成立了（5+7=6×2）。

⑤ ⊕ ⑦ ▣ ⑥ ⊗ ②

（2）如下图，将数字卡"6"转成"9"；等号右侧的符号卡"+"旋转成"×"；数字卡"7""5"左右互换位置，卡片位置做此改变后，等式就成立了（9+5=7×2）。

⑨ ⊕ ⑤ ▣ ⑦ ⊗ ②

问题2解答

$34-8-12=34-20=14$，

所以小丸子与小玉之间相隔14个人。

问题 3

花轮要小丸子在以下八个空格内各填入"+"号或"×"号，使得运算结果成为 100。小丸子算得满头大汗，赶快帮她想一想吧！

$$1\square2\square3\square4\square5\square6\square7\square8\square9=100$$

问题 4

野口全家到游乐场玩，门票是 3 张大人票和 2 张小孩票，共付了 1900 元；小玉一家和邻居一起去，门票是 6 张大人票和 5 张小孩票，共付了 4000 元。请问：小明和他爸爸一起去，门票费必须付多少元？

问题 3 解答

以下的三种方法皆可使等式成立：

（1）7 个 "+" 号与 1 个 "×" 号：

$$1 \boxplus 2 \boxplus 3 \boxplus 4 \boxplus 5 \boxplus 6 \boxplus 7 \boxplus 8 \boxtimes 9 = 100$$

$1+2+3+4+5+6+7+8×9=28+72=100$。

（2）5 个 "+" 号与 3 个 "×" 号：

$$1 \boxtimes 2 \boxtimes 3 \boxplus 4 \boxplus 5 \boxplus 6 \boxplus 7 \boxplus 8 \boxtimes 9 = 100$$

$1×2×3+4+5+6+7+8×9=6+22+72=100$。

（3）4 个 "+" 号与 4 个 "×" 号：

$$1 \boxtimes 2 \boxtimes 3 \boxtimes 4 \boxplus 5 \boxplus 6 \boxplus 7 \boxtimes 8 \boxplus 9 = 100$$

$1×2×3×4+5+6+7×8+9=24+11+56+9=100$。

问题 4 解答

由 "3 张大人票和 2 张小孩票，共付了 1900 元"，可推知 "6 个大人和 4 个小孩，共付了 3800 元"。

又由 "6 张大人票和 5 张小孩票，共付了 4000 元"，可推知 1 个小孩的门票费是 4000 元 −3800 元 =200 元。

（1900−200×2）÷ 3=500，所以 1 个大人的门票费是 500 元。

（1）如果小明和他爸爸是 1 个小孩和 1 个大人，则门票费是 500 元 +200 元 =700 元。

（2）如果小明和他爸爸都是大人，则门票费是 500 元 ×2=1000 元。

问题 5

已知甲、乙两个相同容量的罐子，以及 A、B、C 三个相同容量的空杯子。现在甲罐装满了巧克力，乙罐装满了鲜奶，而且罐子容量是杯子容量的 3 倍。柯南说只要利用以上的物品，就可调配出两罐各装满一半巧克力、一半鲜奶的饮料。你知道怎么调配吗？

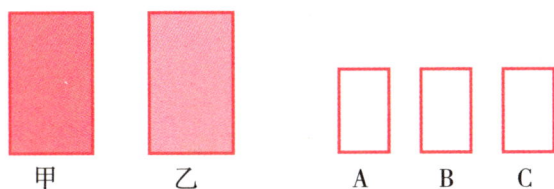

甲　　　乙　　　　A　　B　　C

问题 6

阿笠博士考验"少年侦探队"，要他们在下图的 16 个正方格内放入 20 枚棋子，但每个正方格内最多只可放入 2 枚棋子，使得每一列、每一行、两条主对角线都恰有 5 枚棋子。请你也一起动动脑吧！

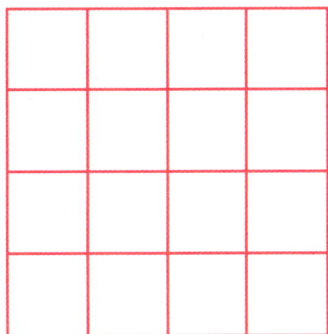

问题 5 解答

依照下图所示的流程即可调配完成：

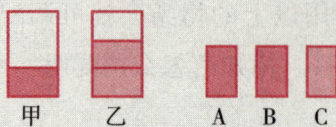

（1）A、B 杯装满巧克力，
　　　C 装满鲜奶

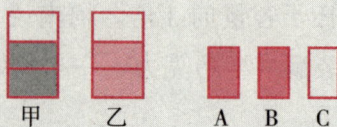

（2）C 杯鲜奶倒入甲罐

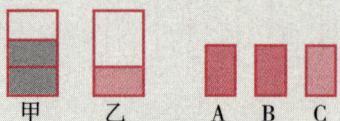

（3）C 杯装满鲜奶

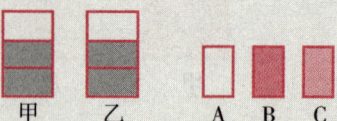

（4）A 杯巧克力倒入乙罐

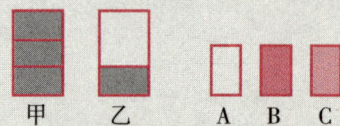

（5）乙罐液体倒入甲罐
　　　直至甲罐装满

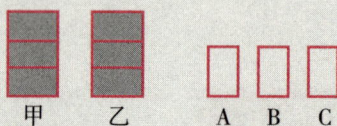

（6）B 杯巧克力、C 杯鲜奶
　　　全倒入乙罐

问题 6 解答

如下图是两种可行的放置方式：

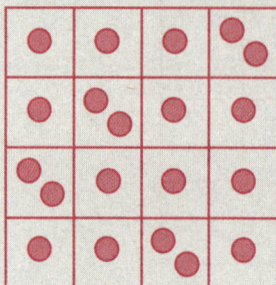

（1）

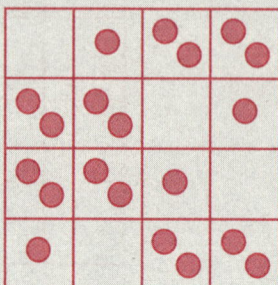

（2）

问题 7

小玉带了 40 元钱到超市买东西，看了很久，最后只买了一个 25 元的面包。请问：店员应该找给她多少钱？

问题 8

柯南、灰原、光彦、步美、元太坐在教室的同一排，五个人的次序如下：柯南后面坐的是步美，灰原前面坐的是元太，元太前面坐的是步美，柯南坐在光彦的后面。请问：哪一个人坐在五个人的正中央？

问题7解答

（1）如果小玉拿出25元给店员，则店员就不必找钱给她。

（2）如果小玉拿了30元给店员，则店员就必须找她5元。

（3）如果小玉拿给店员40元，则店员就必须找给她15元所以答案为0或5元或15元。

问题8解答

柯南后面坐的是步美 ⟹ 柯南，步美

灰原前面坐的是元太 ⟹ 元太，灰原

元太前面坐的是步美 ⟹ 步美，元太

柯南坐在光彦的后面 ⟹ 光彦，柯南

五个人由前至后的次序为光彦，柯南，步美，元太，灰原，所以步美坐在五个人的正中央。

问题 9

阿笠博士要"少年侦探队"动脑筋将 0、2、3、4、5、6、7、9 这八个数字全部填入以下算式的空格内，使所有的运算结果都相等。请你也试一试吧！

□ × □ = 1 8 = □□ ÷ □ = □ × □ + □

问题 10

如图所示，桌上共有 12 张数字卡，大雄、静香与胖虎各拿了其中四张，胖虎拿到的最大数是 18，大雄拿到的最大数是 15，静香拿到的最大数是 14，但每个人发现自己拿的四个数的和都是 39，而且乘积都是 5040。请问：三人各拿了哪四张数字卡？

18　3　15　7　10　12

4　10　14　14　4　6

问题 9 解答

如以下的方式填入八个数字即可。

$$3 \times 6 = 18 = 90 \div 5 = 7 \times 2 + 4$$

问题 10 解答

$5040 = 18 \times 10 \times 7 \times 4 = 15 \times 14 \times 6 \times 4 = 14 \times 12 \times 10 \times 3$，

$18 + 10 + 7 + 4 = 15 + 14 + 6 + 4 = 14 + 12 + 10 + 3 = 39$。

所以胖虎拿的四张数字卡为 18、10、7、4；大雄拿的四张数字卡为 15、14、6、4；静香拿的四张数字卡为 14、12、10、3。

问题 11

小丸子想用计算器求算式 6×（3+7）的值，但却忽略了计算器是先做乘法再做加法。她先按了数字"6"，再按乘号"×"，再按数字"3"，再按加号"+"，再按数字"7"，最后按了等号"="，但从头到尾都没按括号。请问：计算器得出的结果与正确值有何差别？

问题 12

小杉将店内的所有鸡蛋放入六个篮子里，他说鸡蛋数是依据某种规律放置的，请你算算看第六个篮子里放了多少个鸡蛋。

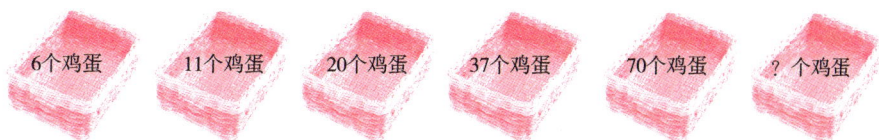

| 6个鸡蛋 | 11个鸡蛋 | 20个鸡蛋 | 37个鸡蛋 | 70个鸡蛋 | ? 个鸡蛋 |

问题 11 解答

有按括号：6×（3+7）=6×10=60，

没按括号：6×3+7=18+7=25，

60−25=35，

所以计算器得出的结果比正确值少 35。

问题 12 解答

第二个篮子里的鸡蛋数是第一个篮子里的鸡蛋数的 2 倍少 1 个；

第三个篮子里的鸡蛋数是第二个篮子里的鸡蛋数的 2 倍少 2 个；

第四个篮子里的鸡蛋数是第三个篮子里的鸡蛋数的 2 倍少 3 个；

第五个篮子里的鸡蛋数是第四个篮子里的鸡蛋数的 2 倍少 4 个；

第六个篮子里的鸡蛋数是第五个篮子里的鸡蛋数的 2 倍少 5 个。

70×2−5=140−5=135，

所以第六个篮子里放了 135 个鸡蛋。

问题 13

阿笠博士说下列数组中有一组数的数量关系与另外三组不同。请问：是哪一组呢？

（1）23、24、25、26；

（2）40、30、20、10；

（3）34、22、16、28；

（4）21、24、18、37。

问题 14

猪太郎有相同的 30 瓶牛奶，其中 10 瓶是满的、10 瓶是半满的、10 瓶是空的。现在他想把它们均分给 3 个人，使每人分到的瓶子数量、牛奶分量都相同。请问：可以怎么分呢？

问题 13 解答

第（1）组与另外三组不同。

（2）40、30、20、10；

（3）34、22、16、28；

（4）21、24、18、37。

以上三组的四个数之和都等于100。

但（1）中，23、24、25、26四个数的和不等于100。

问题 14 解答

每个人要分到10个牛奶瓶与满5瓶的牛奶，所以以下都是可行的分法：

（1）一人5瓶满的、5瓶空的；一人5瓶满的、5瓶空的；一人10瓶半满的。

（2）一人4瓶满的、2瓶半满的、4瓶空的；一人4瓶满的、2瓶半满的、4瓶空的；一人2瓶满的、6瓶半满的、2瓶空的。

（3）一人3瓶满的、4瓶半满的、3瓶空的；一人3瓶满的、4瓶半满的、3瓶空的；一人4瓶满的、2瓶半满的、4瓶空的。

问题 15

美环在班级联欢会时，提出一道机智问答题："咖啡厅内有三个女人在聊天，她们的年龄由小到大分别为 39 岁、49 岁、59 岁，其中 39 岁的女人生了 4 个小孩，49 岁的女人生了 3 个小孩，59 岁的女人生了 2 个小孩，请问为什么？"请各位也跟着动动脑吧！

问题 16

下图是由一些正六边形组成的蜂巢迷宫，小玉由数字"1"的这一格开始往相邻的其中一格走，一直走到数字"51"的一格为止，且沿途每下一格的数值必须比前一格大。请问：在所有可行的路径上，数的总和最大值是多少，数的总和最小值是多少？

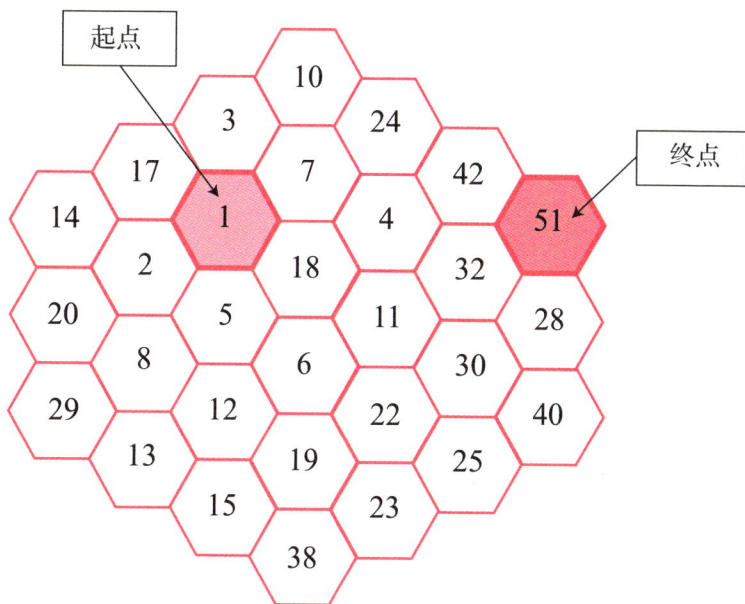

问题 15 解答

因为 39 有 1、3、13、39 共 4 个正因数；49 有 1、7、49 共 3 个正因数；59 有 1、59 共 2 个正因数。

问题 16 解答

如右图所示，1+2+5+8+12+13+15+19+22+23+25+30+32+42+51=300，所以在可行的路径上，数的总和最大值是 300。

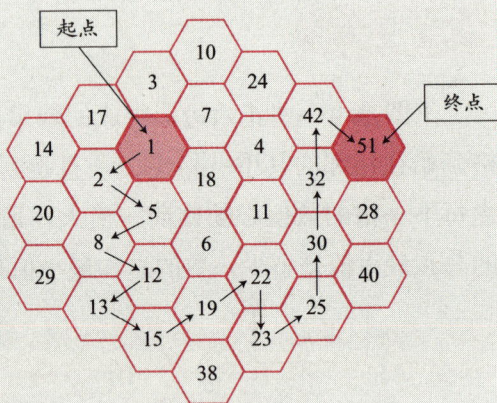

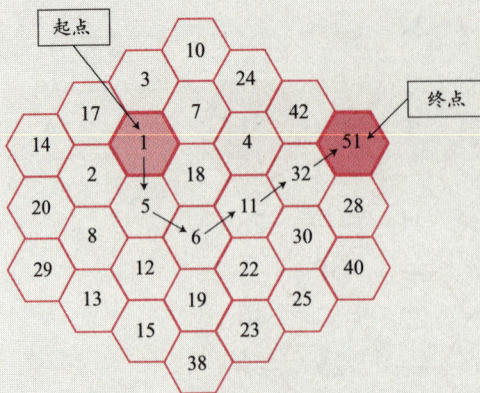

如左图所示，1+5+6+11+32+51=106，所以在可行的路径上，数的总和最小值是 106。

问题 17

滨崎买东西找回的八个一元硬币当中，有一个是重量比较轻的假币。请问：用天平至少称几次，一定可以找出这个假硬币？

（1元）（1元）（1元）（1元）（1元）（1元）（1元）（1元）

问题 18

小兰说以下每个图形内部所填的三个数，都是以相同规则发展得出的结果。请问："？"表示的数是多少？

（2 3 10）（3 4 21）（4 7 44）（5 10 ？）

问题 17 解答

任取 6 个硬币，并于天平左、右秤盘上各放 3 个，则可能发生以下两种状况：

（1）天平左、右不一样重：取称得重量和较轻的 3 个硬币中的 2 个，重新放置于天平左、右秤盘各 1 个，若左、右一样重，则第 3 个为假硬币；若左、右不一样重，则称得较轻的一个硬币为假硬币。

（2）天平左、右一样重：取另外 2 个还未称过的硬币，放置于天平左、右秤盘各 1 个，则称得较轻的一个硬币为假硬币。

所以用天平至少称 2 次，一定可以找出假硬币。

问题 18 解答

$2 \times (2+3)=10$；$3 \times (3+4)=21$；$4 \times (4+7)=44$；$5 \times (5+10)=75$。

所以"？"表示的数为 75。

$$\boxed{2 \quad 3 \quad 10} \quad \boxed{3 \quad 4 \quad 21} \quad \boxed{4 \quad 7 \quad 44} \quad \boxed{5 \quad 10 \quad 75}$$

问题 19

猪太郎说他可以只使用 1、2、3、4、5、6、7、8、9、0 十个数字各一个，而且不使用其他任何符号，不改变数字排列次序，组成一个算式，使所得的值为 1。他到底是不是在吹牛呢？

$$1\ 2\ 3\ 4\ 5\ 6\ 7\ 8\ 9\ 0$$

问题 20

阿笠博士在下列的长方框内写了三段文字叙述。请问：哪一段才是唯一正确的？

> （1）在此框内有一段文字叙述是不正确的。
> （2）在此框内有两段文字叙述是不正确的。
> （3）在此框内有三段文字叙述是不正确的。

问题 19 解答

猪太郎没有吹牛，以下两个等式都成立：

$1^{234567890}=1$，

$123456789^{0}=1$。

问题 20 解答

一个不正确就有两个正确；两个不正确就有一个正确；三个不正确就全错了。

所以唯一正确的文字叙述是："（2）在此框内有两段文字叙述是不正确的。"

问题 21

柯南有一架等臂天平以及 200 克、1000 克的砝码各一个，他想从一袋 2000 克的砂糖中称出 600 克的砂糖。请问：他至少要使用天平称多少次？

问题 22

小丸子发现用 1、2、3、4 四个数字共可组成 24 个不同的四位数，如果将它们从大到小排列。请问：第 10 个数是多少？

1 2 3 4

问题 21 解答

以下三种方式皆是使用天平称 2 次，即可称出 600 克砂糖的可行方法：

（1）①利用 200 克、1000 克的砝码先称出 1200 克的砂糖；②再利用 200 克的砝码，从剩下的 800 克的砂糖中称出 200 克，则剩下的砂糖就是 600 克。

（2）①利用 200 克的砝码先称出 200 克的砂糖；②利用 200 克的砝码与 200 克的砂糖，从剩下的 1800 克的砂糖中称出 400 克，将 200 克的砂糖与 400 克的砂糖混合后，即为 600 克的砂糖。

（3）①利用 200 克、1000 克的砝码先称出 1200 克的砂糖；②将已称出的 1200 克砂糖分置于天平两侧并使之平衡，则天平一侧的砂糖即为 600 克。

问题 22 解答

千位数字为 4：4321、4312、4231、4213、4132、4123，

千位数字为 3：3421、3412、3241、3214、…，

所以从大到小排列起来，第 10 个数是 3214。

问题 23

如图，光彦将 8 颗重量相同的糖果与 9 块重量相同的饼干适当放置于等臂天平的两侧，则天平恰好成平衡状态。如果现在他将 8 颗重量相同的糖果全部置于左盘。请问：右盘必须放多少块饼干，才能使天平维持平衡？

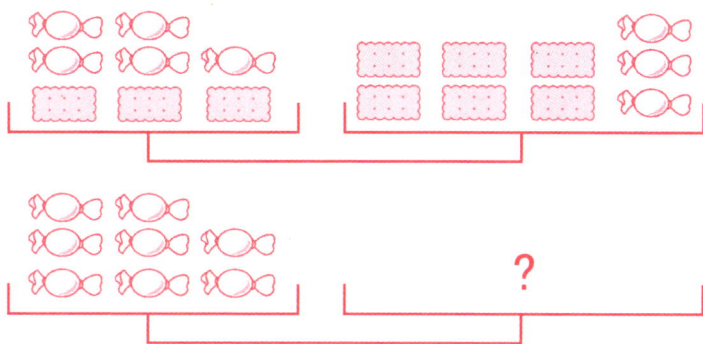

问题 24

毛利小五郎由于要赶明天公司开会的资料，决定吃完晚餐后，先小睡两个小时，再继续工作。他把闹钟设定到 21 时 05 分，倒头就睡着了。睡了一会儿后，突然醒来，他瞄了一眼电子钟，显示 20 时 12 分（如下图），心想还可以睡大约一个小时，于是昏昏沉沉又快睡着了。但闹钟竟然响了！他一开始觉得是闹钟坏了，但随即便起床准备工作，请问发生什么事了？

问题 23 解答

如图，将天平两侧各取出 3 颗糖果与 3 块饼干，则天平仍应保持平衡，由此得知 2 颗糖果重量与 3 块饼干重量相等。

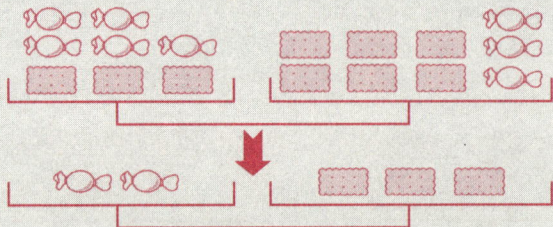

所以当左盘放 8 颗糖果时，右盘必须放 12 块饼干，才能使天平维持平衡。（如下图）

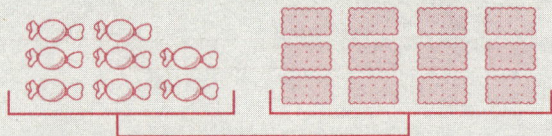

问题 24 解答

毛利小五郎醒来时，是将电子钟拿倒过来看。其实，那时候不是 20 时 12 分，真正的时间是 21 时 02 分（如下图），所以 3 分钟后闹钟就响了。

21:02

问题 25

以下是少年侦探队连续四天内跟快餐店订购的餐点组合与价钱，请从表单上确定空格中的食物是薯条、汉堡，还是热狗？

问题 26

下图共有六张数字卡，小丸子先选取了两张数字和为 12 的卡片，小玉再选取两张数字和为 10 的卡片。请问：最后留下哪两张数字卡？

问题 25 解答

表单中第二列、第三列与第四列的格子内，计有 3 份薯条、3 份热狗与 2 份汉堡，而这三列的价钱总和恰为第一列价钱的 3 倍（20+28+30=78，78÷26=3）。

而第一列的 3 个格子内恰有薯条、热狗、汉堡各 1 份，所以可确知第三列空格中的食物是汉堡。

问题 26 解答

两张数字和为 12 的卡片有（4，8）（5，7）（3，9）；但两张数字和为 10 的卡片只有（7，3）。因此小玉选取的两张数字卡为数字卡 3 与数字卡 7；小丸子选取的两张数字卡为数字卡 4 与数字卡 8；最后留下的两张数字卡为数字卡 5 与数字卡 9。

问题 27

小丸子家附近的公园里有 6 只猫,它们在 3 天内共抓了 6 只老鼠。后来其中的 3 只猫被人捉走了。请问:剩下的猫在 100 天内,共可抓多少只老鼠?

问题 28

某天小兰约了四个同学一起去打羽毛球,他们五个人从上午 8 时 55 分一直打到上午 11 时 15 分。若这段时间内,他们一直玩双打(即需要 4 个人同时上场),且每个人上场的时间都相等。请问:每人上场的时间为几分钟?

问题 27 解答

已知：6 只猫在 3 天内抓了 6 只老鼠，

推知：6 只猫在 1 天内抓了 2 只老鼠，

再推知：3 只猫在 1 天内抓了 1 只老鼠，

最后推知：3 只猫在 100 天内抓了 100 只老鼠。

所以剩下的 3 只猫在 100 天内，共可抓 100 只老鼠。

问题 28 解答

5+60+60+15=140，即从 8 时 55 分到上午 11 时 15 分，共 140 分钟。因为一直维持 4 人同时上场，且每人上场的时间都相等 140×4÷5=112，所以每人上场的时间为 112 分钟。

问题 29

元太的爸爸最近开了一间工厂。为了储水备用，他先安装一个长、宽、高分别为 200 厘米、300 厘米、600 厘米的甲长方体水箱，后来发现水箱不够大，于是在其旁边又设置另一个长、宽、高分别为 400 厘米、300 厘米、600 厘米的乙长方体水箱，并在两者之间（即高 300 厘米处）以一条管子将两个空水箱连通（如下图）。如果现在水龙头每分钟可流出 150 升的水。请问：至少需要注水多少个小时，才可以使乙水箱内的水位到达 150 厘米高？（1 升 =1000 立方厘米）

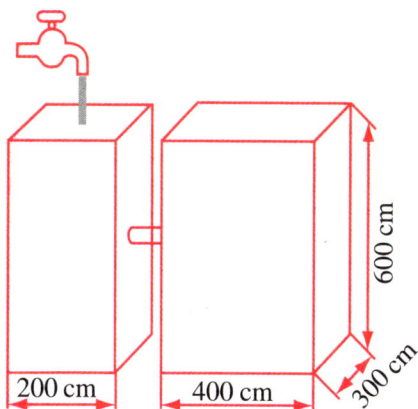

问题 30

小丸子班上举行"智力竞赛"，老师将班上的学生分成甲、乙、丙、丁四队进行分组比赛（每两队都比赛一场），已知甲队已经比过 3 场，乙队已经比过 2 场，丙队已经比过 1 场。请问：丁队已经比过几场？

问题 29 解答

水龙头必须注水至甲水箱的水位高 300 厘米时，水才会通过管子，流入乙水箱。

（200×300×300+400×300×150）÷（150×1000）=
（18000000+18000000）÷150000=240，240÷60=4（小时）。

所以需要注水 4 个小时，才可以使乙水箱内的水位到达 150 厘米高。

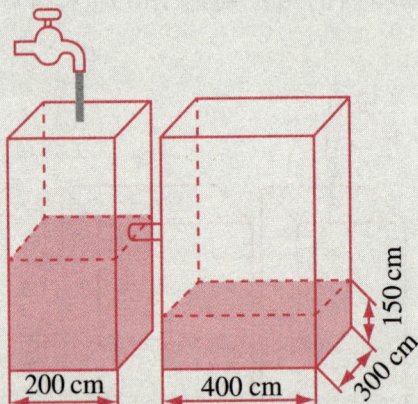

问题 30 解答

因为甲队已经比过 3 场，所以甲队与乙、丙、丁已经都比过 1 场。

又乙队已经比过 2 场（其中 1 场是与甲队比的），丙队已经比过 1 场（是与甲队比的），

推得乙队与丁队已经比过 1 场，所以丁队已经比过 2 场。

问题 31

柯南策划举办一个暑期"少年侦探营"。已知共有十个不同年龄的小朋友报名参加，他们的年龄分别为 4 岁、5 岁、6 岁、⋯、13 岁。现在想从这十个小朋友当中选取两个小朋友，使他们的年龄和大于 16 岁。请问：共有多少种不同的选法？

问题 32

柯南、光彦两个人到一栋二层楼的空屋玩耍，却不慎被反锁在顶楼两小时，而不见有人前来搭救。顶楼的墙壁留着一个建筑工人固定好的"大力士"定滑轮，轮板上发现了每块重 5 千克的水泥砖 13 块。柯南发现：若高处篮子里的重量超过低处篮子里的重量 5 千克，则高处的篮子将缓缓下降至地面，且低处的篮子会上升到顶楼。已知光彦体重 50 千克、柯南体重 40 千克。请问：他们如何利用顶楼留下的东西脱困？

问题 31 解答

【解法1】以下先决定年龄较大者，再考虑符合条件的年龄较小者：

年龄较大者	年龄较小者	选法（种）
13	4~12	9
12	5~11	7
11	6~10	5
10	7~9	3
9	8	1

所以共有 9+7+5+3+1=25 种不同的选法。

【解法2】以下先决定年龄较小者，再考虑符合条件的年龄较大者：

年龄较小者	年龄较大者	选法（种）	年龄较小者	年龄较大者	选法（种）
4	13	1	9	10~13	4
5	12~13	2	10	11~13	3
6	11~13	3	11	12~13	2
7	10~13	4	12	13	1
8	9~13	5			

所以共有 1+2+3+4+5+4+3+2+1=25 种不同的选法。

问题 32 解答

（1）高处空篮子里放入一块 5 千克砖，则低处空篮子会上升到顶楼；再将高处空篮子里放入两块 5 千克砖，则低处篮子会上升到顶楼；高处篮子里再放入两块 5 千克砖（共三块 5 千克砖），则低处篮子会上升到顶楼……如此持续让两个篮子一上一下运动，直到一上一下两个篮子里的水泥砖各重 30 千克与 35 千克时，取出上面篮子里的 30 千克砖，40 千克的柯南进入空篮子便可缓缓降至地面。

（2）取出上面篮子里的 35 千克砖，柯南从篮子出来。

（3）上面空篮子里放入一块 5 千克砖，则地面空篮将升到顶楼。

（4）柯南进入地面篮子里和 5 千克砖共重 45 千克；50 千克的光彦进入上面的空篮，则光彦可缓缓降到地面。

（5）取出上面篮子里的 5 千克砖，柯南从篮子出来后，光彦再从篮子里出来。

（6）重复步骤（1）和（2），柯南再降至地面。

依照以上（1）~（6）的程序进行，最后两人都能顺利脱困。

问题 33

藤木发现某年的 3 月恰有 4 个星期一与 5 个星期日。请问：3 月 1 日是星期几？

问题 34

如下图为某年 8 月的部分月历，小丸子发现 $a+b+c+d+e=100$。请问：此年的 8 月 25 日是星期几？

日	一	二	三	四	五	六
		a	b			
			c			
					d	e

问题 33 解答

　　星期一是紧跟在星期日后面，3月有5个星期日却没有5个星期一，就表示3月的最后一天（即3月31日）是星期日。

　　因为 $31÷7=4……3$，所以3月1日是星期五。

问题 34 解答

　　b 比 a 多 1，c 比 a 多 9，d 比 a 多 17，e 比 a 多 18

　　所以 $a=（100-1-9-17-18）÷5=55÷5=11$，

　　由 8 月 11 日是星期二，可推知 8 月 25 日是星期二。

问题 35

新一和小兰到一家餐厅用餐，他们发现餐厅里男、女共 16 人。已知：①男服务员比男客人多；②男客人比女客人多；③客人比服务员多；④至少有一位女服务员。请根据以上条件，推算男、女服务员与男、女客人各几人。

问题 36

小丸子随意翻看一本漫画书的不同三页，发现这三页的页码数加起来是 417。请问：这本漫画书最少有多少页？

37

问题35解答

（1）由"③客人比服务员多"⇒客人至少有9人。

再由"②男客人比女客人多"⇒男客人至少有5人。

（2）又若男客人为6人以上（包含6人），因为"①男服务员比男客人多"，所以男服务员至少有7人，且由"④至少有一位女服务员"，可推知：男、女服务员至少有8人，但此结果与"③客人比服务员多"的条件互相矛盾。

（3）由以上（1）（2）可推知：男客人有5人。

⇒女客人4人，由①与④⇒男服务员6人，女服务员1人。

所以男服务员6人，女服务员1人，男客人5人，女客人4人。

问题36解答

417÷3＝139，也就是漫画书的页码数至少有一页大于139，否则不同三页的页码数加起来就不可能等于417。

所以这本漫画书最少有140页。

（例如小丸子翻看了第138页、第139页、第140页。）

问题 37

　　毛利收到三个外形相同的箱子，已知有一个里面装苹果，一个里面装梨，一个里面装一半苹果一半梨。现在每个箱子外各贴了一张不同的标签：一是苹果标签，一是梨标签，一是苹果和梨标签。寄箱子的人告诉毛利，三个箱子上的标签全贴错了，若给毛利一次机会选择打开其中一个箱子，不能用眼睛看箱内的水果，但能拿一个水果出来看，并正确判定出三个箱子各装什么水果。请问：他该选择哪一个箱子？

问题 38

　　山田是个聪明懂事的男孩，有一天他跟老师说："我有三个哥哥，一个姐姐。"又有一天，这位老师恰巧遇到山田的姐姐，她跟这位老师说："我有三个弟弟，一个妹妹。"如果山田家总共有六个小孩，那么这六个小孩由长而幼的性别排列为何？

问题 37 解答

应该要打开贴上苹果和梨标签的那一个箱子。因为寄箱子的人把三个标签全贴错了，所以贴上苹果和梨标签的那个箱子内，不是只装苹果，就是只装梨。

（1）如果从这个箱子内取出的水果是苹果，则表示这个箱子只装了苹果。而贴上梨标签的箱子，由于它的里面不可能只装梨，但也不可能只装苹果了，所以它一定装了苹果和梨子。当然另一个原来贴上苹果标签的箱子，就是只装梨子了。

（2）如果从这个箱子内取出的水果是梨，则表示这个箱子只装了梨。而贴上苹果标签的箱子，由于它的里面不可能只装苹果，但也不可能只装梨了，所以它一定装了苹果和梨。当然另一个原来贴上梨标签的箱子，就是只装苹果了。

问题 38 解答

六个小孩由长而幼的性别排列如下：
男、女、男、男、男（山田）、女。

问题 39

花轮有 1 克、3 克、9 克的砝码各一个，若只能利用天平与三个砝码，则他最多可称出多少种不同的重量？

问题 40

有两个时钟，一个 6 分钟敲一声，一个 10 分钟敲一声，如果同时敲只会听到一声。元太在上午 8 时听到两个时钟一起敲第一声，直到中午 12 时止。请问：他最多听到了几声？

问题 39 解答

（1）砝码只置于天平同一边时，可称出 1 克，3 克，9 克，（1+3）克，（1+9）克，（3+9）克，（1+3+9）克共 7 种重量。

（2）砝码可分置于天平两边时，又可称出（3-1）克，（9-1）克，（9-3）克，（1+9-3）克，（3+9-1）克，（9-1-3）克等 6 种重量。

所以总共可以称出 7+6=13 种不同的重量。

问题 40 解答

因为 6 和 10 的最小公倍数是 30，也就是上午 8 时敲第一声后，以后每隔 30 分钟，两个时钟会一起敲一声。

（12-8）×60=240，

240÷6+1=41，即 6 分钟敲一声的时钟共敲 41 声，

240÷10+1=25，即 10 分钟敲一声的时钟共敲 25 声，

240÷30+1=9，即 2 个时钟一起敲的时钟共有 9 声，

41+25-9=57，

所以元太最多听到了 57 声。

问题 41

柯南、灰原、光彦、步美、元太五个人要通过一座木桥，但只有一盏油灯，因为木桥老旧，所以每次最多只容许两人提着油灯同时通过。已知柯南、灰原、光彦、步美、元太通过木桥的时间分别为 1 秒、3 秒、6 秒、8 秒、12 秒，且两人一起过桥时，走较快的必须配合走较慢的。请考虑如何在 30 秒的时间内，让五个人都顺利通过木桥。

问题 42

元太真是会"自圆其说"！他说以下三个式子都是正确的，你知道为什么吗？

（1）8−1−6=0；（2）9+4=1；（3）625+20=715。

问题41解答

　　由于两人一起过木桥时，走较快的必须配合走较慢的，且五个人过桥的总时间要少于30秒，所以步美、元太必须一起过桥，但步美、元太不能一开始就过去。

　　以下是五个人共花29秒通过木桥的一种可行方式：

　　（1）柯南、灰原一起过桥，花了3秒；柯南一人过桥，花了1秒。

　　（2）步美、元太一起过桥，花了12秒；灰原一人过桥，花了3秒。

　　（3）柯南、光彦一起过桥，花了6秒；柯南一人过桥，花了1秒。

　　（4）柯南、灰原一起过桥，花了3秒。

　　以上共花3+1+12+3+6+1+3=29秒的时间，五个人都顺利通过了木桥。

问题42解答

　　（1）8-1-6=0（反过来看"0=9-1-8"就对了）。

　　（2）9+4=1（现在是上午9时，再过4小时后，就是下午1时了）。

　　（3）625+20=715（今天是6月25日，再过20天，就是7月15日了）。

问题 43

柯南的爸爸共任用七位主管（代号为 1 ~ 7），他规定每周的午餐时间，他都要跟其中三位主管一起用餐，而且任何两位主管只能相遇一次。下表是主管们绞尽脑汁安排的一张分配表，请帮忙完成空白的部分。

日	一	二	三	四	五	六
7	6	3	1	4	5	7
6			4	5	1	
2	4	5	2			3

问题 44

小玉、小杉、丸尾、花轮参加拼图能力竞赛，已知四个人当中最好的成绩不是小杉得到的，但小杉的成绩比小玉、花轮都高，又小玉的成绩比花轮高。请问：四个人的成绩排序如何？

问题 43 解答

（1）星期四时，4号必须跟3号或7号其中一人一起用餐。但若是4号跟3号一起用餐，则星期四与星期二时，5号跟3号共一起用餐两次，此与规定不符，由此确定星期四时，4号必须跟7号一起用餐，而星期一时，4号跟3号一起用餐。

日	一	二	三	四	五	六
7	6	3	1	④	5	7
6	③		④	5	1	
2	④	5	2	⑦		3

（2）星期六时，7号必须跟1号一起用餐。

日	一	二	三	四	五	六
⑦	6	3	1	4	5	⑦
6	3		4	5		①
2	4	5	2	⑦		3

（3）星期五时，1号必须跟6号一起用餐。

日	一	二	三	四	五	六
7	6	3	①	4	5	7
6	3		4	5	①	①
2	4	5	2	7	⑥	3

（4）星期二时，2号必须跟3号、5号一起用餐。

日	一	二	三	四	五	六
7	6	3	1	4	5	7
6	3	2	4	5	1	1
2	4	5	2	7	6	3

问题 44 解答

因为小杉的成绩比小玉、花轮都高，且小杉的成绩不是最高，所以九尾是四个人当中的成绩最高者。

又小玉的成绩比花轮高，故四个人的成绩排序由高至低为九尾、小杉、小玉、花轮。

问题 45

基德测得同一条道路上 A、B、C、D 四个城市之间的一些距离，并将数据列表如下：

	A	B	C	D
A			39	
B				10
C		15		25
D	14			

请问：城市 A 与城市 B 的距离为多少？

问题 46

滨崎家里有四个孩子，由大到小恰好都相差 2 岁，但他们的年龄相乘的积为 1920。请问：四个孩子的年龄总和是多少？

问题 45 解答

（1）由 $BC=15$，$BD=10$，$CD=25 \Rightarrow BC+BD=CD$，即 B 介于 C、D 之间。

（2）由 $AD=14$，$CD=25$，$AC=39 \Rightarrow AD+CD=AC$，即 D 介于 A、C 之间。

$AB=AD+BD=14+10=24$，故城市 A 与城市 B 的距离为 24。

问题 46 解答

因为 $1920=4 \times 6 \times 8 \times 10$，而且 $4+6+8+10=28$，

所以四个孩子的年龄总和是 28 岁。

问题 47

阿笠博士要少年侦探队动脑筋，将 0、1、2、3、4、5、6、7、8 这九个数字全部填入以下算式的空格内，使运算结果成立。请你也试一试吧！

$$\square + \square\square + \square\square\square + 9\square\square\square = 9999$$

问题 48

基德说："只要移动 2 个'8'，就可使左下竖式加法的答案成为 1000；只要移动 4 个'8'，就可使右下竖式加法的答案成为 10000。"这是真的吗？

$$
\begin{array}{r}
88 \\
88 \\
88 \\
+\ 88 \\
\hline
1000
\end{array}
\qquad
\begin{array}{r}
88 \\
88 \\
88 \\
88 \\
888 \\
888 \\
+\ 888 \\
\hline
10000
\end{array}
$$

问题 47 解答

如下图填入九个数字即可。

思考方法为：0+1+2+3+4+5+6+7+8=36=9+19+8=19+8+9

（1）四个数的个位数字和为9，十位数字和为19，百位数字和为8。

$$2+50+163+9784=9999$$

（2）四个数的个位数字和为19，十位数字和为8，百位数字和为9。

$$5+10+236+9748=9999$$

问题 48 解答

如图1、2所示移动即可：

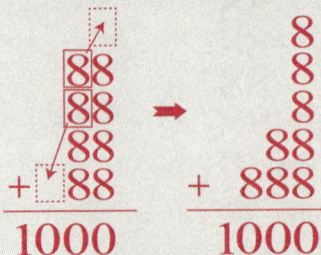

图1

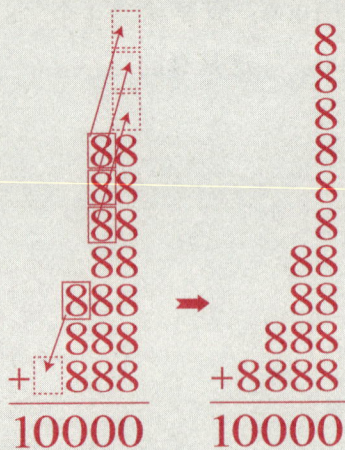

图2

问题 49

阿笠博士说下列所有长方格中，箭头左边的数与箭头右边的数都具有相同的关系。请问："？"表示哪一个数？

| 1 → 4 | 3 → 10 | 4 → 13 | 5 → 16 | 7 → 22 | 9 → ? |

问题 50

（1）下图是用等长火柴棒在桌上拼成的一些正方形，如果光彦想依照这种方式拼出 30 个大小相同的正方形，那么共需要多少根火柴棒？

（2）如果光彦有 31 根火柴棒，那么他最多可以拼出多少个大小相同的正方形？

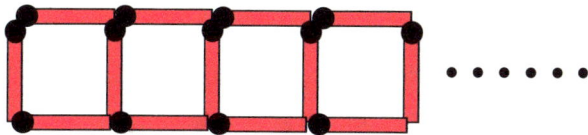

问题 49 解答

箭头左边的数乘以 3 后，再加 1 可得出箭头右边的数。

$9 \times 3 + 1 = 28$，所以"？"表示的数是 28。

问题 50 解答

（1）如下图，第一个正方形需要 4 根火柴棒，以后每增加一个正方形，必须增加 3 根火柴棒。

$4 + 3 \times 29 = 4 + 87 = 91$，

所以要拼出 30 个正方形，共需要火柴棒 91 根。

（2）如果用（1）的拼法，只能拼出 $(31-4) \div 3 + 1 = 10$ 个大小相同的正方形（如下图）。

如果拼成如下图（共有 $3 \times 5 + 4 \times 4 = 15 + 16 = 31$ 根火柴棒）的方式，他最多可以拼出 12 个大小相同的正方形。

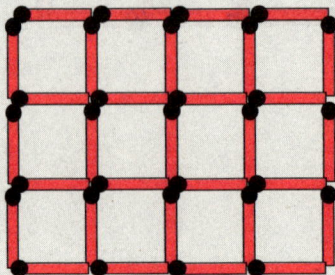

问题 51

　　小玉有甲、乙两堆小球，她先从甲堆中拿出和乙堆一样多的小球放入乙堆，再从乙堆中拿出与这时的甲堆一样多的小球放入甲堆。最后甲、乙两堆球都恰好是 56 个。请问：甲、乙两堆最初各有多少个小球？

问题 52

　　阿笠博士说，以下的每个图示都是依据某种规则代表一个固定的数，请由其中五个图示所代表的数，推算 A 的值。

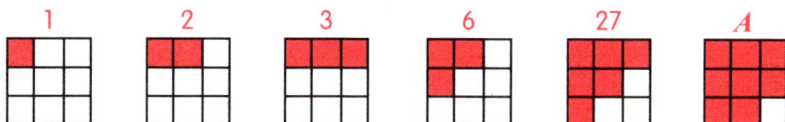

问题 51 解答

我们将两堆球数的变化，依照题意由后往前思考，可列得下表：

	甲	乙
乙给甲之后	56	56
乙给甲之前 （甲给乙之后）	28	56＋28＝84
甲给乙之前	28＋42=70	42

所以甲堆最初有 70 个小球，乙堆最初有 42 个小球。

问题 52 解答

由图示可推知第一行的一个红色小正方形表示 1；第二行的一个红色小正方形表示 4：第三行的一个红色小正方形表示 16。

所以 $A=1+1+1+4+4+4+16+16=47$。

1	1	1
4	4	4
16	16	16

问题 53

　　下面由左至右的前六个图示分别表示从 1 至 6 的六个整数。阿笠博士说这种图示是依照某种规律设计的（也就是"〇"的个数与位置），恰好可表示从 1 开始至某个整数为止的所有连续整数。请问：最右边"？"表示的数是多少？

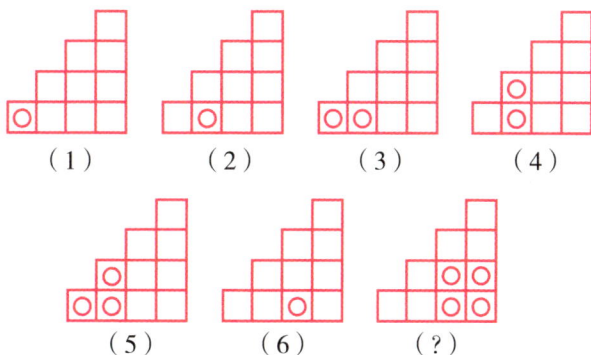

（1）　（2）　（3）　（4）

（5）　（6）　（？）

问题 54

　　小丸子碰到一道难题："请计算 1325 × 1326−1324 × 1327 的值。"可是花轮却说："太简单了！"你知道怎么算吗？

问题 53 解答

由数字 1 至 6 的六个图示，可推知每个图示从左至右的四列中，第一列一个"○"表示 1，第二列一个"○"表示 2，第三列一个"○"表示 6，而各个图示代表的数字大小，就是全部的"○"表示的数字所累计的和。

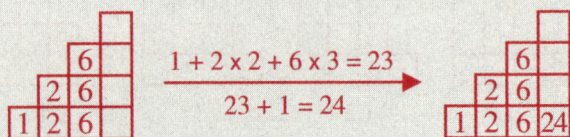

由上图可知：第四列一个"○"表示 24，所以问题最右边的图示代表的数为 $6×2+24×2=60$（如下图）。

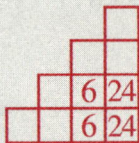

问题 54 解答

$1325×1326-1324×1327=（1324+1）×1326-1324×（1326+1）=1324×1326+1326-1324×1326-1324=1326-1324=2$，

所以正确答案就是 2。

问题 55

如果每层楼的台阶数都相同，那么元太从一楼走到三楼共走了 36 个台阶。请问：他从一楼走到六楼共走了多少个台阶？

问题 56

阿笠博士在纸上写出以下甲、乙两个数列，而且每个数列都有 7 个数。他要灰原将甲数列的一个数与乙数列的一个数配成一组，但这些配成组的两个数之和必须相等。请问：灰原最多可以配成多少组？

甲：2，6，1，8，5，11，15
乙：25，23，20，34，26，33，29

问题 55 解答

不要误以为一楼走到六楼台阶数是一楼走到三楼台阶数的 2 倍。

因为一楼走到三楼共走了 2 层楼高的台阶数，所以推知由某层楼走至上一层楼的台阶数为 36÷2=18 个。

从一楼走到六楼共走了 5 层楼高的台阶数，所以共走了 18×5=90 个台阶。

问题 56 解答

将甲数列"由小到大"重新排列，乙数列"由大到小"重新排列，利用"大配小"，即可找出两数和为 31 的最多组数：

甲：1，2，5，6，8，11，15

乙：34，33，29，26，25，23，20

所以最多组的配法如下：

甲：2，6，1，8，5，11，15

乙：25，23，20，34，26，33，29

所以最多可配 5 组。

问题 57

小杉把"126 加上某数后与 56 相减"的计算错看成"126 减某数后与 56 相减",算出来的结果是 49。请问：原计算的正确答案是多少？

问题 58

小兰有两双鞋子、三条裙子、四件上衣。请问：她有多少种搭配法？（每次只穿一双鞋子、一条裙子、一件上衣）

问题 57 解答

小杉的计算式为：126− 某数 −56=49，

由此可推知 70− 某数 =49 ⇒ 某数 =21。

所以正确的计算式为：126+ 某数 −56=126+21−56=91，

故原计算的正确答案是 91。

问题 58 解答

鞋子与裙子的搭配法有 2×3=6（种），鞋子与裙子搭配完成后，又有 4 件上衣可以选择，所有全部的搭配法共有 6×4=24（种）。

问题 59

农历新年快到了，小丸子与其他 5 个同学彼此约定，在农历新年前，每两个人都要互寄一张贺卡。请问：他们总共寄出了多少张贺卡？

问题 60

小丸子发现某年的 12 月恰有 4 个星期六与 4 个星期二。请问：这一年的最后一日是星期几？

问题 59 解答

6 个人当中的每个人都要寄出 5 张贺卡，5×6＝30，所以他们总共寄出了 30 张贺卡（如下图所示）。

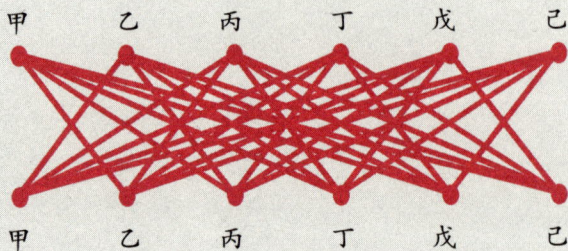

问题 60 解答

12 月的天数为 31，也就是 4 周多 3 天。因为最后一日不会是星期二、六（否则就有 5 个星期二或 5 个星期六），也不会是星期三、日（否则前一日为星期二或星期六，就有 5 个星期二或 5 个星期六），也不会是星期四、一（否则前二日为星期二或星期六，就有 5 个星期二或 5 个星期六），所以这一年的最后一日是星期五。

问题 61

猪太郎搞不清楚"一年的十二个月当中，最多有几个月是有 5 个星期日的？"你清楚吗？

问题 62

阿笠博士要"少年侦探队"使用 2、9、7、3、4、0 这六个数字，组成两个三位数，并使两个三位数相差最大。请问：这两个三位数各是多少？

问题 61 解答

$365 \div 7 = 52 \cdots\cdots 1$，$366 \div 7 = 52 \cdots\cdots 2$

也就是说：一年最多有 53 个星期日。

因为每个月至少有 4 个星期日，至多有 5 个星期日，且 $53 \div 12 = 4 \cdots\cdots 5$

所以一年的十二个月当中，最多有 5 个月有 5 个星期日。

问题 62 解答

先使百位数字相差最多，所以分别选择 9 与 2；再使十位数字相差最多，所以分别选择 7 与 0；而个位数字分别选择 4 与 3。

$974 - 203 = 771$，

所以相差最大的两个三位数为 974 与 203。

问题 63

　　关口和其他三位同学进入快餐店，其中两人喝了玉米浓汤，一人喝了可乐，三人吃了汉堡。不吃汉堡的人不喝玉米浓汤，不喝玉米浓汤的人不喝可乐。请问：四个学生各吃与喝了什么？

问题 64

　　猪太郎有四张卡片，正面有红、绿两种颜色；背面是圆形和方形。现在桌上排列着这四张卡片（如下图）。请问：至少与至多要翻开哪几张卡片才能正确地知道是否所有红色卡片的另一面都画着"□"的图案？

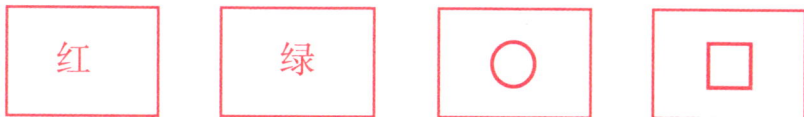

红	绿	○	□

问题63解答

（1）因为一人（令其为甲）喝了可乐，所以这个人一定喝玉米浓汤，又因为不吃汉堡的人不喝玉米浓汤，所以喝了可乐的这个人，不只喝了玉米浓汤，也吃了汉堡。

（2）四个学生中，有三个人吃汉堡，所以有一个人（令其为乙）没有吃汉堡，当然他没有喝玉米浓汤，也不喝可乐。

（3）而另两人中，有一人（令其为丙）吃了汉堡，也喝了玉米浓汤，但不喝可乐；有一人（令其为丁）吃了汉堡，但没喝玉米浓汤与可乐。

	汉堡	浓汤	可乐
甲	○	○	○
乙	×	×	×
丙	○	○	×
丁	○	×	×

问题64解答

至少要翻开桌上显示红色这张卡片，若其另一面不是"□"，则确知并不是所有红色卡片的另一面都画着"□"；若其另一面是"□"，再翻开桌上显示"○"的这张卡片，若其另一面是红色，则确知并不是所有红色卡片的另一面都画着"□"，若其另一面不是红色，则确知所有红色卡片的另一面都画着"□"。

问题 65

　　茂野有四张卡片，两面的颜色共有红、绿、蓝、白四种。现在桌上排列这四张卡片（如下图），且知有一面红色的卡片只有两张。若想知道是否所有的红色卡片背面都是白色，则至少与至多要翻开哪几张卡片？

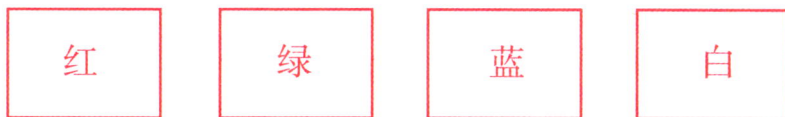

红	绿	蓝	白

问题 66

　　柯南将数字 1～9 不重复地填入下图中的九个圆圈中，每个圆圈恰填入一个数字，使得正方形每边上的两个数字和都相等。请问：满足以上条件时，最中间的圆圈内可填入的数字为几？

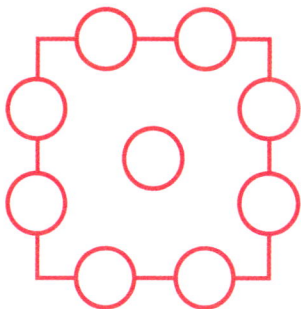

问题 65 解答

　　至少要翻开桌上显示红色的这张卡片，若其另一面不是显示白色，则确知并不是所有红色卡片的另一面都是白色；若其另一面是白色，再翻开桌上显示白色的这张卡片，若其另一面不是红色，则确知并不是两张红色卡片的另一面都是白色；若其另面是红色，则确知两张红色卡片的另一面都是白色。

问题 66 解答

　　1+2+3+4+5+6+7+8+9=45，

　　因为正方形每边上的两个数字和必须相等，所以正方形四个边上的八个数字和必须是 4 的倍数。

　　由 45÷4=11……1 ⇒

　　（45-1）÷4=11；（45-5）÷4=10；（45-9）÷4=9。

　　所以最中间的圆圈内可填入的数字为 1、5 或 9。

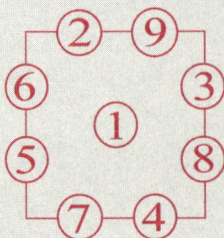

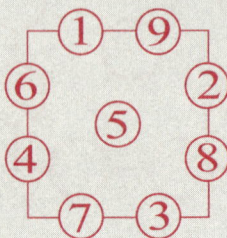

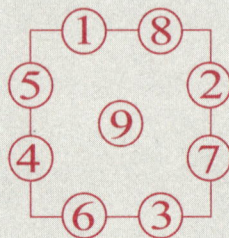

问题 67

妈妈问小齐、中齐、大齐各花多少钱买零食，小齐回答："我花的钱乘以8后，再多9元，就等于大齐花的钱。"中齐接着回答："我花的钱跟小齐一样，而且乘以9后，再多8元，也等于大齐花的钱。"最后大齐回答："他们已经说出我花多少钱了！"请问：三人各花了多少钱？

问题 68

小丸子问美环总共养了几只宠物，美环说："除了两只不是猫以外，全部都是猫；两只不是狗以外，全部都是狗；两只不是鸟以外，全部都是鸟。"请问：美环总共养了几只宠物？

问题 67 解答

设小齐与中齐都花了△元。

因为小齐花的钱乘以8后，再多9元，就等于大齐花的钱，所以大齐花的钱为（△×8+9）元；

因为中齐花的钱乘以9后，再多8元，就等于大齐花的钱，所以大齐花的钱为（△×9+8）元。

由△×8+9=△×9+8，推得△=1，且△×8+9=17，故小齐、中齐各花1元，大齐花17元。

问题 68 解答

由美环的回答可知：美环养了猫、狗、鸟三种宠物，因为"除了两只不是猫以外，全部都是猫"，可推知不是猫的宠物只有两只，也就是狗和鸟各养了1只；又"两只不是狗以外，全部都是狗"，可推知猫和鸟各养了1只。所以美环养了1只猫、1只狗与1只鸟共三只宠物。

问题 69

毛利、目暮、白鸟三个人一起去参加一场朋友的喜宴。喜宴结束，柯南问他们宴席上有些什么菜。毛利、目暮、白鸟决定向柯南各说两三句话，但每个人的话中必须恰有一句谎话。毛利说"有生鱼片""没有螃蟹""没有龙虾"；目暮说"有生鱼片""有螃蟹""有龙虾"；白鸟说"没有生鱼片""有龙虾"。请问：这场喜宴中，究竟有没有生鱼片、螃蟹、龙虾？

问题 70

毛利小五郎的年龄比目暮警官多 8 岁，比白鸟警官多 11 岁，如果他们三人的年龄和是 95 岁。请问：毛利小五郎的年龄是几岁？

问题 69 解答

由毛利、目暮、白鸟三人的话中，可确定"有生鱼片""没有生鱼片"恰有一句谎话；"有龙虾""没有龙虾"恰有一句谎话；"有螃蟹""没有螃蟹"恰有一句谎话。

依题意，三人讲的八句话中，恰好共有三句谎话。由此可推得："没有生鱼片""没有龙虾"是谎话，再由毛利、目暮所说的话，可推得："有螃蟹"是谎话。

所以这场喜宴中，有生鱼片、龙虾，但没有螃蟹。

问题 70 解答

（95+8+11）÷3=114÷3=38，

所以毛利小五郎的年龄是 38 岁。

问题 71

小杉班上共有 30 位学生，他们的座号分别从 1 编至 30。请问：从他们当中最多可挑选几位学生排成一个圆圈，使得任何相邻两位学生的座号乘积小于 100？

问题 72

阿笠博士写出如下的运算等式，请观察其发展规律，并帮忙写出未完成的计算结果。

$$1 \times 8 + 1 = 9$$
$$12 \times 8 + 2 = 98$$
$$123 \times 8 + 3 = 987$$
$$1234 \times 8 + 4 = 9876$$
$$12345 \times 8 + 5 = \underline{\qquad}$$
$$123456 \times 8 + 6 = \underline{\qquad}$$
$$1234567 \times 8 + 7 = \underline{\qquad}$$
$$12345678 \times 8 + 8 = \underline{\qquad}$$
$$123456789 \times 8 + 9 = \underline{\qquad}$$

问题 71 解答

　　先排 9 个一位数，间隔最多插入 9 个二位数，但再多一个二位数，则必与之前置入的二位数相邻，使得座号乘积大于 100。故最多可挑选 18 位学生排成一个圆圈，使得任何相邻两位学生的座号乘积小于 100，下图右为可行的安排之一。

问题 72 解答

$$1 \times 8 + 1 = 9$$
$$12 \times 8 + 2 = 98$$
$$123 \times 8 + 3 = 987$$
$$1234 \times 8 + 4 = 9876$$
$$12345 \times 8 + 5 = 98765$$
$$123456 \times 8 + 6 = 987654$$
$$1234567 \times 8 + 7 = 9876543$$
$$12345678 \times 8 + 8 = 98765432$$
$$123456789 \times 8 + 9 = 987654321$$

问题 73

　　小玉、小丸子和小杉参加学校自办的健康检查，小玉、小丸子两人的体重和是 64 千克，小丸子、小杉的体重和是 74 千克，小杉、小玉的体重和是 80 千克。请问：小玉的体重是多少千克？

问题 74

　　阿笠博士写出如下的运算等式，请观察其发展规律，并帮忙写出未完成的计算结果。

$$0 \times 9 + 1 = 1$$
$$1 \times 9 + 2 = 11$$
$$12 \times 9 + 3 = 111$$
$$123 \times 9 + 4 = 1111$$
$$1234 \times 9 + 5 = \underline{\qquad}$$
$$12345 \times 9 + 6 = \underline{\qquad}$$
$$123456 \times 9 + 7 = \underline{\qquad}$$
$$1234567 \times 9 + 8 = \underline{\qquad}$$
$$12345678 \times 9 + 9 = \underline{\qquad}$$

问题 73 解答

64+74+80=218，即小玉、小丸子和小杉三人体重和的 2 倍是 218 千克。

218÷2=109，所以小玉、小丸子和小杉三人的体重和是 109 千克。

109−74=35，所以小玉的体重是 35 千克。

问题 74 解答

$$0 \times 9 + 1 = 1$$
$$1 \times 9 + 2 = 11$$
$$12 \times 9 + 3 = 111$$
$$123 \times 9 + 4 = 1111$$
$$1234 \times 9 + 5 = \underline{11111}$$
$$12345 \times 9 + 6 = \underline{111111}$$
$$123456 \times 9 + 7 = \underline{1111111}$$
$$1234567 \times 9 + 8 = \underline{11111111}$$
$$12345678 \times 9 + 9 = \underline{111111111}$$

问题 75

长山在纸上有规律地写了一个数列 1，2，2，3，3，3，4，4，4，4，5，5，5，5，5，…。请问：第 80 个数是多少？

问题 76

一副扑克牌共有黑桃、红心、方块、梅花四种花色，每种花色有 A、2、3、…、10、J、Q、K 各十三张牌，其中 J、Q、K 分别作 11、12、13 计，A 可当作 1 也可当作 14 计。若在一副扑克牌中任取 5 张同花色的牌，且使点数顺次相连，则这 5 张牌被称为"同花顺"。如果小兰声称拿到 5 张"同花顺"，那么共有多少种可能的组合？

问题 75 解答

"1"有1个，"2"有2个，"3"有3个，"4"有4个，"5"有5个……1+2+3+4+5+6+7+8+9+10+11+12=78，

也就是数列的第78个数是12（最后一个12），而第79个数是13（第一个13）。

所以数列的第80个数是13。

问题 76 解答

每种花色都可以搭配出13-3=10种可能的"同花顺"，

10×4=40，所以共有40种可能的"同花顺"。

问题 77

一副扑克牌有黑桃、红心、方块、梅花四种花色，每种花色有点数 1、2、3、4、5、6、7、8、9、10、11、12、13 的牌各一张，总共 52 张。现在要求柯南闭上眼睛，从这 52 张牌中抽一些牌出来。请问：柯南至少要抽出几张才能保证得到 4 张同花的牌呢？

问题 78

小玉参加一个社团，全部成员中共有 50 个女孩。每个人的头发不是金发，就是黑发；每个人的眼睛不是蓝眼，就是黑眼。已知其中有 14 人是蓝眼金发的，31 人是黑发的，18 人是黑眼的。请问：有多少人是黑眼黑发的？

问题 77 解答

如果每种花色都恰好抽到 3 张，共 3×4=12 张，则这 12 张牌中并无 4 张同花的牌。但若多抽 1 张，就有 4 张同花的牌了。

所以柯南至少要抽出 12+1=13 张才能保证得到 4 张同花的牌。

问题 78 解答

	金发	黑发	合计
蓝眼	14人		
黑眼			18人
合计		31人	50人

通过上表，可算得黑眼金发的有 50−（14+31）=5（人），所以黑眼黑发的有 18−5=13（人）。

问题 79

下图（1）（2）（3）的三种情况中，各有若干个杯子，阿笠博士要求"少年侦探队"在每种情况下移动的杯子数越少越好，使得装水的杯子"■"与空的杯子"□"间隔排成一行。到底该怎么办呢？

（1）□□■

（2）■■■□□□

（3）■□■□■

问题 80

猪太郎有 5 袋硬币，每袋皆装有每枚重 3 克的硬币 10 枚。虽然硬币外形、大小完全相同，但其中一袋却装有伪币，而且 10 枚都是伪币。只知每枚伪币的重量比真币轻 0.5 克。如果只能使用称一次，那么至少称多少枚硬币，一定可以找出假币装在哪一袋？

问题 79 解答

（1）只要将左边的杯子"□"移动至最右边即可，即最少只要移动一个杯子。

□ ■ □

（2）只要将左数第二个杯子"■"内的水，全部倒入右数第二个杯子"□"内即可，即最少只要移动一个杯子。

■ □ ■ □ ■ □

（3）只要将最右边的杯子"■"内的水，用吸管全部吸完即可，即不必移动任何杯子。

■ □ ■ □ ■

问题 80 解答

第一袋取硬币 1 枚，第二袋取硬币 2 枚，第三袋取硬币 3 枚，第四袋取硬币 4 枚，加起来总共 10 枚。若称出来的重量恰为 3×10=30（克），则伪币在第五袋；若少 0.5 克，则伪币在第一袋；若少 0.5×2=1（克），则伪币在第二袋；若少 0.5×3=1.5（克），则伪币在第三袋；若少 0.5×4=2（克），则伪币在第四袋。

问题 81

　　丸尾、长山两人进行百米赛跑，当丸尾跑到终点线时，长山距终点线仍有 5 米。若两人以第一次的跑步速度再跑一次，但丸尾退至原起跑线后方 5 米起跑，则两人谁先跑到终点线？

问题 82

　　以下 5×5 的方格表是利用五个形状不同但大小相同的五方块所组成的。方格表内的其中 5 个方格中，现已填入文字"金""木""水""火""土"。阿笠博士请你将其他方格内各填入一个文字，使得方格表的每行、每列及每五个方格内都恰好只含一个"金"、一个"木"、一个"水"、一个"火"和一个"土"。

金				
			木	
水				
火		土		

问题 81 解答

丸尾退至原起跑线后方 5 米（也就是丸尾多跑 5 米的距离）起跑。因为丸尾跑得比长山快，丸尾多跑 5 米所花的时间，长山仍无法跑完最后 5 米（也就是距 100 米终点线前的 5 米距离），所以丸尾仍然比长山先跑到终点线。

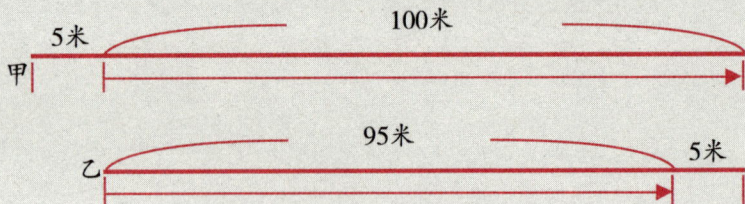

问题 82 解答

可依照如右图示，从左至右、由上而下逐步推理，最后就可填好所有方格。

问题 83

小丸子正被以下两道问题伤透脑筋，请帮忙算算看吧！

（1）请计算（95317+59173+71935+37591+13759）÷11111 的值。

（2）请计算 9999×2222+3333×3334 的值。

问题 84

美环花 50 元买了一个铅笔盒，然后以 60 元卖掉了，但她觉得不划算，花 70 元又买回来，再以 80 元卖给小杉。请问：她赚了多少钱？

问题 83 解答

（1）（95317+59173+71935+37591+13759）÷11111

= ［（95317+59173）+71935+37591+13759］÷11111

= ［（55317+99173）+71935+37591+13759］÷11111

= ［55317+（99173+71935）+37591+13759］÷11111

= ［55317+（71173+99935）+37591+13759］÷11111

= ［55317+71173+（99935+37591)+13759］÷11111

= ［55317+71173+（37535+99991)+13759］÷11111

= ［55317+71173+37535+（99991+13759）］÷11111

= ［55317+71173+37535+（13751+99999）］÷11111

= （99999+55555+33333+11111+77777）÷11111

=11111×（9+5+3+1+7）÷11111

=11111×25÷1111=25。

（2）9999×2222+3333×3334

=3333×3×2222+3333×3334

=3333×6666+3333×3334

=3333×（6666+3334）

=3333×10000=33330000。

问题 84 解答

60-50=10，第一次买卖铅笔盒赚10元；

80-70=10，第二次买卖铅笔盒又赚10元。

10+10=20，所以美环赚了20元。

问题 85

阿笠博士为了考验"少年侦探队",他出了以下这道题:"有甲、乙、丙、丁、戊五个人,他们永远说实话或永远说谎话,并且他们都互相知道对方的行为。现在甲说:"乙说谎话。"乙说:"丙说实话。"丙说:"丁说谎话。"丁说:"戊说实话。"且说谎话的人多于说实话的人。请问:哪些人说了实话?请你也动动脑吧。

问题 86

小丸子统计今年整个寒假的假期中,共有 11 天每天多少都下了些雨。在这 11 天当中,若上午下雨,则下午必定为晴天;若下午有雨,则上午一定是晴天。若整个寒假中总共有 9 个晴朗的上午与 12 个晴朗的下午,那么整个寒假中有多少天是整日没下雨的?

问题85解答

（1）假如甲说实话，则乙说谎话，推知丙说谎话，再推知丁说实话，最后推知戊说实话。如此五个人当中有两人说谎话、三人说实话，与"说谎话的人多于说实话的人"的事实互相矛盾，故假设不成立。

（2）假如甲说谎话，则乙说实话，推知丙说实话，再推知丁说谎话，最后推知戊说谎话。如此五个人当中有三人说谎话、两人说实话，符合"说谎话的人多于说实话的人"的事实，故假设成立。

所以五个人当中，只有乙、丙说实话。

问题86解答

依题意得知：假期中只要有下雨，必定只下半天。

由假期中总共有9个晴朗的上午与12个晴朗的下午，可知假期中整日没下雨的有（9+12-11）÷2=10÷2=5（天）。

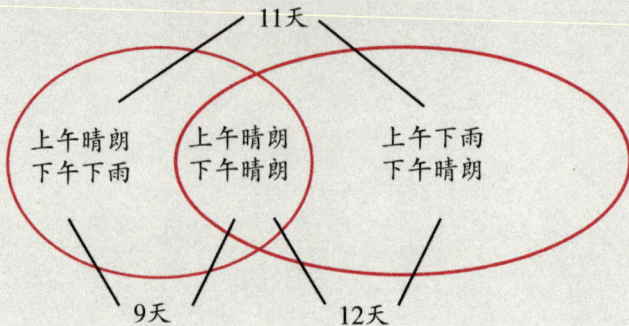

问题 87

有一天，小丸子的老师宣布考试范围如下：

（1）第一课和第二课必有一课会考，但不会两课都考；

（2）第二课和第三课这两课，要么都考，不然就都不考；

（3）如果第一课不考，那么第三课也不会考。

你知道小丸子的老师到底要考哪几课吗？

问题 88

请问：最小的正六位数与最大的正四位数相差多少？

问题 87 解答

如果考第二课，由（2）⇒要考第三课，再由（3）⇒要考第一课，此结果与（1）只考第一课和第二课其中一课的已知条件不符。

如果考第三课，由（2）⇒要考第二课，由（3）⇒要考第一课，此结果与（1）只考第一课和第二课其中一课的已知条件不符。

依照（1）（2）（3），确定只考第一课。

问题 88 解答

最小的正六位数为 100000，

最大的正四位数为 9999，

100000－9999＝90001，

所以最小的正六位数与最大的正四位数相差 90001。

问题 89

如下图，美环有五张相同的长方形纸卡，每张的正面都是白色，背面都是黑色。现在她将五张纸卡的正面朝上，如果每次只允许将其中三张各翻一次面，那么要将五张纸卡全部翻成背面朝上，至少要翻多少次？

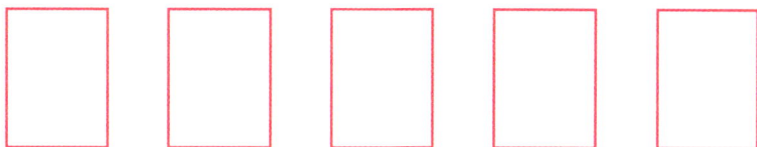

问题 90

阿笠博士写了一个依照某种规律排成的数列：1，3，8，19，42，89，□，…。请问："□"中应填入哪一个数？

问题 89 解答

如下图，至少要翻3次，才可将五张纸卡全部翻成背面朝上。

问题 90 解答

1，3（=1×2+1），8（=3×2+2），19（=8×2+3），

42（=19×2+4），89（=42×2+5），□（89×2+6=184）

所以"□"中应填入的数为184。

问题 91

如下图，美环有六张相同的长方形纸卡，每张的正面都是白色，背面都是黑色。现在她将六张纸卡的正面朝上，如果每次只允许将其中五张各翻一次面，那么要将六张纸卡全部翻成背面朝上，至少要翻多少次？

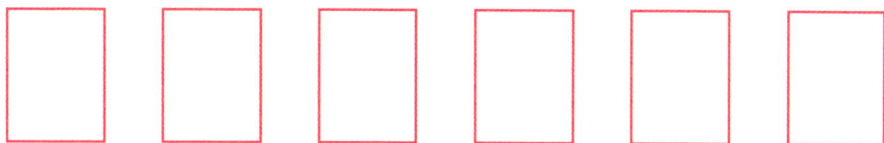

□　□　□　□　□　□

问题 92

小丸子问猪太郎："下面已经写了 7 个数字，请问：最右边的空格内应填入哪一个数？"猪太郎回答："3！"请问：猪太郎答对了吗？

6 3 1 8 7 9 6 ?

问题 91 解答

　　如图，至少要翻 6 次才可将六张纸卡全部翻成背面朝上。

问题 92 解答

　　猪太郎的想法是：$6 \times 3 = 18$，$7 \times 9 = 63$。

　　所以猪太郎答对了。

问题93

一列队伍共有 8 个人，光彦排在第一个。若由光彦开始往后数
"1""2""3"……在第 8 人数到 "8" 后便往回数，由第 7 人数 "9"，
第 6 人数 "10"，并依此类推。按照这个规律，数至 "60" 时应是
由光彦数起的第几个人？

问题94

已知步美、光彦两人在同一直线公路上，且相距 2000 米，若步
美走路速度为每分钟 150 米，光彦走路速度为每分钟 100 米，现在
步美朝着光彦的位置走，则：

（1）两人同时相向而行，步美必须经过多少分钟才能与光彦
相遇？

（2）两人同时同向而行，步美必须经过多少分钟才能与光彦
相遇？

问题 93 解答

光彦数的数依序为"1""15""29"……

以上这些数除以 14 皆余 1。

$60 \div 14 = 4 \cdots\cdots 4$

所以数至"60"时应是由光彦数起的第 4 个人。

问题 94 解答

（1）两人经过 1 分钟，相隔距离缩短 150+100=250（米），
2000÷250=8，所以步美必须经过 8 分钟才能与光彦相遇。

（2）两人经过 1 分钟，相隔距离缩短 150-100=50（米），
2000÷50=40，所以步美必须经过 40 分钟才能与光彦相遇。

问题 95

　　毛利小五郎准备进行自驾长途旅行，预计总路程为 36000 千米。为了保证行车顺利，出发前车子的四个轮胎都更换成了全新轮胎。如果这种新轮胎的安全里程为 24000 千米，超过此行程就无法保证轮胎安全。请问：他最少应准备几个相同的全新备胎？

问题 96

　　以下的格子中放有一些数字 5 与 10 的圆片，柯南说只要移走其中三个圆片，就可以使直的、横的、对角线的四个圆片的数字和都是 25，请你也试一试吧！

⑩	⑩	⑤	⑤
⑤	⑤	⑩	⑤
⑤	⑩	⑩	⑩
⑤	⑤	⑩	⑩

问题 95 解答

　　最少应准备两个备胎。当车子行驶 12000 千米时，将两个前轮换成备胎，再继续行驶 12000 千米后，将两个后轮换成先前换下的两个前轮，则可安全行驶最后 12000 千米的行程。

问题 96 解答

　　如下图，移走两个数字 5 的圆片与一个数字 10 的圆片即可。

⑩	⑩	⑤	
⑤	⑤	⑩	⑤
⑤	⑩		⑩
⑤		⑩	⑩

问题 97

如下图，阿笠博士设计了一张 4×4 的表格，并填入了一些数字。请填完其他方格内的数字，使得每行、每列和每条对角线上都包含 1、2、3、4。

1	2	3	
4		2	1

问题 98

小丸子养的小猫与猪太郎养的小猪赛跑，全程 2000 米。小猫每分钟跑 250 米，小猪每分钟跑 200 米，小猫自以为跑得快，因此在途中小睡片刻，醒来之后再继续跑。最后结果是小猪到达终点时，小猫离终点还有 500 米。请问：小猫在途中睡了多少分钟？

问题 97 解答

依照以下从左至右、由上而下的步骤推测，可将数字填入所有空的方格：

1	2	3	
4		2	1

1	2	3	4
4		2	1

1	2	3	4
4	3	2	1

1	2	3	4
4	3	2	1
			4

1	2	3	4
4	3	2	1
			4
			2

1	2	3	4
4	3	2	1
		4	3
			2

1	2	3	4
4	3	2	1
		4	3
		1	2

1	2	3	4
4	3	2	1
	1	4	3
		1	2

1	2	3	4
4	3	2	1
	1	4	3
	4	1	2

1	2	3	4
4	3	2	1
2	1	4	3
3	4	1	2

问题 98 解答

2000÷200=10，小猪跑 2000 米花了 10 分钟；

（2000-500）÷250=6，小猫跑 1500 米花了 6 分钟。

10-6=4，所以小猫在途中睡了 4 分钟。

问题 99

小丸子、小玉、年子三人到文具店买文具，下表是三人买的文具数量，已知小丸子购买 6 支铅笔、5 块橡皮擦；小玉购买 3 支铅笔、3 块橡皮擦；年子购买 6 支铅笔、2 块橡皮擦。如果小丸子比小玉多花 55 元，那么三人共花了多少元？

小丸子	//////	🟥🟥🟥🟥🟥
小玉	///	🟥🟥🟥
年子	//////	🟥🟥

问题 100

小丸子的数学作业本上有一道题：有一只蜜蜂在采花蜜时，发现了一处蜜源，它立即回去找了 9 个同伴加入采蜜工作，但还是采不完，于是每一只又回去找了 9 个同伴来帮忙，但还是采不完，于是每一只又回去找了 9 个同伴来帮忙，但花蜜的数量实在多得惊人，所以每一只又回去找了 9 个同伴来帮忙采，最后总算在大家的合作下完成了采蜜工作。请问：参与这次采蜜任务的蜜蜂共有多少只呢？请你也算一算吧！

问题 99 解答

　　小丸子比小玉多买 3 支铅笔、2 块橡皮擦，而小丸子比小玉多花 55 元，所以 3 支铅笔、2 块橡皮擦共 55 元。

　　又三人共买 15 支铅笔、10 块橡皮擦，这个数量恰是 3 支铅笔、2 块橡皮擦的 5 倍，所以三人共花了 55×5=275（元）。

问题 100 解答

　　第一次采蜜的蜜蜂数：1 只；

　　第二次采蜜的蜜蜂数：1+9=10（只）；

　　第三次采蜜的蜜蜂数：10+10×9=10+90=100（只）；

　　第四次采蜜的蜜蜂数：100+100×9=100+900=1000（只）；

　　第五次采蜜的蜜蜂数：1000+1000×9=1000+9000=10000（只）。

　　所以参与这次采蜜任务的蜜蜂共有 10000 只。

问题 101

　　年子在某一个假日邀请 4 位同学一起到果园摘莲雾,每人所摘莲雾的数目皆不相同,5 人总共摘了 500 个莲雾。请问:摘得最少的两位同学,他们所摘莲雾的总数最多是多少个?

● ● ● 笔记栏 ● ● ●

若摘得最少的两位同学，摘莲雾的总数要尽可能多，

则 5 人所摘莲雾的数量由少至多应该

是 a 个、$a+1$ 个、$a+2$ 个、$a+3$ 个、$a+4$ 个。

$a+a+1+a+2+a+3+a+4=500$

$\Rightarrow 5a+10=500$

$\Rightarrow 5a=490 \Rightarrow a=98$

$\Rightarrow a+a+1=2a+1=197$。

所以摘得最少的两位同学，他们所摘莲雾的总数最多是 197 个。

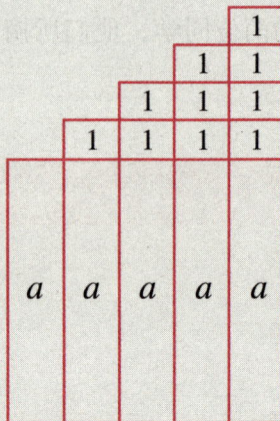

				1
			1	1
		1	1	1
1	1	1	1	
a	a	a	a	a

启发图形知觉

问题 102

下图是小丸子的爷爷用 12 根火柴棒拼成的图形，图中共有 4 个相同大小的正方形。小丸子却说她可以用 12 根火柴棒（可两端相接但不能重叠）拼成其他图形， 使图形当中共有 6 个或 8 个形状和大小都相同的图形。小丸子到底有没有在骗人呢？

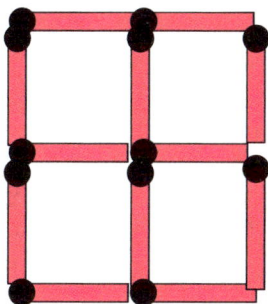

问题 103

小丸子手里拿着一张不完整的正方形彩纸（如下面左图）， 正在寻找恰好可以填补纸张的另一部分。请利用你的好眼力，帮忙从图（1），图（2），图（3），图（4）中找出来吧！

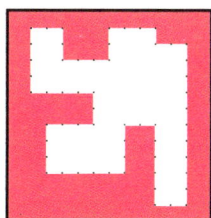

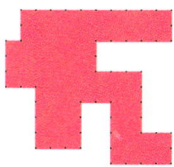 图（1）

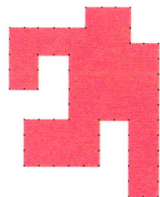 图（2）

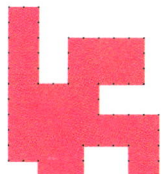 图（3）

 图（4）

问题 102 解答

小丸子说的是真的，如下图示：

（1）跳出正方形思考，正六边形共有 6 个形状、大小相同的正三角形：

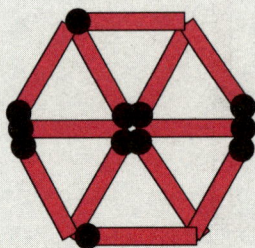

（2）跳出平面思考，正方体共有 6 个形状、大小相同的正方形：

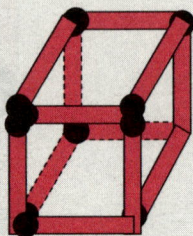

（3）跳出正方形与平面思考，两个正四面体共有 8 个形状、大小相同的正三角形：

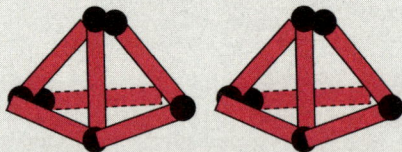

问题 103 解答

如下图示，图（3）恰可填补不完整的正方形彩纸。

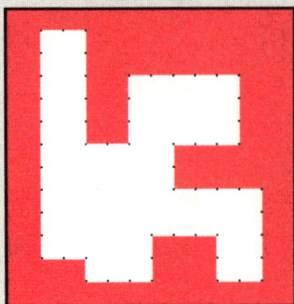

问题 104

下图是猪太郎心血来潮时画的。请问：图上共有多少个正方形？

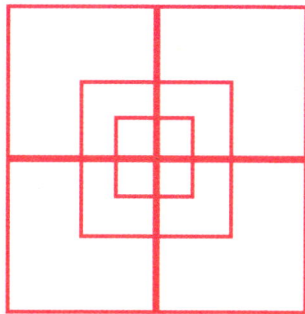

问题 105

花轮和丸尾趁着假日去练习打网球，才打不久，两人就为了网球场地共有多少个长方形争论起来。花轮说："27 个。"丸尾不服气地说："28 个。"请你也帮忙数一数，到底网球场地共有多少个长方形？

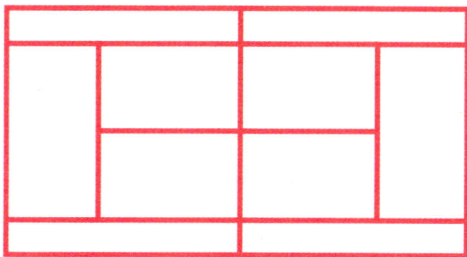

问题 104 解答

下面最左边的图形中，共有 5 个正方形；中间的图形比最左边的图形多 5 个正方形，也就是有 5+5=10 个正方形；最右边的图形比中间的图形多 5 个正方形，也就是有 10+5=15 个正方形。所以共有 15 个正方形。

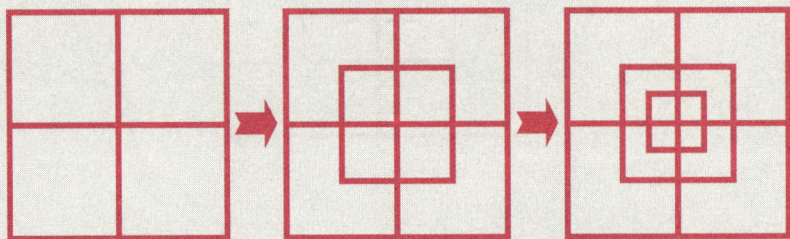

问题 105 解答

图（1）共有 10 个长方形。

图（2）扣除两个打"×"的小长方形［已在图（1）计算过］共有 11 个长方形。

所以 10×2+11=31，即网球场地共有 31 个长方形。

图（1）

图（2）

问题 106

下图是一张宽 9 厘米、长 16 厘米的卡片。它是史考兵寄给柯南的卡片。可图片上的轮船快撞上礁石了。请将卡片剪拼成正方形，让轮船可以安全绕过礁石。

问题 107

在不折断、不重叠的条件下，园子想要拼出两个正三角形与三个正方形。请问：最少必须使用多少根等长的吸管？

问题 106 解答

如下图的剪拼方式：

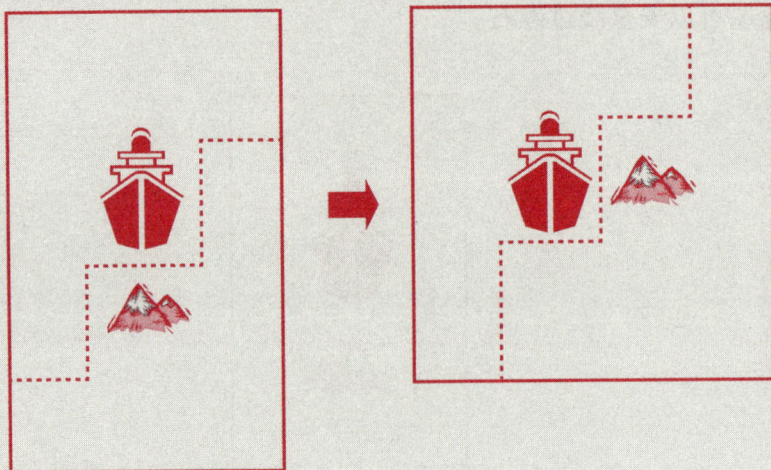

问题 107 解答

最少必须使用 9 根等长的吸管，可拼成一个立体的三棱柱（如下图）：

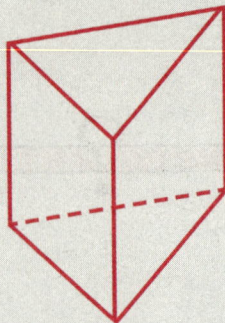

问题 108

小丸子想要用相机拍出如下图的照片，于是她找了些大小相同的立方体积木，并将所有积木粘牢。请问：她至少要准备多少个立方体积木？

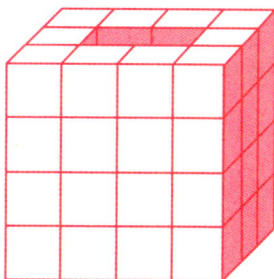

问题 109

下图中的地毯上总共有 6 种不同的动物，且每种各有 4 只。阿德想将它分割成四个形状相同的图形，使得每个图形中都恰有 6 种不同的动物。请问：该怎么分割呢？

问题 108 解答

如下图的接拼方式：

她要准备 28 块积木。

问题 109 解答

如下图的分割方式，每个图形中都恰有 6 种不同的动物。

问题110

花轮心血来潮，拿着一把剪刀与一张正方形的纸，东剪西剪，竟然剪出了一个三角形、一个四边形、一个五边形与一个六边形（如下图）。请你想个不同剪法，但也能剪出一个三角形、一个四边形、一个五边形与一个六边形。

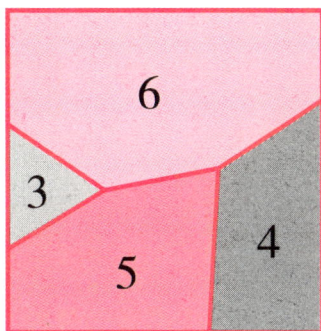

问题111

小丸子问丸尾，现有一个由12根火柴棒拼成的正三角形（如下图），请在原图中加入3根火柴棒，使得图上共有：

（1）2个正三角形。

（2）3个正三角形。

（3）4个正三角形。

请问：丸尾要如何解决这个问题呢？

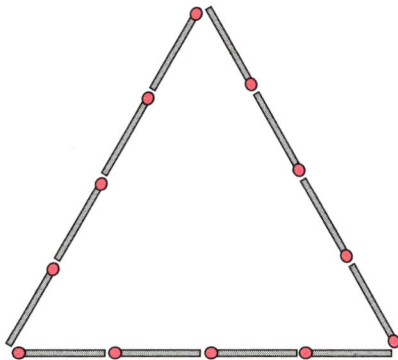

问题 110 解答

　　如右图，将一个正方形剪成一个三角形、一个四边形、一个五边形和一个六边形。

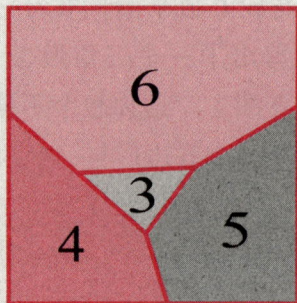

问题 111 解答

（1）2个正三角形，如下图任一种加入方式皆可：

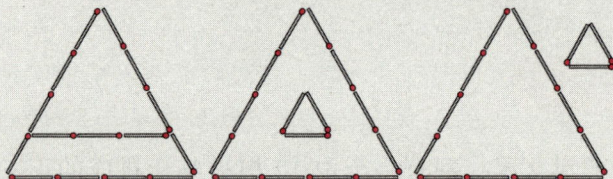

（2）3个正三角形，如下图任一种加入方式皆可：

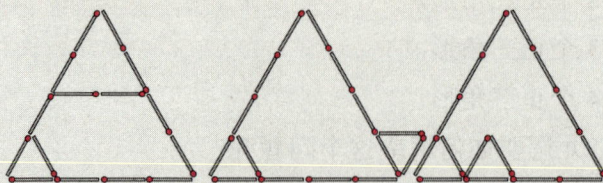

（3）4个正三角形，如下图的加入方式：

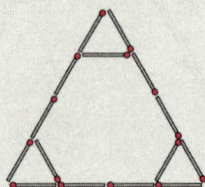

问题 112

下图是年子使用 16 根火柴棒组成的图形，请移去 4 根火柴棒，使图形中恰有 4 个正三角形，其中包括以下三种情况：

（1）2 个大正三角形与 2 个小正三角形；

（2）1 个大正三角形与 3 个小正三角形；

（3）4 个小正三角形。

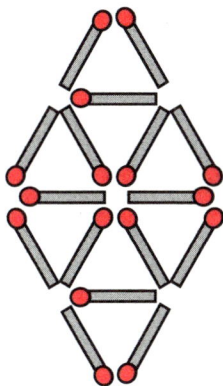

问题 113

下图共有 8 个相同大小的正三角形，请移动 4 根火柴棒（即改变火柴棒位置），使之只有 3 个相同大小的正三角形。

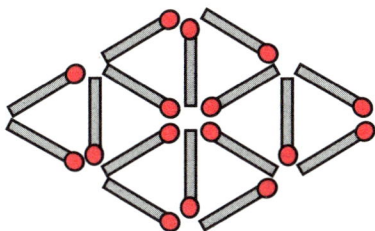

问题 112 解答

（1）2个大正三角形与2个小正三角形（如下图）：

（2）1个大正三角形与3个小正三角形（如下图）：

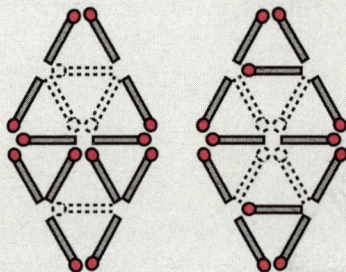

（3）4个小正三角形（如右图）：

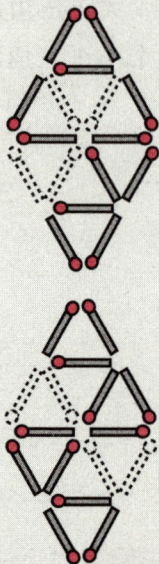

问题 113 解答

此题无法仅以图形方法解决，宜运用计算方法解决。如下图，移动4根火柴棒后成为"△△△△－△＝△△△"，也就是从4个大小相同的正三角形中减去1个，则成为3个相同大小的正三角形。

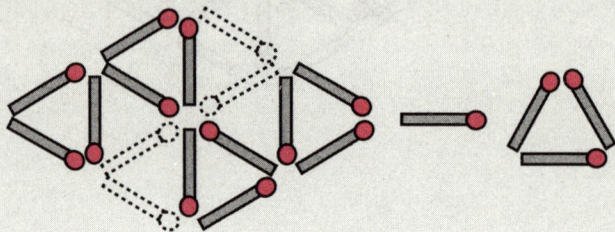

问题 114

如下图，小玉有一块 4 平方单位与两块 3 平方单位的拼图片。如果要将它们拼成一个 10 平方单位的图形，拼图片可以翻面，那么共有多少种不同的拼法？

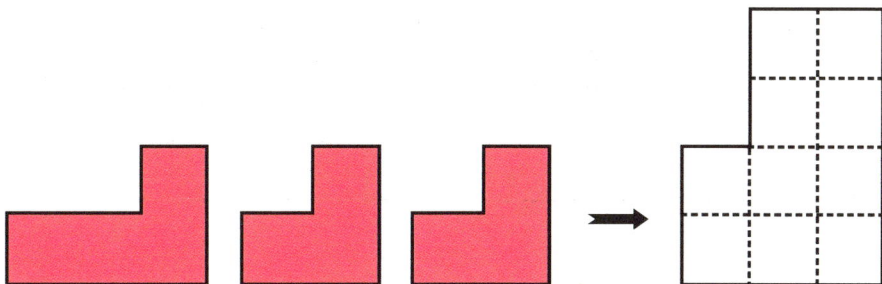

问题 115

在 4×4 的方格表中，有四个小方格已经涂有阴影（如下图）。光彦想沿格线将它分割为大小和形状都全等的四片，而且每一片中都恰有一个涂有阴影的小方格，但阴影的位置都不相同。请问：该怎么分割呢？（请用粗线绘出分割线）

如下图，共有4种不同的拼法：

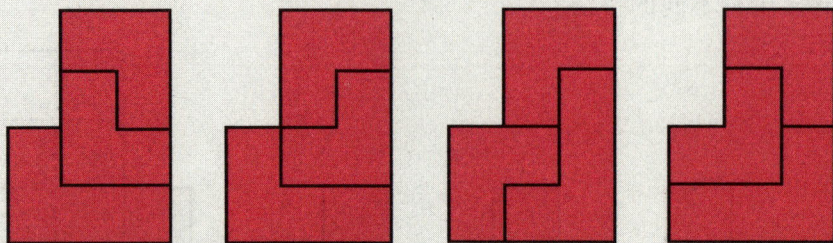

如下图的分割方式：

问题 116

光彦想将下图沿着格线切成两片，再重拼为一个正方形，而且这些涂上阴影的正方形必须呈对称排列。请问：该怎么分割呢？（请用粗线绘出分割线）

问题 117

步美在空地上养了一只小鸡，空地的周围一共有 30 个房间。小鸡希望尽快从①~⑧这八个门的其中一个门走出去，到另一片空地上的母鸡身边。但它又想进入每一个房间体验新奇事物，请你帮忙找出这条捷径。

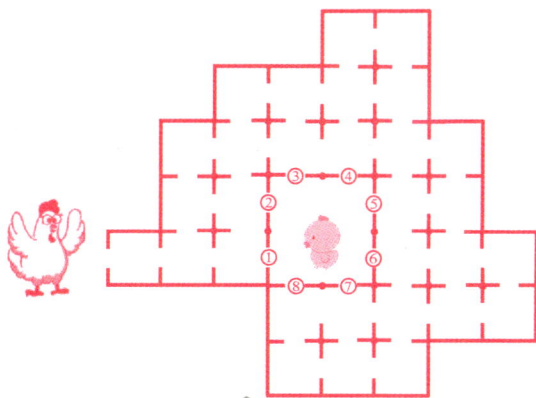

问题 116 解答

如下左图的分割方式即可：

问题 117 解答

如下图，从⑦号走出去，就可以经历每一个房间，并尽快回到母鸡的身边。但从八个门尝试找出小鸡回到母鸡身边的正确捷径，不如反过来从母鸡找回小鸡，更容易找到这条捷径。

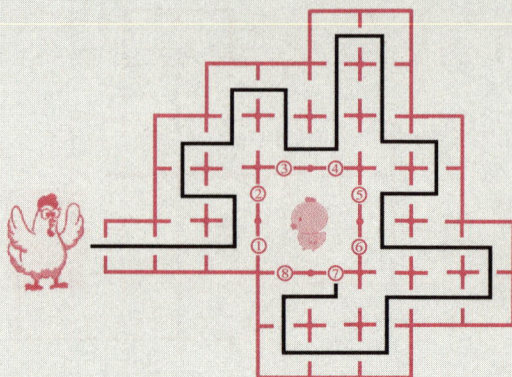

问题 118

　　光彦将一个正方形分割成三个长方形甲、乙、丙，已知甲的周长是 23，乙的周长是 30，丙的周长是 27。请问：原来正方形的面积为多少？

问题 119

　　如下图，佐佐木爷爷有一个由 10 个相同正方体拼组成的积木。请问：这个积木经过翻转后，应该是图（1），图（2），图（3），图（4）中的哪一个图形？

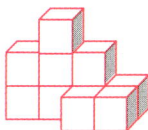

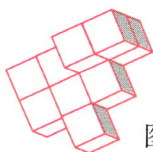　　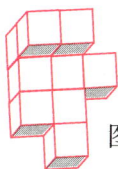　　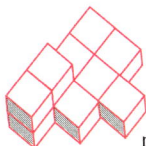　　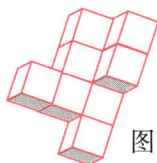

图（1）　　　　图（2）　　　　图（3）　　　　图（4）

问题 118 解答

甲、乙、丙三个矩形的周长和恰为正方形边长的 8 倍，

（23+30+27）÷8=10，10^2=100，

所以原来正方形的面积为 100 平方单位。

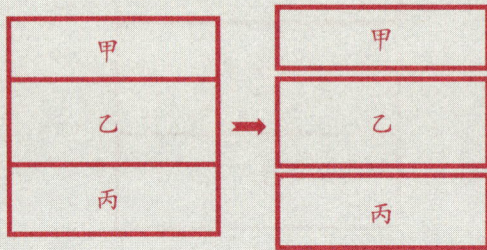

问题 119 解答

如下图示，图（3）与原积木是完全相同的。

图（3）

问题120

丸尾说以下的式子都是百分之百合理的，如果依照他的思考逻辑，那么"？"是多少？

| 0123 ＝ 1 | 3456 ＝ 2 | 5688 ＝ 5 | 7069 ＝ 3 | 8124 ＝ ？ |

问题121

美环玩着一颗骰子，并画了这颗骰子的两种展开图。请问："甲"处是几点？

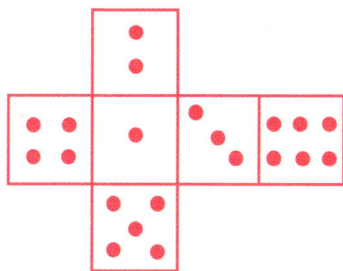

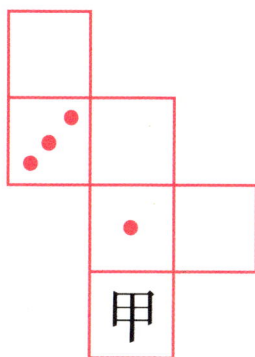

问题 120 解答

此题宜从图形的观点切入，

"0123"的图形中，"0"有1个封闭区域；

"3456"的图形中，"4""6"共有2个封闭区域；

"5688"的图形中，"6""8""8"共有5个封闭区域；

"7069"的图形中，"0""6""9"共有3个封闭区域。

由以上推知："8124"的图形中，"8""4"共有3个封闭区域，所以 8124=3。

问题 121 解答

如下图，将第二种展开图的其中两面的位置调动一下，再与第一种展开图对照，即可推知"甲"处是2点。

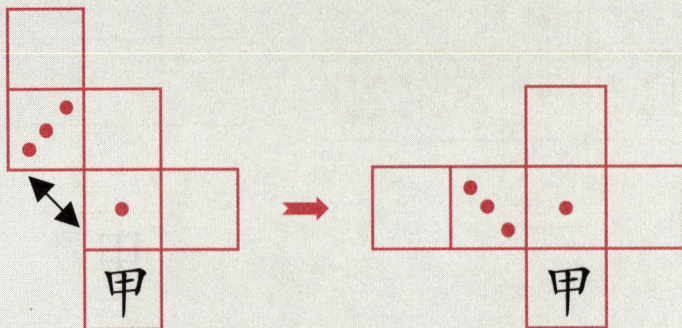

问题 122

花轮玩着一颗骰子，并画了这颗骰子的两种展开图。请问："乙"处是几点？

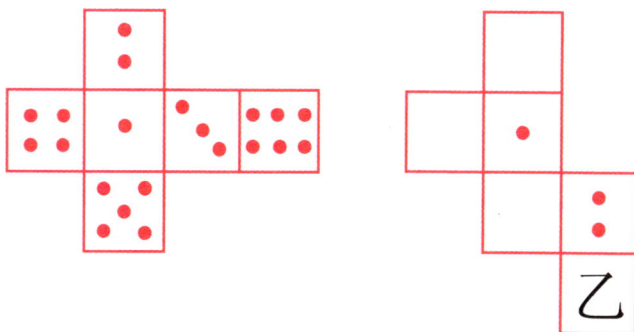

问题 123

2010 年 1 月 2 日，孟翔和慕怡到饭店用餐庆祝新年。两人相对而坐，孟翔将一张白纸平铺在桌上，再以不同颜色的笔写了下图的"20100102"。请问：整个图案到底有什么特别的意义？

孟翔

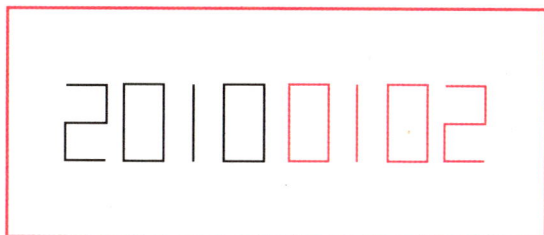

慕怡

问题 124 解答

　　如下图，将第二种展开图的其中两面的位置调动一下，再与第一种展开图对照，即可推知"乙"处是 6 点。

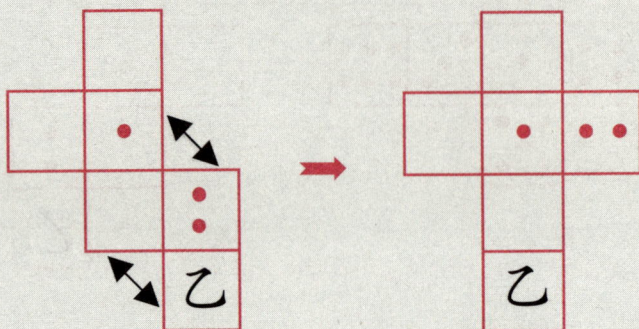

问题 123 解答

　　孟翔或慕怡从各自的位置看这个图案，都是看到了 2010 年 1 月 2 日当天的年份、月份与日期，也就是"20100102"。

慕怡

孟翔

问题 124

小丸子画了一个正五边形，并连出它的五条对角线（如下图）。她发现此图中的每一个三角形都是等腰三角形。请问：图中总共有多少个等腰三角形？

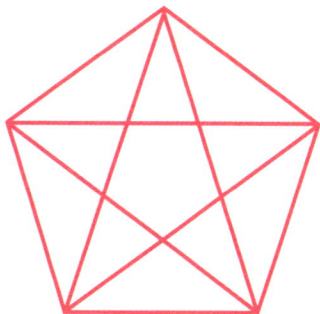

问题 125

小丸子的爸爸在桌上排了 10 个铜板（如下图）。请问：最少移动几个铜板，可以使三角形完全颠倒过来？

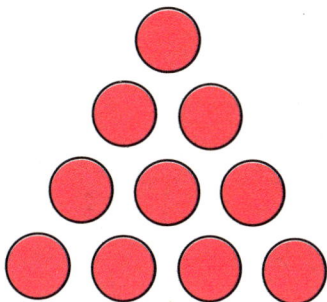

问题 124 解答

以下分别统计各种等腰三角形的个数：

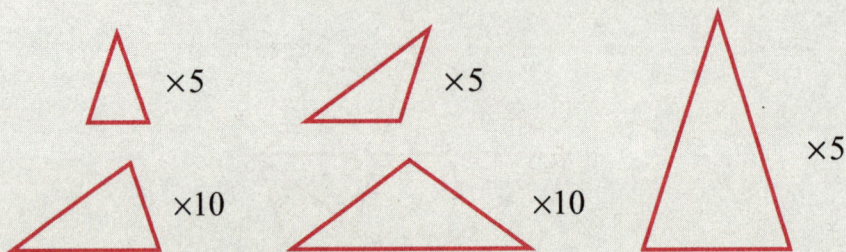

×5　　×5　　×5

×10　　×10

5+5+5+10+10=35，所以总共有 35 个等腰三角形。

问题 125 解答

如下图，只要移动 3 个就可使三角形完全颠倒过来。

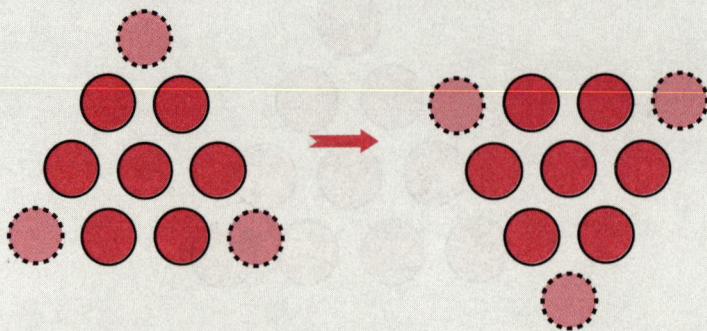

问题 126

如图，小玉将三张皆分割成 8×8=64 个相同小正方格的正方形纸张，部分重叠放置在桌上，三张纸张的上边皆彼此平行，且叠放于上面的纸张，其左上角顶点恰落于其下方纸张的小正方格中心。如果每个小正方格的面积皆为 4 平方单位，那么三张纸覆盖桌面的总面积是多少平方单位？

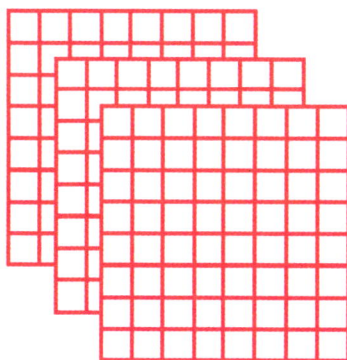

问题 127

如图，小玉将一个长为 9、宽为 1 的长方形 *ABCD* 分成九个正方形，并连出对角线。请问：图形中五个阴影区域的面积和是多少？

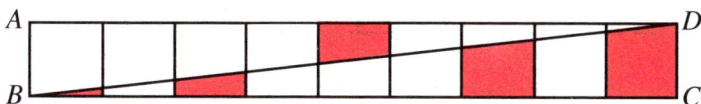

问题 126 解答

下图面积为 4×15+3×1+2×12=87（平方单位），

87×2+4×64=174+256=430，

所以三张纸覆盖桌面的总面积是 430 平方单位。

问题 127 解答

五个阴影区域的面积和等于下图（1）的五个阴影区域的面积和；

下图（1）的五个阴影区域的面积和等于下图（2）的五个阴影区域的面积和的一半；

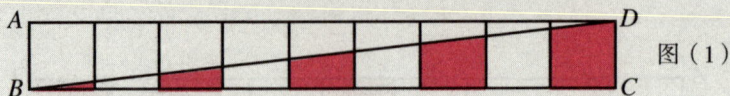

图（1）

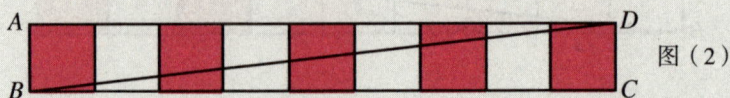

图（2）

所以五个阴影区域的面积和 $=9 \times 1 \times \frac{5}{9} \times \frac{1}{2} = \frac{5}{2}$（平方单位）。

问题 128

如图，*ABCD* 为平行四边形，若 *AD*=8 厘米，且 *AD* 为图中半圆的直径，猪太郎将其中两个区域的内部涂上颜色。请问：这两个内部涂色的区域面积和为多少平方厘米？

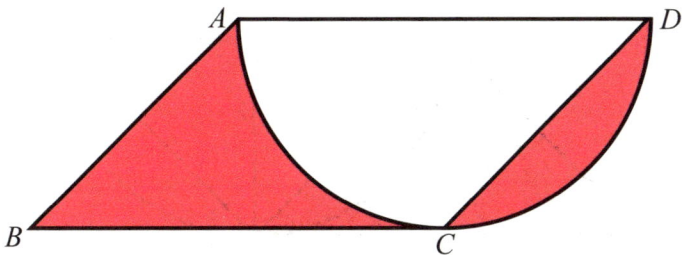

问题 129

如图，小杉将一个长方形的每个边长都三等分，并连出五条斜线段，若其中最长的一条长 12 厘米，则这五条斜线段的长度和是多少？

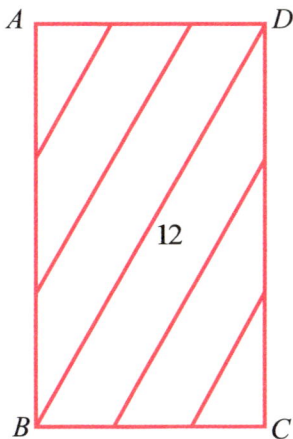

问题 128 解答

　　如下图，将右边涂色的弓形区域割补至左边，则内部涂色的两个区域成为一个底边为 8 厘米、高为 4 厘米的三角形。

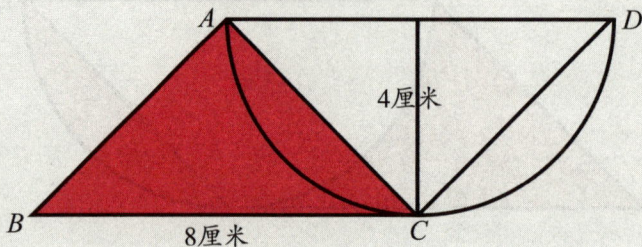

　　$\frac{1}{2} \times 8 \times 4 = 16$，所以内部涂色的两个区域面积和为 16 平方厘米。

问题 129 解答

　　如下图，可将左上部的两条斜线段向右平移至右上部，则五条斜线段恰可重组成三条最长的斜线段。

　　$12 \times 3 = 36$，所以这五条斜线段的长度和为 36 厘米。

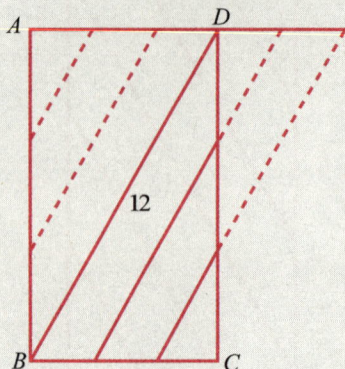

问题 130

　　小玉的爸爸要小玉将下图沿着格线切割为四块全等的图形，小玉非常聪明，才一会儿的工夫就完成了。请你也试看看吧！

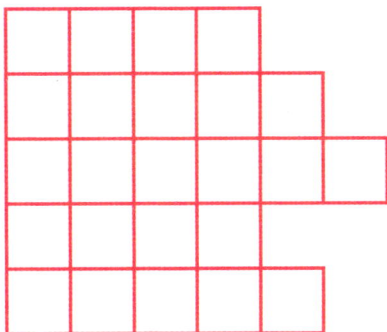

问题 131

　　小玉的爸爸要小玉将下图分割成三块，再重新组合成一个正方形。小玉非常聪明，才一会儿的工夫就完成了。请你也试看看吧。

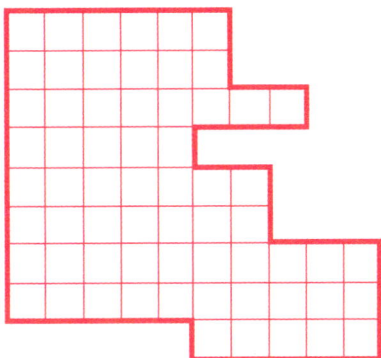

问题 130 解答

如下图的切割方式即可：

问题 131 解答

以下都是可行的分割方式：

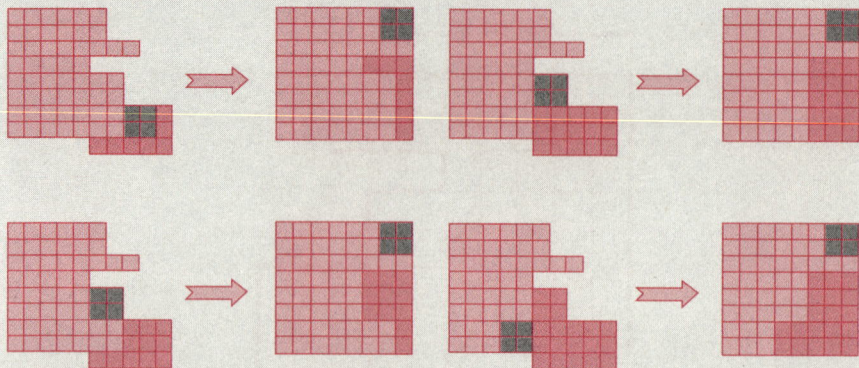

问题 132

史考兵秘密仓库的地板恰好是一块正方形，而且是由一些完全相同的小正方形瓷砖拼铺而成的。这块地板的两条对角线上所铺的瓷砖都是黑色的，而其他的地方所铺的瓷砖则是白色的。假设此块地板上共铺有 101 片黑色的瓷砖。请问：白色的瓷砖共有多少片？

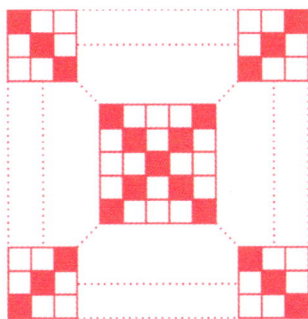

问题 133

花轮利用绘图软件在计算机上画了以下四个图案。请问：哪一个与另三者不同？

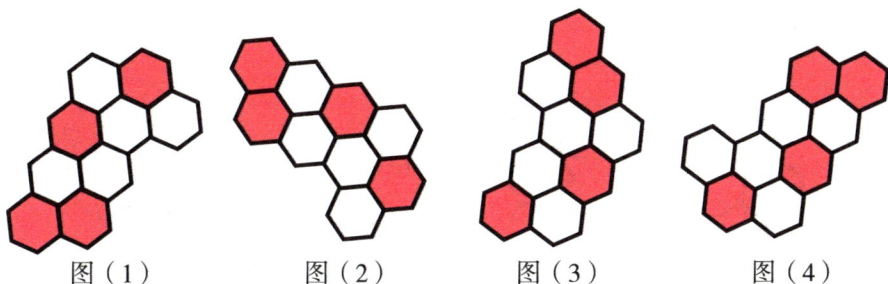

图（1）　　　　图（2）　　　　图（3）　　　　图（4）

问题 132 解答

因为共有101片黑色的瓷砖，且只有两条主对角线上铺有黑色的瓷砖，所以一条主对角线上铺有黑色的瓷砖数为（101+1）÷2=51，

正方形的地板上共有瓷砖数为 51×51=2601，

2601−101=2500，所以白色的瓷砖共有 2500 片。

问题 133 解答

图（1），图（2），图（4）均可通过平面旋转，使图案完全重合，但图（3）无法以相同要求达到与前三者一致，所以图（3）与另三者不同。

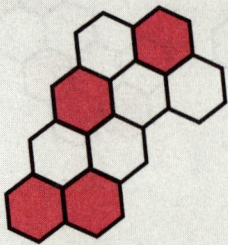　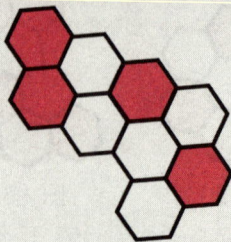　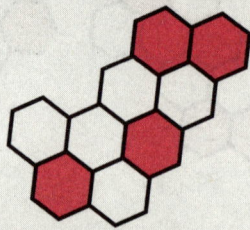

图（1）　　　　　　图（2）　　　　　　图（4）

问题 134

有一张正方形棋盘纸，被长山剪开成两张后，再拼成如下的图形。请以较粗的线画出被剪开的两张棋盘纸。

问题 135

阿笠博士要"少年侦探队"观察下图中图形的变化规律，并画出"？"中的图形。你知道"？"中的图形是什么吗？

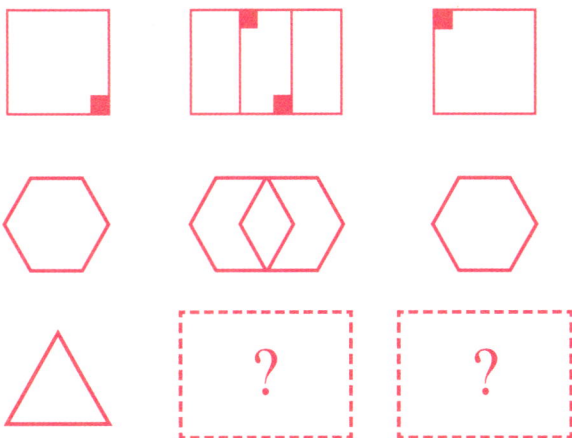

问题 134 解答

　　如下左图示，将棋盘纸剪开成两张，将其中右侧的一张顺时针旋转90度，再将被剪开的两张纸合并，即可拼出正方形的棋盘纸。

问题 135 解答

　　每一排三个图形当中的中间图形，是将左、右两个图形在其一半处拼合。而右边的图形是由左边图形以中心点旋转180度而成的，所以两个"？"的图形如下：

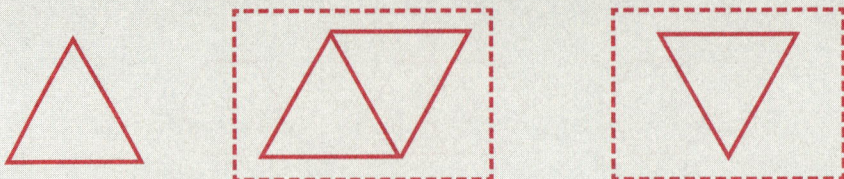

问题 136

阿笠博士在纸上画了以下的图形。请问：图上共有多少个正方形？

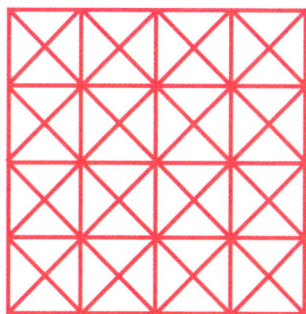

问题 137

野口问丸尾："你捕了多少条鱼？"丸尾回答："6 条无头的，9 条无尾的，又 8 条一半的。"请问：丸尾到底捕到了多少条鱼呢？

问题 136 解答

（一）先考虑由水平线段与垂直线段形成的正方形数（如右图）：

（1）边长为1单位的正方形个数：4×4=16（个）；

（2）边长为2单位的正方形个数：3×3=9（个）；

（3）边长为3单位的正方形个数：2×2=4（个）；

（4）边长为4单位的正方形个数：1个。

以上共有16+9+4+1=30个正方形。

（二）再考虑由斜线段形成的正方形数（如右图）：

将此图与前图对照，即可推知此图的正方形数比前图多了3×4=12（个）。

30+30+12=72，所以共有72个正方形。

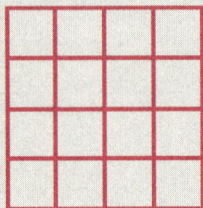

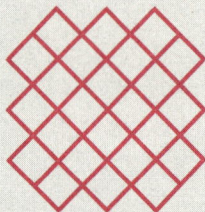

问题 137 解答

此题必须用图形方法，才能理解九尾的回答。如下图，"6"去头、"9"去尾、"8"的一半，都是"0"，所以九尾捕了0条鱼。

问题 138

下图是阿德用 64 块大小相同的小正方体积木（木头原色）拼成的大正方体，若将大正方体的六个面均涂上红色油漆，等油漆干后再将所有小正方体积木拆开，请问：

（1）六个面都未涂到红漆的小积木有多少块？

（2）仅一个面涂上红漆的小积木有多少块？

（3）仅两个面涂上红漆的小积木有多少块？

（4）有三个面涂上红漆的小积木有多少块？

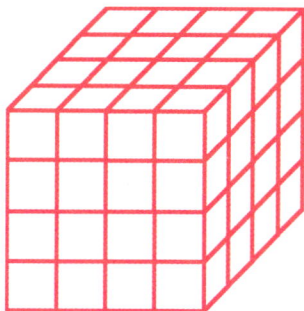

问题 139

如下图，小玉的爸爸拍了一座 7 层古老建筑物的照片，已知每一层的底面皆为正方形，你可以画出这座建筑物由上向下的鸟瞰图吗？

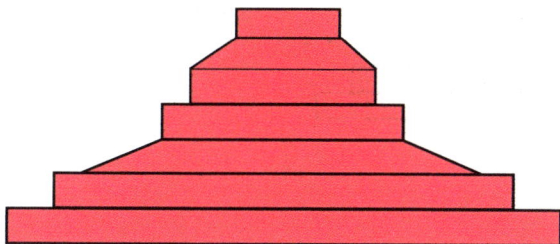

问题 138 解答

（1）（4-2）×（4-2）×（4-2）=2×2×2=8，所以六个面都未涂到红漆的小积木有 8 块。

（2）4×6=24，所以仅一个面涂上红漆的小积木有 24 块。

（3）2×12=24，所以仅两个面涂上红漆的小积木有 24 块。

（4）1×8=8，所以有三个面涂上红漆的小积木有 8 块。

问题 139 解答

如下图

 鸟瞰图

问题 140

如下图，灰原在圆中画了 5 个等半径的小圆，并将其中一个区域内部涂上颜色，请比较涂颜色区域面积与一个小圆面积的大小。

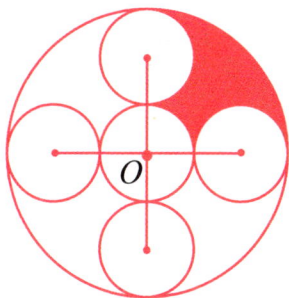

问题 141

"少年侦探队"在犯罪现场的墙上发现如下图案，如果每个小三角形都是正三角形，那么下图中共有多少个正三角形？

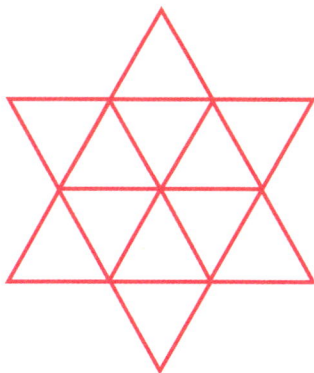

问题140 解答

如果将五个小圆的半径都当成1，

那么每个小圆的面积为 = π×1×1=π（平方单位）。

而大圆的半径是3，所以大圆的面积 = π×3×3=9×π（平方单位）。

因为涂颜色区域面积 =（大圆面积 −5 个小圆面积和）÷4

涂颜色区域面积 =（9×π−5×π）÷4=π（平方单位），

所以涂颜色区域面积与一个小圆面积相等。

问题141 解答

（1）边长为1单位长的正三角形共有12个。

（2）边长为2单位长的正三角形共有6个。

（3）边长为3单位长的正三角形共有2个。

所以图中共有 12+6+2=20 个正三角形。

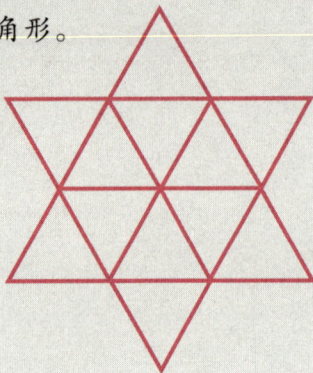

问题 142

柯南拿了如下的图形问小兰，请她数一数图上共有多少个正方形，但小兰一再数错！到底总共是有多少个正方形呢？

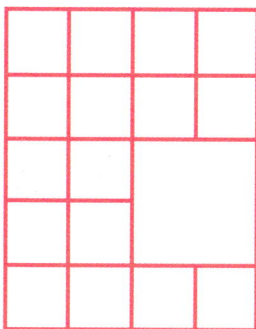

问题 143

下图是美环吃完冰激凌后留下的纸盒，请画出这个纸盒的平面展开图（没有盒盖，但灰色部分为圆形盒底）。

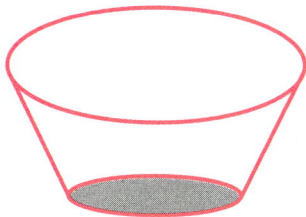

问题 142 解答

（1）边长为 1 单位的正方形有 16 个。

（2）边长为 2 单位的正方形有 7 个。

（3）边长为 3 单位的正方形有 2 个。

（4）边长为 4 单位的正方形有 2 个。

16＋7＋2＋2＝27，所以共有 27 个正方形。

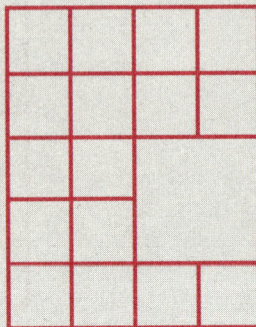

问题 143 解答

从整个实体来看，纸盒如同从一个圆锥体上被割除的一部分，由此可推知纸盒曲面展开图为割除部分扇形的一个扇面。所以整个纸盒的平面展开图应该包括一个扇面与一个圆形。

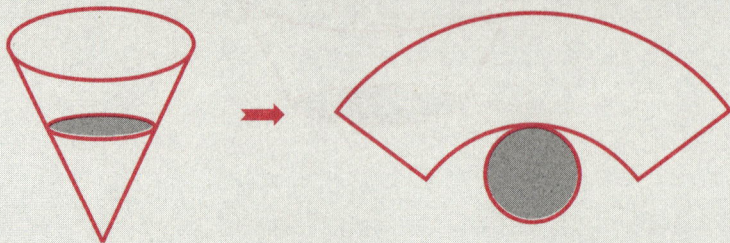

问题 144

　　小丸子的妈妈有一个圆柱体饼干盒，内部直径为 30 厘米、高 3.2 厘米，现在想将直径为 10 厘米、高为 3 厘米的圆形月饼装入这个饼干盒内。请问：最多可装多少个月饼？

问题 145

　　如图，有一间小型会议室共有 4×4=16 个座位。小兰进入会议室时，发现无论选择哪一个座位，她至少会与一个人相邻而坐（包含前、后、左、右的相邻座位）。请问：小兰未入座时，至少已经有多少人就座？

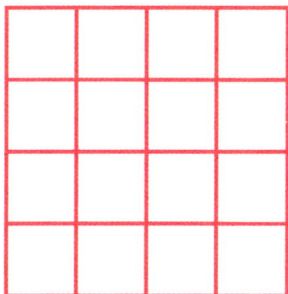

如下图，三个两两外切的月饼，将其三个圆心相连，恰可形成一个正三角形。

一个正三角形的内角为 60°，6 个 60° 等于圆周角 360°，所以用 6 个月饼恰可围住 1 个月饼，故最多可装入 7 个月饼。

如下图，至少已经有 4 个人就座。

问题 146

如下图，有一间会议室共有 5 × 5=25 个座位。小兰进入会议室时，发现无论选择哪一个座位，她至少会与一个人相邻而坐（包含前、后、左、右的相邻座位）。请问：小兰未入座时，至少已经有多少人就座？

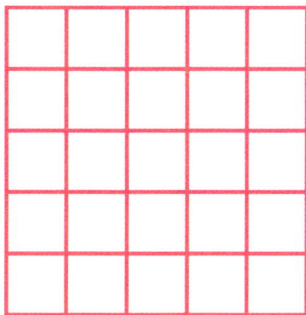

问题 147

一张正方形白纸上恰好画满排列整齐的 10 × 10=100 个圆圈（内部视为白色），现在丸尾要将某些圆的内部涂满黑色，使纸张分割成四张全等小正方形纸后，每张纸上 5 × 5=25 个圆圈的任何相邻两个（包含任何上、下两个或左、右两个）圆圈皆不同色。请问：内部必须涂上黑色的圆圈至少有多少个？

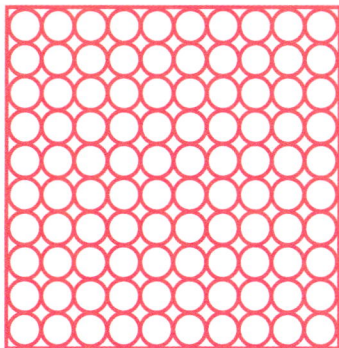

问题 146 解答

如下图，至少已经有 7 个人就座。

问题 147 解答

如下右图，内部必须涂上黑色的圆圈至少有 12×4＝48 个，"先割再涂"就不会弄错了。

50个是错误的涂法   48个是正确的涂法

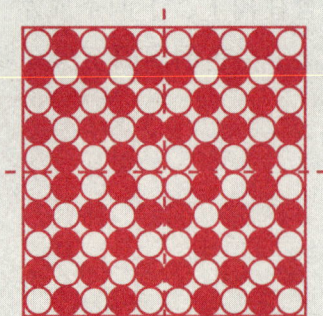

问题 148

下面图（1）、图（2）是园子用 27 个边长是 1 厘米的立方体拼成的。请问：两者的表面积相差多少平方厘米？

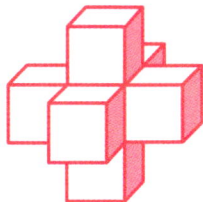

图（1）

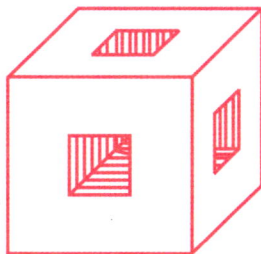

图（2）

问题 149

皓子买了 19 块边长都是 3 厘米的立方体积木，然后拼成如下图所示的立体图形。请问：这个立体图形的表面积是多少平方厘米？

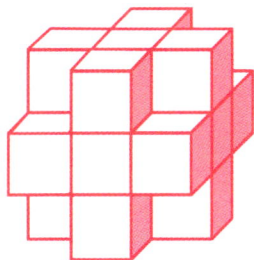

问题 148 解答

　　若将图（1）与图（2）结合为边长 3 厘米的实心立方体，则图（1）与图（2）相接的面都不予考虑，即可推知未相接的面，其面积相差（1×1）×（8–1）×6=42 平方厘米。

问题 149 解答

　　如下图所示，皓子拼成的立体图形与边长 9 厘米的立方体，两者的表面积相同。9×9×6=486，所以这个立体图形的表面积是 486 平方厘米。

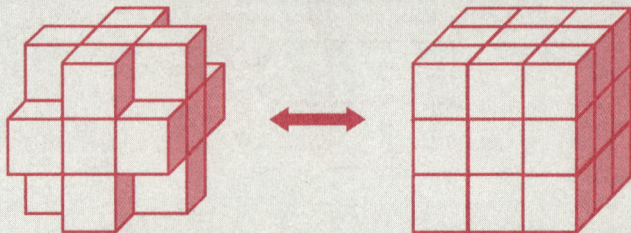

问题 150

小丸子将桌上的六个圆形磁铁排成两列（如图），如果以这六个磁铁的其中三个当作顶点，那么共可连出多少个三角形？

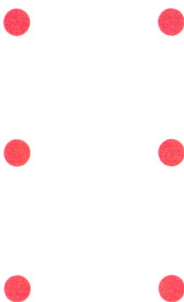

问题 151

小丸子拿着一支笔，从纸上的一点开始不断地画线，画了好一段时间，终于画回原来出发的点，而且产生了一个可区分内、外区域的图形（如下图）。请问：P、Q 两点分别位于这个图形的内部还是外部？

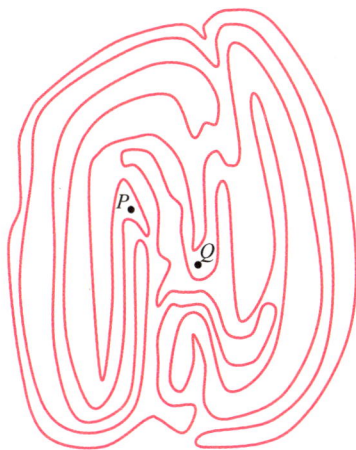

💡 问题 150 解答

　　以这六个磁铁的其中三个当作顶点，共可连出以下 18 个三角形。

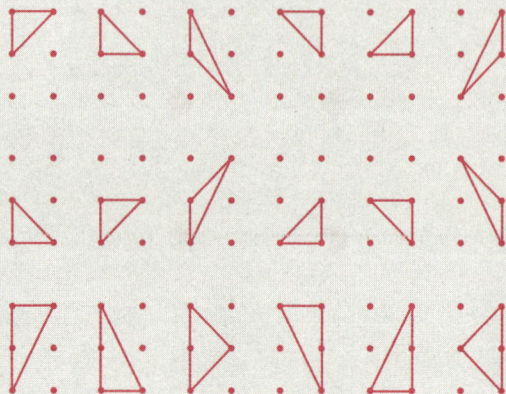

💡 问题 151 解答

　　连 PP' 与 QQ'，可观察得 PP' 与曲线的交点数为 6，故 P 点位于图形外部（与 P' 点相同）；另观察得 QQ' 与曲线的交点数为 7，故 Q 点位于图形内部（与 Q' 点不同）。

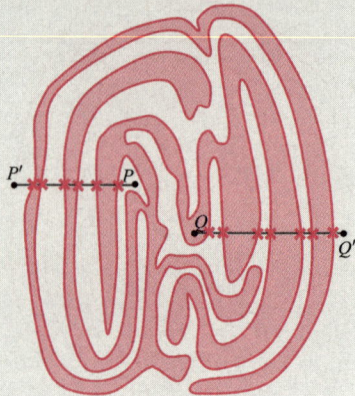

问题 152

元太利用刻度尺画了三个正方形（如下图）。请问：内部涂色的两个小正方形面积和是大正方形面积的几分之几？

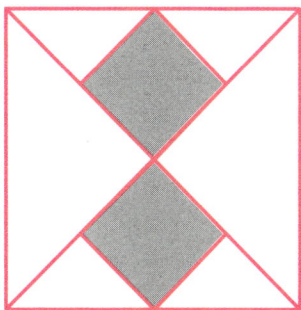

问题 153

以下图形是阿笠博士用 40 根火柴棒排列而成的。请问：移去最少多少根火柴棒，能使全部的正方形消失？

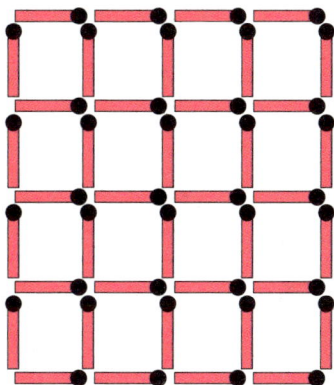

问题 152 解答

如右图，大正方形可被等分成 16 个相同大小的等腰直角三角形，而内部涂色的两个小正方形共被等分成 4 个相同大小的等腰直角三角形，所以内部涂色的两个小正方形面积和是大正方形面积的 $\frac{4}{16}$（即 $\frac{1}{4}$）。

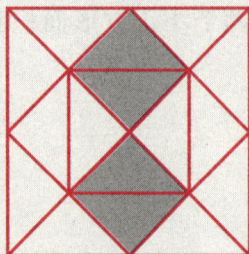

问题 153 解答

图（1）移去 10 根火柴棒的方式，虽然很讲究"对仗"，但我们应试图从"最佳组合"的"以寡击众"观点，也就是移去一根火柴棒，可摧毁更多不同大小的正方形，找出移去最少根火柴棒的答案。

图（1）中共有 16 个 1×1 的正方形，如果为了让所有 1×1 的正方形全部消失，移去了内部的 8 根火柴棒（当然也可移去最外层的其他火柴棒），则必须再移去最外层的一根火柴棒，以摧毁 4×4 的正方形。因此推知移去的火柴棒数至少为 9 根。

图（2）即移去 9 根火柴棒数的"最佳组合"，全部正方形都消失了。

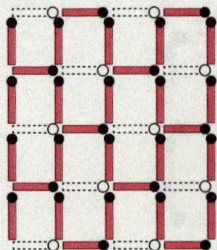

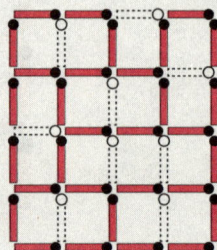

图（1）   图（2）

问题 154

你想加入"少年侦探队"吗？柯南说先答对本题再说吧！请问空格内的正确图案是什么？

问题 155

阿笠博士说以下表格内的三种图案是依照某种规律呈现的。请问："？"内应该出现哪一种图案？

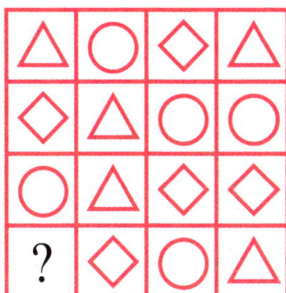

问题 154 解答

　　大正方形每次皆以其中心逆时针转 90 度，但小方格内的图案未改变形态，所以空格内的正确图案如下。

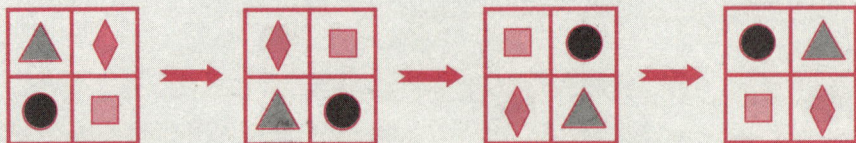

问题 155 解答

　　图案发展是由第二行第二个方格开始，以顺时针的螺旋方向，依"△""○""◇"的次序，重复呈现图案。所以左下角方格内的图案为"△"。

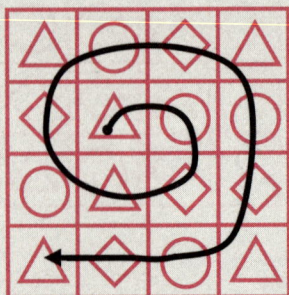

问题 156

下图是元太使用 35 根等长火柴棒拼成的螺旋形，且由内而外是顺时针的旋转方向。请移动最少的火柴棒，使螺旋形的旋转方向改成逆时针。

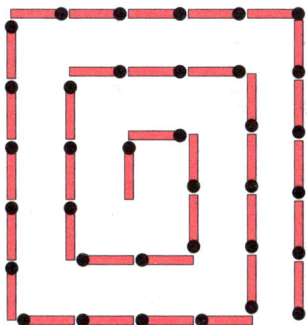

问题 157

下图是园子使用 36 根等长火柴棒拼成的，而且图中共有 8 个正方形。请移动最少的火柴棒，在保证最外围是完整的正方形的基础上，实现以下目标：

（1）使图中恰有 3 个正方形，且大小都不相同；

（2）使图中恰有 4 个正方形，且大小都不相同；

（3）使图中恰有 5 个正方形，且大小都不相同。

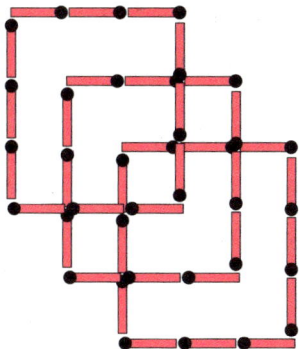

问题 156 解答

如下图，只要移动 4 根火柴棒，就可使螺旋形的旋转方向改成逆时针。

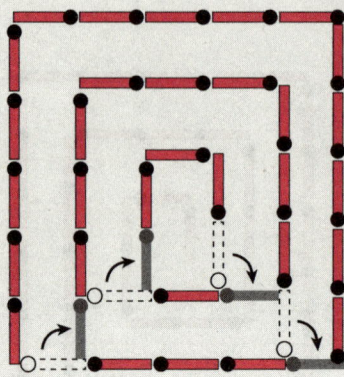

问题 157 解答

（1）如下两个图，最少移动 8 根火柴棒，使图中恰有 3 个大小都不相同的正方形。

（2）如下图，最少移动 8 根火柴棒，使图中恰有 4 个大小都不相同的正方形。

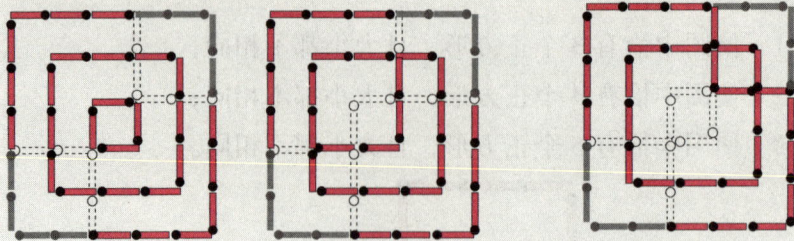

（3）如右图，最少移动 14 根火柴棒，使图中恰有 5 个大小都不相同的正方形。

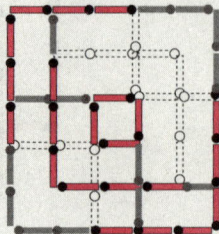

问题 **158**

如下图，丸尾将长方形 *ABCD* 分割成三个小长方形，若 *AB*=8，*AD*=10，则图中涂色区域的面积总和是多少平方单位？

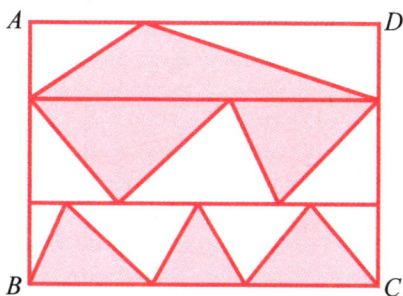

问题 **159**

下图（1）是一个正方体，其中 *M*、*N* 分别为 *BG*、*EH* 两条棱的中点。下图（2）是小玉未完成的正方体展开图，请在展开图上画出 *MC*、*CN*、*NF*、*FM* 四条线段。

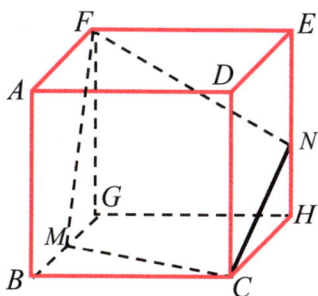

图（1）

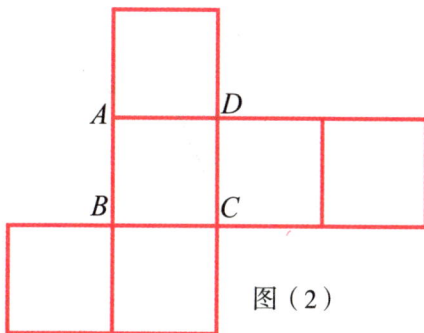

图（2）

问题 158 解答

如下图，从左至右的等面积置换，可推知涂色区域的面积总和是长方形 $ABCD$ 面积的一半。$8 \times 10 \div 2 = 40$，所以涂色区域的面积总和是 40 平方单位。

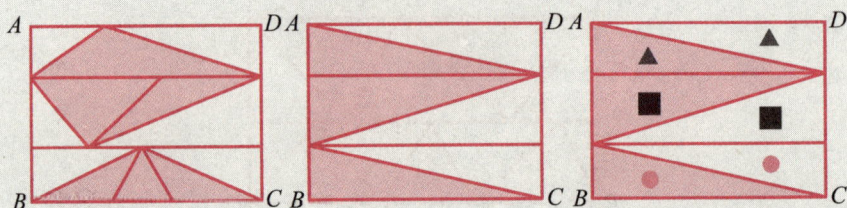

问题 159 解答

如下图，MC、CN、NF、FM 四条线段恰在同一直线上。

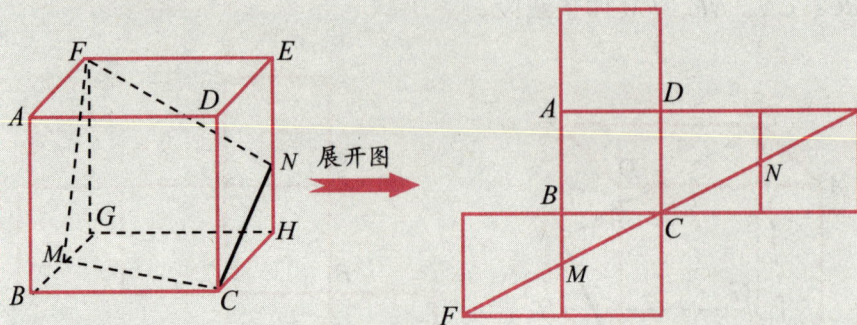

展开图

问题 160

猪太郎想从一张长 13 厘米、宽 8 厘米的长方形纸片中，剪出两张正方形纸张，下图是他折叠与裁剪的过程。请问：剪的两张正方形纸张的面积和是多少平方厘米？

13厘米

8厘米

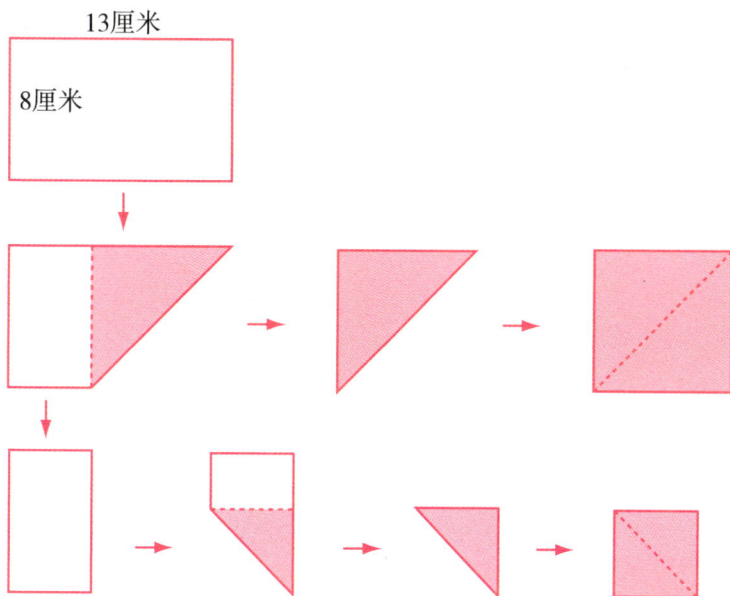

问题 161

光彦将三个体积都是 64 立方厘米的立方体，拼成为一个长方体。请问：它的表面积是多少？

问题 160 解答

（1）大正方形纸张的边长是 8 厘米，所以面积是：8 厘米 ×8 厘米 =64 平方厘米。

（2）小正方形纸张的边长是：13 厘米 −8 厘米 =5 厘米，所以面积是 5 厘米 ×5 厘米 =25 平方厘米。

64+25=89，所以两张正方形纸张的面积和是 89 平方厘米。

问题 161 解答

一个体积为 64 立方厘米的立方体，它的边长是 4 厘米，一个面的面积是 4×4=16（平方厘米）。

三个分散的立方体，原共有 6×3=18 个正方形面，但拼成一个长方体后，正方形面会减少 4 个。

所以长方体的表面积是（18−4）×16=14×16=224（平方厘米）。

问题 162

下图是长山使用边长为 1 厘米的立方体拼成的立体图形。请问：这个图形的总表面积为多少平方厘米？

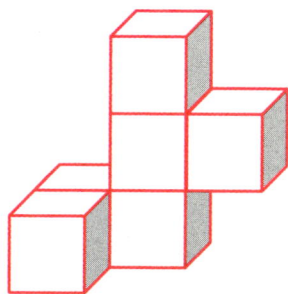

问题 163

滨崎养了 7 只可爱的小白兔，现在他想替每只小白兔规划一个舒适的活动场所，请用粗黑线将下图分割成 7 个形状与大小都相同的活动场所。

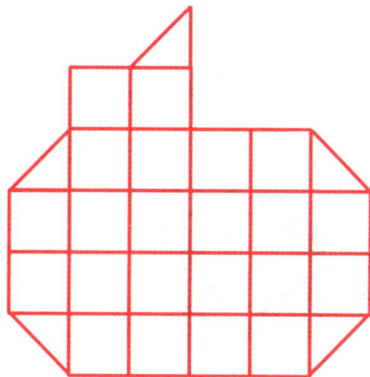

问题 **162** 解答

下图中共有 6 个边长为 1 厘米的立方体，如果这 6 个立方体都是独立分开的，则总表面积为 $1 \times 1 \times 6 \times 6 = 36$（平方厘米）。

拼接后消失的表面积有 $1 \times 1 \times (2+2+2+2+2) = 10$（平方厘米）。

$36-10=26$，所以这个图形的总表面积为 26 平方厘米。

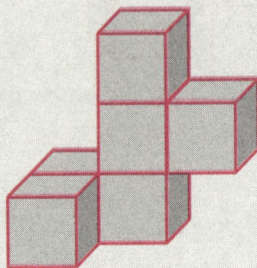

问题 **163** 解答

分割方案如图所示，共有 7 个形状与大小都相同的场所。

问题 164

如图，阿笠博士要大家连连看：A 连 A，B 连 B，C 连 C，D 连 D……路线不交叉，同一路口不能有两条路线通过，任一路线不能画出边界，也不可穿越红色区域。你连得出来吗？

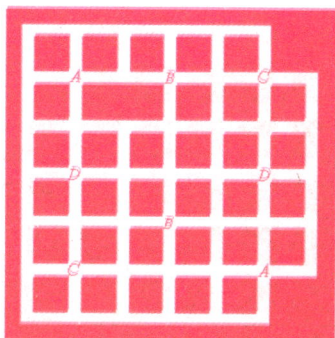

问题 165

下图是滨崎使用 6 根、6 根、4 根等长的火柴棒拼成的等腰三角形，请移动其中的 5 根火柴棒，使火柴棒围出的总面积减小为原等腰三角形面积的一半。

问题 164 解答

下图为一可行的连接路线。

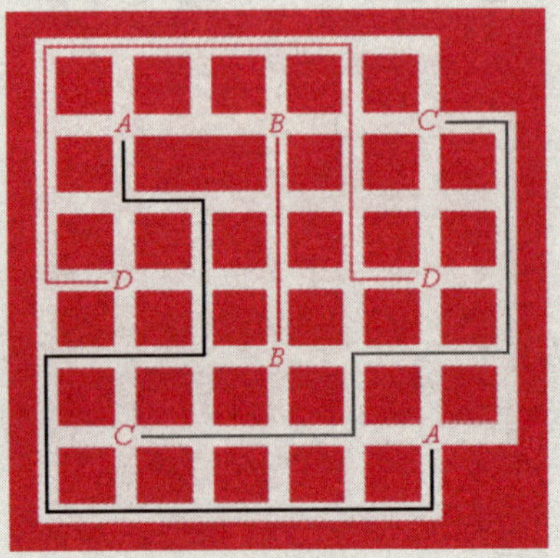

问题 165 解答

如下图，每个等腰三角形的面积都是原等腰三角形面积的四分之一，所以两个等腰三角形的总面积为原等腰三角形面积的一半。

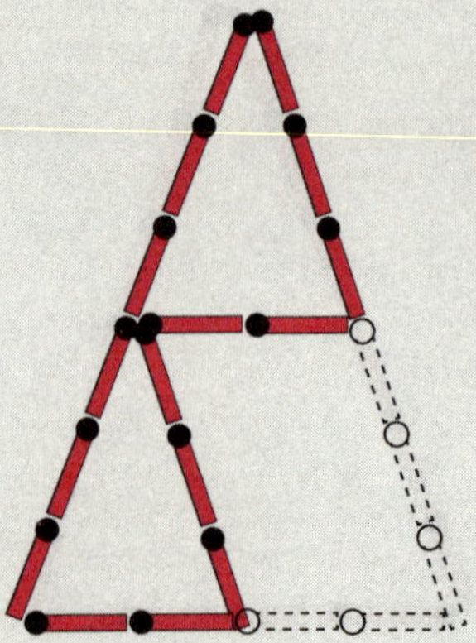

问题 166

如图，共有 2 张长方形白纸与 8 张正方形白纸，柯南使用这十张纸在不重叠、不切割的情况下，拼合成一个内部完全密合的长方形，你知道他是怎么拼合的吗？

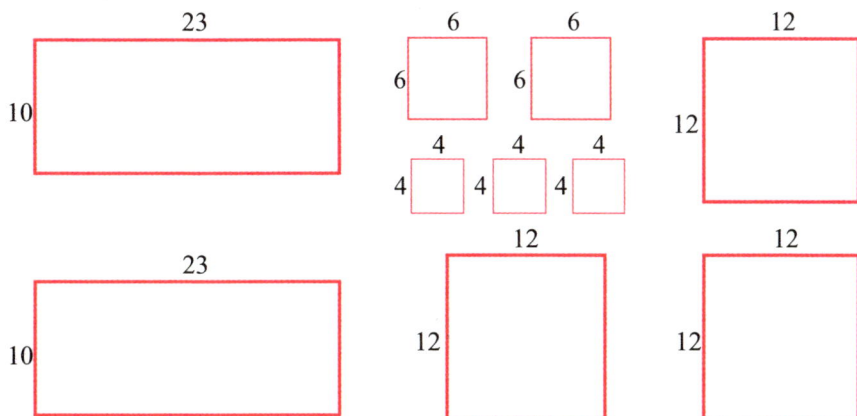

问题 167

丸尾拿了一把美工刀，在一张长方形纸张上切了直线的一刀，然后割下了一个三角形。请问：剩下的纸张还有几个角？

问题 166 解答

柯南的拼法如下图所示：

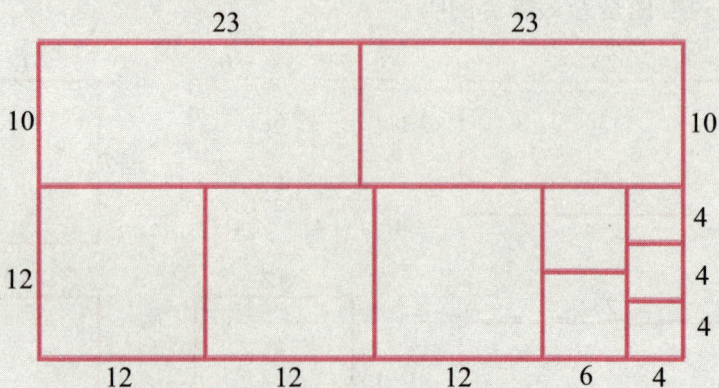

问题 167 解答

如下图所示三种情况，割下一个三角形后，剩下的纸张可能有 3 个角、4 个角或 5 个角。

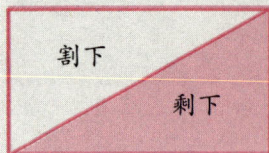

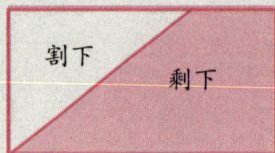

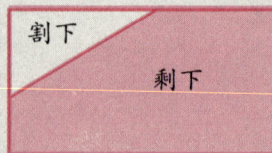

问题 168

小丸子的爷爷保留着数千个相同的旧硬币。如果她依照以下方式一个图接一个图排下去，那么第十个图形上共有多少个旧硬币？

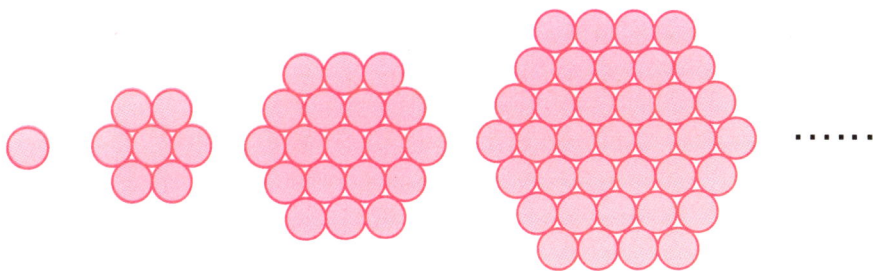

问题 169

如下图，小丸子就读的学校最近举办校庆活动，六年级所有学生排出正五边形的队形，由内而外共排了 6 圈，且学生人数刚好排完。已知最内圈每边 3 人，往外每圈每边增加 2 人（即由内向外算起第 2 圈每边 5 人，第 3 圈每边 7 人，依此类推）。请问：此队形的学生共有多少人？

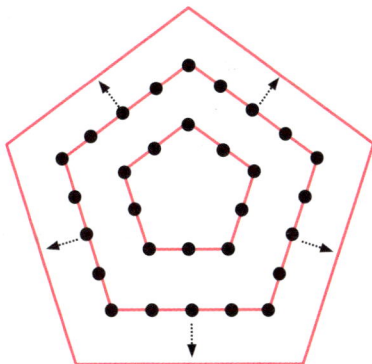

173

问题 168 解答

　　从第二个图起，若每个图外围多一层硬币，则这层的硬币数比前一层的硬币数多 6 个，所以第十个图形正中央的一个硬币被九层硬币层层围绕。

1+6+12+18+24+30+36+42+48+54

=1+6×（1+2+3+4+5+6+7+8+9）=1+6×45=1+270=271，

所以第十个图形共有 271 个旧硬币。

问题 169 解答

　　由下图（1）可知第 1 圈的学生共有 2×5=10（人），

　　由下图（2）可知第 2 圈的学生共有 4×5=20（人），

　　因此第 3、第 4、第 5、第 6 圈的学生分别有 30 人、40 人、50 人、60 人，

　　故此队形的学生共有 10+20+30+40+50+60=210（人）。

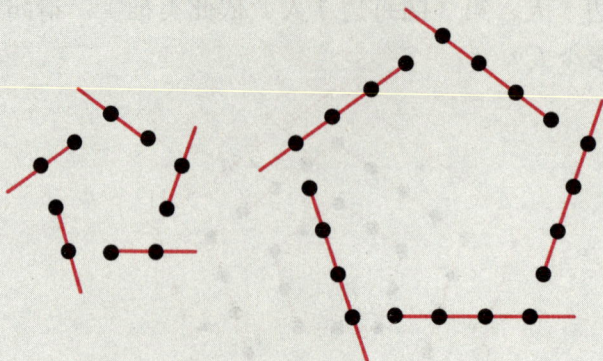

图（1）　　　　　　图（2）

问题 170

　　佐佐木爷爷将一个木制立方体各边的中点连结起来，形成了三角锥体的边，再将所有三角锥体都锯去（下图中只显示了锯去其中一个三角锥体的情形，其他的请你展开想象）。请问：

　　（1）所形成的立体图形共有多少个面？

　　（2）所形成的立体图形共有多少条边？

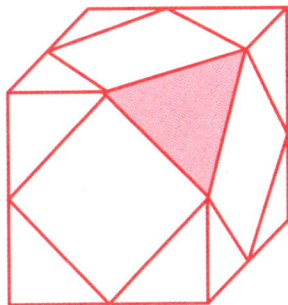

问题 171

　　图（a）是由白色纸板拼成的立体图形，小丸子将此立体图形中的两面涂上颜色，如图（b）所示。请问：下列图（1）~（4）中，哪一个是图（b）的展开图？

图（a）　　　　图（b）

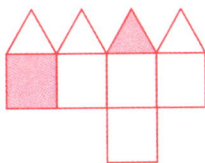
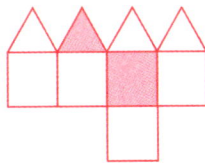
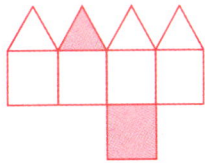

图（1）　　　　图（2）　　　　图（3）　　　　图（4）

问题 170 解答

（1）如下图，有6个正方形面与8个正三角形面，6+8=14，所以形成的立体图形共有14个面。

（2）如下图，4×6=24（或3×8=24）。

所以形成的立体图形共有24条边。

问题 171 解答

立体图形中，涂上颜色的三角形在涂上颜色的长方形右侧，所以图（1）是图（b）的展开图。

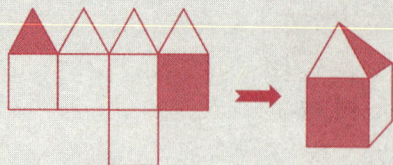

图（1）

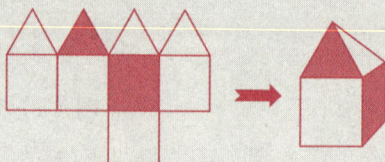

图（3）

问题 172

　　佐佐木爷爷年纪大了，决定将两块面积相同的正方形土地分给 4 个儿子。有一块土地上种了 72 棵梨树，另一块土地上种了 76 棵蜜桃树。为了公平起见，每个儿子在每一块土地上分配到的果树数量与土地面积、形状都要相同，请画出每人分到的土地。

4	8	5	1
2	3	4	7
9	5	2	6
3	4	6	3

7	3	1	7
5	6	6	2
4	6	5	8
3	4	1	8

问题 172 解答

由 72÷4=18 得知，每个儿子可分到 18 棵梨树；由 76÷4=19 得知，每个儿子可分到 19 棵蜜桃树。故分割土地成相同大小、形状的方式如下图。

4	8	5	1
2	3	4	7
9	5	2	6
3	4	6	3

7	3	1	7
5	6	6	2
4	6	5	8
3	4	1	8

奇妙的数学思维游戏书

Ⅲ

许建铭　著

浙江人民出版社

图书在版编目（CIP）数据

奇妙的数学思维游戏书. Ⅲ / 许建铭著. —杭州：
浙江人民出版社，2021.6
ISBN 978-7-213-09859-8

Ⅰ.①奇… Ⅱ.①许… Ⅲ.①数学课—中小学—教
学参考资料 Ⅳ.① G634.603

中国版本图书馆 CIP 数据核字（2020）第 188388 号

浙江省版权局
著作权合同登记章
图字：11–2019–383 号

奇妙的数学思维游戏书

许建铭 著

出版发行：浙江人民出版社（杭州市体育场路347号 邮编 310006）
市场部电话：（0571）85061682 85176516
责任编辑：王 燕
营销编辑：陈雯怡 赵 娜 陈芊如
责任校对：朱 妍 戴文英
责任印务：刘彭年
封面设计：Amber Design 琥珀视觉
电脑制版：北京弘文励志文化传播有限公司
印 刷：杭州丰源印刷有限公司
开 本：710毫米×1000毫米 1/16 印 张：37
字 数：410千字
版 次：2021年6月第1版 印 次：2021年6月第1次印刷
书 号：ISBN 978-7-213-09859-8
定 价：136.00元（全三册）

如发现印装质量问题，影响阅读，请与市场部联系调换。

舞数擂台

回想我的中学时代，有个老师曾对班上的同学说："可以解决别人解不出来的问题，固然不简单。但创造别人解不出来的问题，更不简单。"从教育本身来看，后面这一句还需推敲。我一直认为，能让大众"情不自禁"地动脑解决问题才是真正的不简单。这些以独特的教育方式引人思考并给人启迪的人，是促进人类文明持续发展进步的重要力量。

当前，九年义务教育的目标，重在激发学生们的主动探索及研究精神，并培养他们独立思考与解决问题的能力。那么，数学教学的目标就该致力于让学生们理解数学的知识概念，善于基础运算，探索以推论的方法解决数学问题，并引导他们将数学方法运用于日常生活中，增强他们对数学及其相关学科的兴趣。

对孩子来说，中小学阶段正是他们学习、成长和智力发展的黄金期。在这一时期，如果给予孩子们正确的学习材料和妥切的教育激励，那么就会使他们头脑更清晰，反应更灵活，并有助于他们探索精神与应变能力的形成与提高。

本书内容分成两个部分：第一部分为"打通推算思路"，主要帮助学生及早确立对生活中一些基础推算的认知；第二部分为"启发图形知觉"，主要帮助学生增强对图形与空间的观察敏锐度。《怎样解题》的作者 G. 波利亚对数学学习有如下看法："很多人说学习应该是主动的，不该是被动接受的。如果在读书、听演讲或看图片时没有加上发自内心的思考，那么绝不可能学到任何事物，至少不可能学太多。"

本书中，每道题都不需高深的理论或固定的方法去解决，只需细致耐心、多动脑、勤动手就可解决。在平时练习中，对孩子来说，最重要的不是答案对错和解题时间长短，而是用心体会整个解题过程，并从中收获解题心得和技巧。

当前，孩子面临课业负担重、升学竞争激烈等问题。学习方法不当会导致学习效果不佳、学习压力加大和学习兴趣减退等一系列问题。本书旨在提供一套全新的解题思维和方法，辅助学生拥有更为出色的推算能力和学业表现。

目 录

打通推算思路

问题1

小丸子玩跳格子游戏，每次只能向右跳 1 格或跳 2 格，且不能向左跳，请问：小丸子从现在的格子跳到标有"⊕"的格子，总共有多少种不同的跳法？

小丸子					⊕

问题2

阿笠博士要少年侦探队动脑筋，将 1、2、3、4、5、6、7、8 这八个数字全部填入以下四个算式的空格内，使所有的等式都成立。请你也试一试吧！

$$\square \div \square = 3$$

$$\square - \square = 5$$

$$\square \times \square = 7$$

$$\square + \square = 9$$

问题1解答

假定小丸子从1号格子跳到6号格子，则有以下的不同跳法：

1	2	3	4	5	6

(1) $1 \xrightarrow{+1} 2 \xrightarrow{+1} 3 \xrightarrow{+1} 4 \xrightarrow{+1} 5 \xrightarrow{+1} 6$

(2) $1 \xrightarrow{+1} 2 \xrightarrow{+1} 3 \xrightarrow{+1} 4 \xrightarrow{+2} 6$

(3) $1 \xrightarrow{+1} 2 \xrightarrow{+1} 3 \xrightarrow{+2} 5 \xrightarrow{+1} 6$

(4) $1 \xrightarrow{+1} 2 \xrightarrow{+2} 4 \xrightarrow{+1} 5 \xrightarrow{+1} 6$

(5) $1 \xrightarrow{+2} 3 \xrightarrow{+1} 4 \xrightarrow{+1} 5 \xrightarrow{+1} 6$

(6) $1 \xrightarrow{+1} 2 \xrightarrow{+2} 4 \xrightarrow{+2} 6$

(7) $1 \xrightarrow{+2} 3 \xrightarrow{+1} 4 \xrightarrow{+2} 6$

(8) $1 \xrightarrow{+2} 3 \xrightarrow{+2} 5 \xrightarrow{+1} 6$

总共有8种不同的跳法。

问题2解答

如以下的方式填入8个数字即可：

$$\boxed{} \div \boxed{} = 3$$
$$\boxed{} - \boxed{} = 5$$
$$\boxed{1} \times \boxed{7} = 7$$
$$\boxed{} + \boxed{} = 9$$

➡

$$\boxed{6} \div \boxed{2} = 3$$
$$\boxed{} - \boxed{} = 5$$
$$\boxed{1} \times \boxed{7} = 7$$
$$\boxed{} + \boxed{} = 9$$

➡

$$\boxed{6} \div \boxed{2} = 3$$
$$\boxed{8} - \boxed{3} = 5$$
$$\boxed{1} \times \boxed{7} = 7$$
$$\boxed{} + \boxed{} = 9$$

➡

$$\boxed{6} \div \boxed{2} = 3$$
$$\boxed{8} - \boxed{3} = 5$$
$$\boxed{1} \times \boxed{7} = 7$$
$$\boxed{4} + \boxed{5} = 9$$

问题 3

花轮出了一道计算题："请计算（10-1）×（10-2）×（10-3）×…×（10-19）的值。"你知道答案是多少吗？

问题 4

（1）大雄拿着一个计算器，屏幕上出现2178。他要胖虎随口念一段咒语，然后再按"＝"键。没想到胖虎照做后，屏幕上的数字立刻由原来的2178变成了8712，胖虎抓住大雄，说："赶快教我！"

（2）大雄拿着一个计算器，屏幕上出现131313。他要小夫随口念一段咒语，然后再按"＝"键。没想到小夫照做后，屏幕上的数字立刻由原来的131313变成了313131，小夫吓得大叫："见鬼呀！"

请问：大雄是如何变出以上两个戏法的呢？

问题 3 解答

$$（10-1）× （10-2）× （10-3）×\cdots×（10-19）$$
$$=（10-1）× （10-2）×\cdots×（10-10）×\cdots×（10-19）$$
$$=（10-1）× （10-2）×\cdots×0×\cdots×（10-19）$$
$$=0$$

所以答案是0。

问题 4 解答

（1）大雄预先在计算器上键入"4"和"×"，再键入"2""1""7""8"，则此时计算器屏幕上只出现2178，等到胖虎按"="键后，则屏幕上将出现4×2178的结果，即8712。

（2）大雄预先在计算器上键入"1""8""1""8""1""8"和"+"，再键入"1""3""1""3""1""3"，则此时计算器屏幕上只出现131313，等到小夫按"="键后，则屏幕上将出现181818+131313的结果，即313131。

问题 5

小兰整理房间内的衣物时，发现衣橱内有白色、紫色、红色的手帕共 24 条，其中红色手帕数量比紫色手帕数量的 7 倍多，但比 8 倍少。请问：白色的手帕共有多少条？

问题 6

大雄有面值 1 元、8 元、11 元的邮票各一张，总面值为 20 元；小夫有面值 2 元、4 元、6 元、13 元的邮票各一张，总面值为 25 元；胖虎有面值 3 元、5 元、10 元、12 元的邮票各一张，总面值为 30 元。如果大雄给小夫 2 张邮票，小夫再给胖虎 2 张邮票，胖虎再给大雄 2 张邮票，那么大雄的邮票总面值为 30 元，小夫的邮票总面值为 20 元，胖虎的邮票总面值为 25 元。请问：现在三个人各有哪几种面值的邮票？

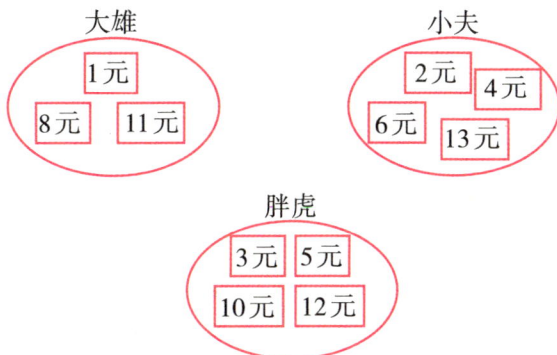

大雄

1元
8元　11元

小夫

2元
4元
6元　13元

胖虎

3元　5元
10元　12元

问题 5 解答

（1）如果紫色手帕的数量是1，依题意推知：红色手帕的数量要比7条多，且比8条少，则将无法找到适合的红色手帕数量。

（2）如果紫色手帕的数量是2，依题意推知：红色手帕的数量要比14条多，且比16条少，所以红色手帕数量为15。

24−2−15=7，所以有7条白色的手帕。

问题 6 解答

如下图示：

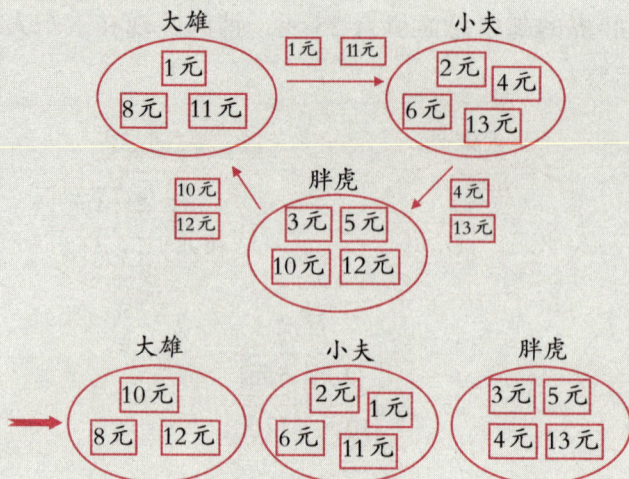

问题 7

灰原想将 300 个珠子分成 10 包，使每包的珠子数都只有数字 6。请问：她该怎么分呢？

问题 8

大雄用计算器计算"1+2+3+4+5+……"直到加完最后一个整数时，才想起有一个数他多加了一次。如果计算器上显示的错误总和为 1001，那么大雄多加了哪一个数？

问题 7 解答

66×4=264，6×6=36，264+36=300。每包 66 个珠子共 4 包，每包 6 个珠子共 6 包，则 10 包共有 300 个珠子。

问题 8 解答

1 加到 43，总和为（1+43）×43÷2=946；

1 加到 44，总和为（1+44）×44÷2=990；

1 加到 45，总和为（1+45）×45÷2=1035。

由以上可判定大雄是在计算"1+2+3+4+5+…+44"

1001−990=11，大雄多加了 11 这个数。

问题 9

　　小玉、花轮、丸尾、年子四个人的手表都有点不准。某日下午，四个人同时看了自己的手表，结果如下：小玉的表指着 12 点 57 分，花轮的表指着 1 点 6 分，丸尾的表指着 1 点 5 分，年子的表指着 12 点 59 分。他们随即通过电话查询正确时间，才知道四个人的手表与正确时间分别相差 2 分钟、3 分钟、4 分钟、6 分钟。请问：当时的正确时间是几点几分？

问题 10

　　猪太郎随手撕掉同月份的连续 9 张日历纸，后来发现这 9 张日历的月份数之和与日期数之和都是 99。请问：日期数最小的一张日历是几月几日？

问题 9 解答

由上图可判定 A 点时间应为当时的正确时间，所以当时的正确时间为 1 点 3 分。

问题 10 解答

$99 \div 9 = 11$，所以日历纸上的月份数是 11。

又 9 个连续日期数的第 5 个数是 11，即连续 9 张日历的日期数依序为：7、8、9、10、11、12、13、14、15，

所以日期数最小的一张日历是 11 月 7 日。

问题11

一辆公交车从甲站开出时，男乘客有 11 人，女乘客有 7 人；过了乙、丙站之后，男乘客有 7 人，女乘客有 11 人；又过了丁、戊、己站之后，男乘客有 8 人，女乘客有 8 人。请问：公交车从甲站开出至离开己站，至少有多少位乘客下车？

问题12

长山、野口被老师叫进办公室，老师一脸无奈地问两人："你们是不是说了谎？"此时藤木、丸尾、山田三人也恰巧进入办公室。

长山说："我真的没说谎！"

野口也说："我真的没说谎！"

藤木说："长山说谎！"

丸尾说："野口说谎！"

山田说："他们四个人都说谎！"

请问：长山、野口、藤木、丸尾、山田总共有几个人说谎？

问题11解答

从甲站到丙站至少有4位男乘客下车，从丁站到己站至少有3位女乘客下车，4+3=7，所以从甲站开出至离开己站，至少有7位乘客下车。

问题12解答

长山、藤木两人恰有一人说谎，野口、丸尾两人恰有一人说谎，又"他们四个人都说谎"是句谎话，所以山田说谎，由以上得知，总共有3个人说谎。

问题 13

　　河边停靠着一次能载 4 人的一艘小船与一次能载 6 人的一艘大船，已知从河的一边行驶至另一边，小船来回一趟要 15 分钟，大船来回一趟要 20 分钟。现在打算让 70 个人从河的一边搭船渡河至另一边，且使两艘船回到原来出发的河边。请问：最少要花多少时间？

问题 14

　　如下图，红蚂蚁和黑蚂蚁赛跑，红蚂蚁睡醒时发现黑蚂蚁已领先 20 米，于是红蚂蚁开始追赶黑蚂蚁，当红蚂蚁前进 32 米后，仍和黑蚂蚁相距 4 米。请问：红蚂蚁再前进多少米恰好可以追上黑蚂蚁？

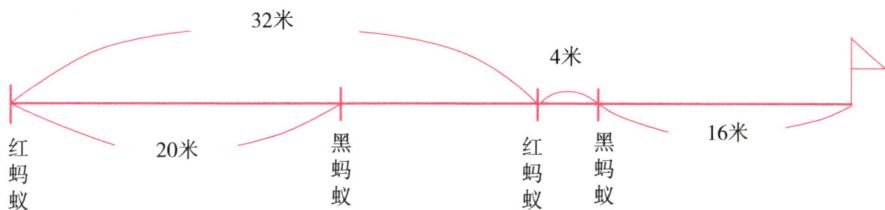

问题 13 解答

15 与 20 的最小公倍数为 60，

4×（60÷15）=16，6×（60÷20）=18，16+18=34。

也就是说：

费时 60 分钟，一艘小船与大船可载 34 人至河的另一边；

费时 120 分钟，一艘小船与大船可载 68 人至河的另一边。

70-68=2，最后 2 个人可以小船搭载渡河，费时 15 分钟，小船也回到原来出发的河边。

120+15=135，所以最少要花 135 分钟。

问题 14 解答

由图可推知，红蚂蚁前进 32 米的时间，黑蚂蚁前进了 32-20+4=16（米），也就是红蚂蚁前进的速度是黑蚂蚁的 2 倍。

4×2=8，所以当黑蚂蚁再前进 4 米时，红蚂蚁已经前进了 8 米，此时红蚂蚁恰好可以追上黑蚂蚁。

问题 15

　　小玉的钱包里有 10 元、50 元纸币共 13 张，妈妈全部借去买了面包与牛奶。过了一天，妈妈想起此事，就把 8 张 10 元与 5 张 50 元纸币放回小玉的钱包。小玉数了钱包里的钱，发现少了 200 元。请问：小玉的钱包里原本共有多少钱？

问题 16

　　小丸子班上共有 30 位同学，全班平均身高为 150 厘米，后来有两位同学转学离开，其身高分别为 155 厘米与 142 厘米，过了不久又有两位同学转学进来，其身高分别为 149 厘米与 163 厘米。请问：全班平均身高变为多少厘米？

问题 15 解答

　　将一张 50 元纸币换成一张 10 元纸币，钱会少 40 元。小玉的钱少了 200 元，200÷40=5，表示有 5 张 50 元纸币被换成了 5 张 10 元纸币。

　　5+5=10，13-10=3，也就是小玉的钱包里原有 10 张 50 元纸币与 3 张 10 元纸币。

　　50×10+10×3=530，小玉的钱包里原本共有 530 元。

　　请思考，还有没有更简单的方法。

问题 16 解答

　　（149+163）-（155+142）=15，表示转出两个再转进两个后，总身高将增加 15 厘米。

　　15÷30=0.5，150+0.5=150.5，

　　所以全班平均身高变为 150.5 厘米。

问题 17

滨崎将五张纸卡正面分别写上 1、3、5、7、9，反面依序写上 2、4、6、8、10 的数字。如果将这些纸卡随意往桌上一扔，五张纸卡朝上的面共出现三个奇数、两个偶数，那么这五个数的总和是多少？

五张纸卡的一面

| 1 | 3 | 5 | 7 | 9 |

对应的另一面

| 2 | 4 | 6 | 8 | 10 |

问题 18

阿笠博士要少年侦探队动脑筋，将 1、2、3、4、5、6、7、8、9 这九个数字填在下图的九个空格中，并使等号两边的乘积相等。柯南已经填入其中五个数字了，请你也动动脑筋将另外四个数字填入吧。

1 5 8 × □ □ = 7 9 × □ □

问题 17 解答

　　如果五个数都是奇数，则总和为 1+3+5+7+9=25，现在又将任意两个奇数都换成其另一面的偶数，则五个数的总和会增加 1+1=2。

　　25+2=27，所以五张纸卡朝上的面共出现三个奇数、两个偶数时，这五个数的总和是 27。

问题 18 解答

　　以下两种填入方式皆可：

$$\boxed{1}\ \boxed{5}\ \boxed{8} \times \boxed{2}\ \boxed{3} = \boxed{7}\ \boxed{9} \times \boxed{4}\ \boxed{6} = 3634$$

$$\boxed{1}\ \boxed{5}\ \boxed{8} \times \boxed{3}\ \boxed{2} = \boxed{7}\ \boxed{9} \times \boxed{6}\ \boxed{4} = 5056$$

问题 19

猪太郎手持一沓扑克牌共 10 张,而且任何连续三张的点数加起来都是 20。如果第一张的点数是 6,第九张的点数是 9,那么第五张的点数是多少?

问题 20

考试结束,如果 30 分、50 分、60 分、70 分、80 分、90 分的六张考卷中,有三张是大雄的,有三张是小夫的,而且小夫的三张考卷总分比大雄的三张考卷总分多 80 分。请问:大雄的三张考卷中得分最高的一张是多少分?

问题 19 解答

因为任何连续三张的点数和都相等（都是20），所以第一张、第四张、第七张的点数都等于6；第三张、第六张、第九张的点数都等于9。

因为第四张、第五张、第六张的点数和是20，所以第五张的点数是20-6-9=5。

问题 20 解答

30+50+60+70+80+90=380，

（380-80）÷2=150，

所以大雄的三张考卷总分是150分。

又 30+50+70=150，

所以大雄的三张考卷中，得分最高的一张是70分。

问题 21

猪太郎想将 1、2、3、4、5、6 这六个数字填入以下圆圈内，使得三角形每边上三个圆圈内的数字总和都是 9。但是今天他有点犯傻，算了十几分钟了，还是找不出答案。请你帮帮他吧。

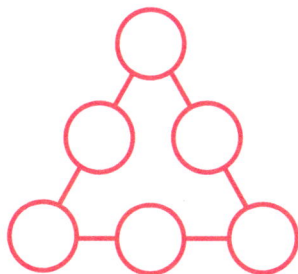

问题 22

阿笠博士说以下表格内的数具有相同的运算关系，但柯南想了很久，还是找不着头绪。请问："？"到底表示哪一个数？

3	2	1	2	3
3	3	2	1	1
6	2	4	1	2
5	1	2	3	5
4	1	3	2	3
5	3	2	1	?

问题 21 解答

如下图，三角形每边上三个圆圈内的数字总和都是9。

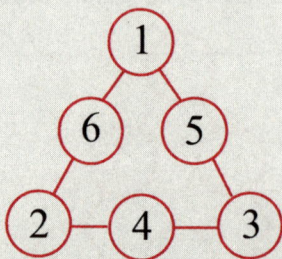

问题 22 解答

（3−2）÷1+2=3　　　　（3−3）÷2+1=1

（6−2）÷4+1=2　　　　（5−1）÷2+3=5

（4−1）÷3+2=3　　　　（5−3）÷2+1=2

所以"？"表示的数是2。

问题 23

　　甲、乙、丙三个杯子的容量分别为 400 毫升、200 毫升、100 毫升，现在三个杯子内都盛了 100 毫升水，如果想将 35 克的糖分配至三个杯子内，使三个杯子内都盛了相同浓度的糖水 100 毫升，那么该怎么办？（不可使用秤分配糖重）

问题 24

　　某家快餐店可用等值商品兑换券购买任意等值或较低值的其他商品。已知 6 张汉堡券（一券换一个）等值于 9 张大薯条券（一券换一份），6 张大薯条券等值于 10 张可乐券（一券换一杯）。小玉身上有 7 张可乐券，如果她最想吃汉堡，其次想吃薯条，但不想喝可乐，那么她共可换到几个汉堡与几份大薯条？

问题 23 解答

（1）可将三个杯子内的水与35克的糖全部倒入容量400毫升的甲杯内。

（2）等到甲杯内的糖全部溶解后，此时，杯内的糖水几乎等于300毫升，将糖水倒满容量为200毫升的乙杯。

（3）从乙杯内倒出100毫升的糖水至丙杯。

则甲、乙、丙三个杯子内都盛了相同浓度的糖水100毫升。

问题 24 解答

由6张汉堡券等值于9张大薯条券，推得2张汉堡券等值于3张大薯条券；

由6张大薯条券等值于10张可乐券，推得3张大薯条券等值于5张可乐券。

小玉可用7张可乐券的其中5张，换到2个汉堡，另外2张可乐券可换到1份大薯条。

问题 25

柯南说下表内的数字是依照一定规律填入的，请帮忙完成最后一个空格内的数。

35	10	25	40	15
5	30	20	20	?

问题 26

大雄、胖虎、小夫因为贪玩，这次的数学考试都考了"8分的一半"，但三个人的分数都不一样，而且是小夫比大雄好，大雄比胖虎好，他们到底各考了多少分呢？

问题 25 解答

35	10	25	40	15
5	30	20	20	80

　　35、30、25、20、15 这五个数的规则是每一次都减去 5；而 5、10、20、40、80 这五个数的规则是每一次都乘以 2，所以最后一个空格内的数是 80。

问题 26 解答

　　小夫考了"8 分的一半"是 4 分；大雄考了"8 分的一半"是 3 分（将符号 8 由上而下剖成两个 3）；胖虎考了"8 分的一半"是 0 分（将符号 8 由左而右剖成两个 0）。

　　所以大雄、胖虎、小夫各考了 3 分、0 分、4 分。

问题 27

阿笠博士出了如下图所示的乘法竖式题，已知☆◇△◎是一个四位数，其中☆、◇、△、◎分别表示不同的数字。请问：它们各表示哪一个数字？

$$
\begin{array}{r}
☆ \quad ◇ \quad △ \quad ◎ \\
\times \qquad\qquad 9 \\
\hline
◎ \quad △ \quad ◇ \quad ☆
\end{array}
$$

问题 28

小兰表演一套数字卡片魔术，她请人从以下三种不同颜色的15张卡片中，任意挑选两张不同颜色的卡片，并将卡片上的数字相加，然后将结果告诉她，她就可以很快地讲出两张卡片的颜色。请问：小兰是怎么做到的呢？

红3	红6	红9	红12	红15
灰1	灰4	灰7	灰10	灰13
白2	白5	白8	白11	白14

问题 27 解答

（1）四位数的千位数字必为 1，否则乘以 9 的积必为五位数，因此 ☆ =1，得知 ◎ =9。

$$
\begin{array}{r}
1 \ \diamond \ \triangle \ 9 \\
\times \qquad\qquad 9 \\
\hline
9 \ \triangle \ \diamond \ 1
\end{array}
$$

（2）因为百位数字只能是 0 或 1，否则乘以 9 后，会进位至千位数字，使乘积成为五位数，但四个数字必须不同，因此 ◇ =0，最后推得 △ =8。

$$
\begin{array}{r}
1 \ 0 \ \triangle \ 9 \\
\times \qquad\qquad 9 \\
\hline
9 \ \triangle \ 0 \ 1
\end{array}
\qquad\Longrightarrow\qquad
\begin{array}{r}
1 \ 0 \ 8 \ 9 \\
\times \qquad\quad 9 \\
\hline
9 \ 8 \ 0 \ 1
\end{array}
$$

所以 ☆、◇、△ 及 ◎ 分别表示数字 1、0、8、9。

问题 28 解答

任何一张红色与灰色卡片上的数字相加，其结果除以 3 余 1；

任何一张红色与白色卡片上的数字相加，其结果除以 3 余 2；

任何一张灰色与白色卡片上的数字相加，其结果会被 3 整除（也就是余 0）。

所以只要将两张卡片上的数字和除以 3，即可从余数推知两张卡片的颜色。

问题 29

　　大雄这次考试的成绩不理想，四科总分恰好是 100 分，如果把第一科分数加上 4 分，第二科分数减掉 4 分，第三科分数乘以 4，第四科分数除以 4，则四科的分数都相同。请问：大雄这次考试四科各考了多少分？

问题 30

　　花轮手上拿着一沓卡片，这沓卡片每张都恰好写着一个整数，且卡片上的整数是依 4、5、6、7、8、…由小而大连续排列。如果花轮每次出手都会把这沓卡片的最上与最下一张卡片同时丢出，而且某次丢出的两张卡片分别写着 53 和 76。请问：花轮手上原来共有多少张卡片？

问题 29 解答

第一科分数加上 4 分，第二科分数减掉 4 分，第三科分数乘以 4，第四科分数除以 4，由以上算得的分数都相同，可以假定第四科考了 16×□ 分，第三科考了 □ 分，第二科考了（4×□+4）分，第一科考了（4×□−4）分。

$16 \times □ + □ + (4 \times □ + 4) + (4 \times □ - 4) = 100 \Rightarrow 25 \times □ = 100 \Rightarrow □ = 4$，

因此 16×□=64，

4×□+4=20，

4×□−4=12。

所以大雄这次考试四科分别考了 12 分、20 分、4 分、64 分。

问题 30 解答

每次丢出的两张卡片上分别写着一小一大的整数，它们的和必为 53+76=129。

129−4=125，

即卡片上的最大整数为 125。

125−4+1=122，

所以花轮手上原来共有 122 张卡片。

问题 31

美津使用一些火柴棒排出以下的等式，请移动最少的火柴棒，使之成为其他的等式。

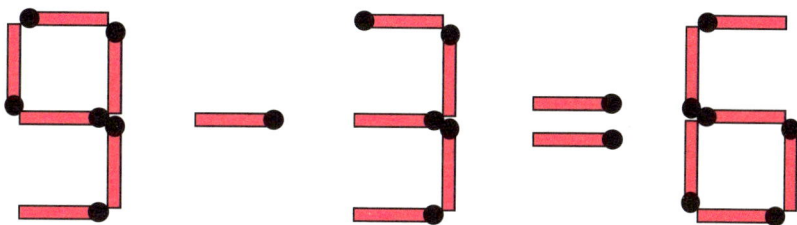

问题 32

小丸子参加学校举办的益智比赛，获得年级第四名。颁奖当日，前八名获奖学生由第八名开始依次上台领奖。如果每位学生至少得到 1 盒牛奶糖，且从第六名开始，每个人得到的牛奶糖盒数是他前面两个获奖学生的总和。

已知小丸子得到了 8 盒牛奶糖。请问：第一名学生可以得到多少盒牛奶糖？

问题31解答

（1）如下图，移动1根成为"8-3=5"的等式。

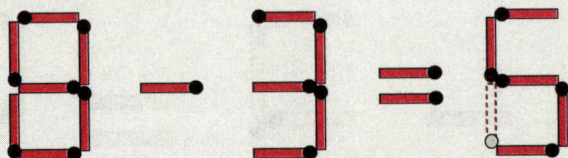

（2）如下图，移动1根成为"3+3=6"的等式。

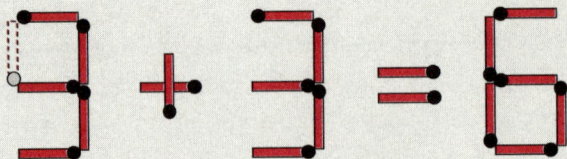

问题32解答

第四名的小丸子得到了8盒牛奶糖，又"第六名开始，每个人得到的牛奶糖盒数是他前面两个获奖学生的总和"，由以上可推得：

第八名、第七名、第六名、第五名得到的牛奶糖盒数依次为1盒、2盒、3盒、5盒，

并进一步推得：

第四名、第三名、第二名、第一名得到的牛奶糖盒数依次为8盒、13盒、21盒、34盒。

所以第一名学生可以得到34盒牛奶糖。

问题 33

已知某个科学竞赛得奖学生不超过 8 个人，且每个学生的名次都不相同。第一名奖金 8000 元，而从第二名开始，每人得到的奖金都是前一名奖金的一半，但最后两名的奖金一样多。请问：这个科学竞赛的总奖金是多少？

问题 34

胖虎由东向西行走，不久他向左转 270 度行走，又过不久向后转走，然后向右转 90 度行走，最后向后转走。请问：这时胖虎是朝哪一个方向行走的？

问题33解答

（1）设得奖的全部学生有3人，则3人的奖金为8000元、4000元、4000元。

（2）设得奖的全部学生有4人，则4人的奖金为8000元、4000元、2000元、2000元。

（3）设得奖的全部学生有5人，则5人的奖金为8000元、4000元、2000元、1000元、1000元。

（4）设得奖的全部学生有6人，则6人的奖金为8000元、4000元、2000元、1000元、500元、500元。

由此推知，无论得奖学生为3～8人，这个科学竞赛的总奖金都是16000元。

问题34解答

（1）向西行走，向左转270度行走，则为向北行走；

（2）向北行走，向后转走，则为向南行走；

（3）向南行走，向右转90度行走，则为向西行走；

（4）向西行走，向后转走，则为向东行走。

所以胖虎是朝东行走的。

问题 35

阿笠博士写出以下的表达式与部分结果，请观察其发展规律，再帮忙写出未完成的计算结果。

① $(4+5) \times 5 = 45$ ；

② $(14+15) \times 5 = 145$ ；

③ $(24+25) \times 5 = 245$ ；

④ $(34+35) \times 5 = $ ____ ；

⑤ $(44+45) \times 5 = $ ____ ；

⑥ $(54+55) \times 5 = $ ____ ；

⑦ $(64+65) \times 5 = $ ____ ；

⑧ $(74+75) \times 5 = $ ____ ；

⑨ $(84+85) \times 5 = $ ____ ；

⑩ $(94+95) \times 5 = $ ____ 。

问题 36

阿笠博士写了一个依照某种规律排成的数列：3，6，8，12，13，18，□，△，…。请问：□与△各代表哪一个数？

问题 35 解答

① $(4+5) \times 5 = 9 \times 5 = 45$；

② $(14+15) \times 5 = (9+20) \times 5 = 45+100 = 145$；

③ $(24+25) \times 5 = (9+40) \times 5 = 45+200 = 245$；

④ $(34+35) \times 5 = (9+60) \times 5 = 45+300 = 345$；

⑤ $(44+45) \times 5 = (9+80) \times 5 = 45+400 = 445$；

⑥ $(54+55) \times 5 = (9+100) \times 5 = 45+500 = 545$；

⑦ $(64+65) \times 5 = (9+120) \times 5 = 45+600 = 645$；

⑧ $(74+75) \times 5 = (9+140) \times 5 = 45+700 = 745$；

⑨ $(84+85) \times 5 = (9+160) \times 5 = 45+800 = 845$；

⑩ $(94+95) \times 5 = (9+180) \times 5 = 45+900 = 945$。

问题 36 解答

（1）<u>3</u>，6，<u>8</u>，12，<u>13</u>，18，□，以上画线的数，后一个数比前一个数多5，所以□代表18；

（2）3，<u>6</u>，8，<u>12</u>，13，<u>18</u>，□，△，以上画线的数，后一个数比前一个数多6，所以△代表24。

问题 37

　　花轮要小丸子在以下四个空格内填入运算符号"+""-""×"
"÷"，使得左式运算结果等于1。小丸子算得满头大汗，请你赶
快帮她想一想吧！

$$1\ \square\ 2\ \square\ 3\ \square\ 4\ \square\ 5 = 1$$

问题 38

　　老师要大雄观察以下四个算式，并找出它们的规律，但大雄无
论怎么看，还是无法发现。请问：你看出来了吗？

　　　　　　（1）$112 \times 113 = 12656$；

　　　　　　（2）$112 \times 124 = 13888$；

　　　　　　（3）$112 \times 133 = 14896$；

　　　　　　（4）$112 \times 223 = 24976$。

问题 37 解答

如下填入方式即可（因为 1÷2×3×4−5=0.5×3×4−5=6−5=1）：

$$1 \boxed{\div} 2 \boxed{\times} 3 \boxed{\times} 4 \boxed{-} 5 = 1$$

问题 38 解答

这四个式子倒过来写，等式仍然成立。

（1）65621=311×211；

（2）88831=421×211；

（3）69841=331×211；

（4）67942=322×211。

问题 39

小玉、小莉和小美到同一家饮料店买椰果奶茶和珍珠奶茶，三人购买的杯数与总价如下表所示。请问：三人当中哪一个人将总价算错了？

	小玉	小莉	小美
椰果奶茶杯数 （小杯）	24	6	18
珍珠奶茶杯数 （小杯）	40	10	30
总价（元）	1060	290	870

问题 40

六个聪明的小朋友按照号码 1 ~ 6 号的顺序站成一路纵队，每个小朋友只能看到号码比他小的人，而不能看到自己或自己后面（比自己号码大）的人。现在老师手上拿了 6 顶红帽与 5 顶黑帽，然后帮每个小朋友戴上一顶红帽或一顶黑帽。接着老师先问站在最后面的 6 号小朋友："你能确定自己头上的帽子是哪一种颜色吗？"小朋友答："不能确定。"老师又依次问了 5 号、4 号、3 号、2 号这四个小朋友："你能确定自己头上的帽子是哪一种颜色吗？"结果每个小朋友都回答："不能确定。"还没等到老师问 1 号小朋友，1 号小朋友立刻举手回答："我确定自己头上戴的是红帽。"请问：1 号小朋友是如何得知自己戴的是红帽的呢？

问题 39 解答

18÷6=3，30÷10=3，870÷290=3，

由于小美买的两种饮料数量是小莉的 3 倍，而且小美买的两种饮料总价是小莉的 3 倍，所以两人的总价都算对了。

24÷6=4，40÷10=4，1060÷290 ≠ 4（1160÷290=4），

由于小玉买的两种饮料数量是小莉的 4 倍，而且小玉买的两种饮料总价不是小莉的 4 倍，所以小玉将总价算错了。

问题 40 解答

1 号小朋友是这样推论的：如果 1～5 号小朋友的头上都是戴黑帽，那 6 号小朋友一定会说自己头上的帽子是红帽，但 6 号小朋友说："不能确定。"由此可知，1～5 号小朋友至少有一人是戴红帽。

由于 5 号小朋友听了 6 号小朋友的回答之后，他已经知道他自己以及他前面的人，至少有一人是戴红帽。如果 1～4 号小朋友都是戴黑帽，5 号小朋友就会回答自己头上戴的是红帽，但事实上，当他看到 1～4 号小朋友至少有一人是戴红帽时，他就不能确定自己戴哪一种颜色的帽子。4 号、3 号、2 号的小朋友，都是看到他前面的小朋友至少有一人是戴红帽，所以不能确定自己戴哪一种颜色的帽子。

1 号小朋友由 2 号小朋友的回答中，就确定自己戴的不是黑帽，进而确定自己戴的是红帽。

问题 41

阿笠博士说 2，4，16，256，□，…是一个依照某一个规则发展的数列。请问：□内应填入的数字是多少？

问题 42

阿笠博士说 15，26，40，16，37，58，□，…是一个依照某一个规则发展的数列。请问：□内应填入的数字是多少？

问题 41 解答

（前一个数）×（前一个数）＝后一个数，

$2 \times 2 = 4$，$4 \times 4 = 16$，

$16 \times 16 = 256$，$256 \times 256 = 65536$，

所以 $\square$ ＝65536。

问题 42 解答

（前一个数的十位数字）^{2}＋（前一个数的个位数字）^{2}＝后一个数，

$1^2 + 5^2 = 26$，$2^2 + 6^2 = 40$，$4^2 + 0^2 = 16$，$1^2 + 6^2 = 37$，$3^2 + 7^2 = 58$，$5^2 + 8^2 = 89$，

所以 $\square$ ＝89。

问题 43

花轮拆下了一个机械表内的圆盘零件（如下图），他发现圆盘上有三个齿轮两两接合，其齿数分别为 20 齿、15 齿、24 齿。他在接合处做上两组记号后转动齿轮。请问：三个齿轮总共至少转多少圈时，两组记号才会同时出现在转动前的位置？

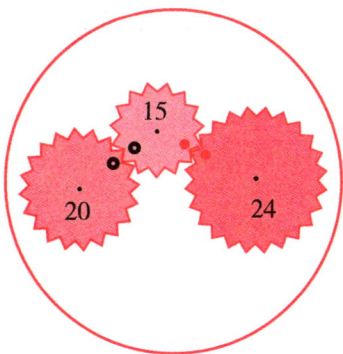

问题 44

有一艘船载运 7 只羊和 7 只猪，不幸途中遇到暴风雨。如果不赶快把一半的牲畜抛下船，船可能随时会沉没。船长将这些牲畜排成一圈，并设定其中一只当成 1 开始数起，每数到 5 的牲畜立刻被丢下海，然后下一只又从 1 开始数起，数到 5 的牲畜又被捉出丢下海，依照这种循环规则，最后有一半的牲畜都被抛入了海中。

请你找出一种排列方法，使得在这种安排之下，7 只羊全数被丢入海中，而 7 只猪都侥幸地存活下来。

问题43解答

[20，15，24]=120，即20、15、24的最小公倍数为120，120÷20=6，120÷15=8，120÷24=5，6+8+5=19。

当20齿的齿轮转6圈，15齿的齿轮转8圈，24齿的齿轮转5圈，即三个齿轮总共转19圈时，两组记号才会同时出现在转动前的位置。

问题44解答

如下表，如果将14只牲畜编号1～14，则发现5、10、1、7、13、6、14这七个编号的牲畜会陆续被丢入海中，所以只要将羊排在第1、5、6、7、10、13、14这七个位置，则从第1个位置数起，7只羊将全数被丢入海中。

	1	2	3	4	5	6	7	8	9	10	11	12	13	14
第1轮					×					×				
第2轮	×						×						×	
第3轮						×								×

问题 45

甲、乙、丙、丁、戊五个人，其中有两个人高过乙，而戊只高过其中一个人，又丁比甲高，丙比丁高，请从高到矮排列这五个人的身高。

问题 46

妈妈每天给小明和大明各 10 元的零用钱，如果昨天大明的零用钱是小明的 3 倍，今天大明的零用钱是小明的 2 倍，那么两人明天共有多少零用钱？（假设两人这三天都没有花掉任何零用钱）

问题 45 解答

由丁比甲高，丙比丁高⇒丙 > 丁 > 甲，

由两个人高过乙，戊只高过其中一个人⇒丙 > 丁 > 乙 > 戊 > 甲，

所以五个人的身高从高到矮排列为丙、丁、乙、戊、甲。

问题 46 解答

设昨天小明的零用钱有△元，大明的零用钱有△△△元。

今天小明的零用钱有△ +10元，大明的零用钱有△△△ +10元，

由△△△ +10=（△ +10）+（△ +10），可推得△ =10，

因此今天小明的零用钱有20元，大明的零用钱有40元；

明天小明的零用钱有30元，大明的零用钱有50元；

所以两人明天共有零用钱80元。

问题 47

"好学"书店的文具价格为：铅笔一支 7 元、圆珠笔一支 25 元、橡皮一块 20 元。如果有五位小朋友，每人各买了以上文具的其中一件，且总共花了 84 元。请问：有几个人买了圆珠笔？

问题 48

有一个复杂的数学问题，小兰花了 6 小时 6 分钟解开，柯南却花了 6 分钟 6 秒解开。请问：小兰花的时间是柯南的多少倍？

问题 47 解答

由三种文具的价格，以及五件文具的总价，可推知：

有 2 人各买铅笔一支共 14 元；有 2 人各买圆珠笔一支共 50 元；有 1 人买橡皮一块共 20 元，以上合计 84 元，故有 2 个人各买了一支圆珠笔。

问题 48 解答

6 小时又 6 分钟等于（60×6+6）分钟，也等于（60×6+6）×60 秒；

6 分钟又 6 秒等于（60×6+6）秒。

[（60×6+6）×60]÷（60×6+6）=60，

所以小兰花的时间是柯南的 60 倍。

问题 49

　　大雄的老师出了一道作业题："如果不准使用竖式加法，也不能靠计算器辅助，请计算（45678+67845+84567+56784+78456）÷30的值是多少？"大雄找静香帮忙，虽然可以算出答案，但还是觉得解法不够简单。你能想出一个简单的解法吗？

问题 50

　　大雄算计算题："求 21+7+97+9997+99997+999997+9999997 的值是多少？"大雄算得头昏脑涨，不过哆啦 A 梦竟然说这个题目太简单了！你知道怎么算吗？

问题 49 解答

　　因为同一个数字都恰巧分布在五个数的不同位上，所以算式可改写成以下的形式：

（45678＋67845＋84567＋56784＋78456）÷30

＝（44444＋55555＋66666＋77777＋88888）÷30

＝11111×（4＋5＋6＋7＋8）÷30

＝11111×30÷30

＝11111，

故答案为 11111。

问题 50 解答

21＋7＋97＋997＋9997＋99997＋999997＋9999997

＝3×7＋7＋97＋997＋9997＋99997＋999997＋9999997

＝（7＋3）＋（97＋3）＋（997＋3）＋（9997＋3）＋（99997＋3）＋（999997＋3）＋（9999997＋3）

＝10＋100＋1000＋10000＋100000＋1000000＋10000000

＝11111110，

故答案为 11111110。

问题 51

　　大雄和小夫比赛 100 米跑步，当小夫到达终点时，大雄还离终点 20 米。如果想让两人同时到达终点，那么大雄的起跑位置应该前进多少米？

问题 52

　　柯南考验少年侦探队其他成员，要他们找出三个连续整数，使得它们的乘积等于 $1 \times 2 \times 3 \times 4 \times 5 \times 6$。请你也跟着动动脑吧！

$$\boxed{} \times \boxed{} \times \boxed{} = 1 \times 2 \times 3 \times 4 \times 5 \times 6$$

问题 51 解答

　　小夫跑 100 米时，大雄跑 80 米，所以只要将大雄的起跑位置前进 20 米，两人就可同时到达终点。

问题 52 解答

$$1×2×3×4×5×6=（2×4）×（3×3）×（2×5）$$
$$=8×9×10，$$

　　所以三个连续整数为 8、9、10。

问题 53

美津买了 100 个苹果，她要将这些苹果分送到两家安养中心，其中一家送的数量是 7 的倍数，另一家送的数量是 11 的倍数。她正为此伤脑筋，请你帮忙想个正确的分法吧！

问题 54

小丸子在一张卡片上发现一个九宫格（如图），这个九宫格的每一行、每一列以及主对角线上，三个数的和都是 99。猪太郎对小丸子说，只要空格内的每一个数都加上同一个数，则每一行、每一列、主对角线上，三个数的和就会成为 100。请问：到底要加上哪一个数？

36	29	34
31	33	35
32	37	30

问题 53 解答

一家送 44 个苹果，此数量是 11 的倍数；

另一家送 56 个苹果，此数量是 7 的倍数。

问题 54 解答

如下图，当每一个空格内的数都加上同一个数 $\frac{1}{3}$ 后，则每一行、每一列、主对角线上，三个数的和都成为 100。

$36\frac{1}{3}$	$29\frac{1}{3}$	$34\frac{1}{3}$
$31\frac{1}{3}$	$33\frac{1}{3}$	$35\frac{1}{3}$
$32\frac{1}{3}$	$37\frac{1}{3}$	$30\frac{1}{3}$

问题 55

如图，小玉、野口、长山、藤木、丸尾、美环六户人家，刚好位于一直线上的六个地点，且两户之间相隔 2 千米的距离。现在想在其中两户的中点盖一间大卖场，使这间大卖场距离六户人家的距离总和最短，请在图上标出大卖场位置，并计算最短的距离总和为多少千米。

小玉　　野口　　长山　　藤木　　丸尾　　美环

问题 56

户川老师共有五名子女，而且他们的年龄乘积为 21。请问：五名子女的年龄和是多少岁？

问题 55 解答

小玉 ① 野口 ② 长山 ③ 藤木 九尾 美环

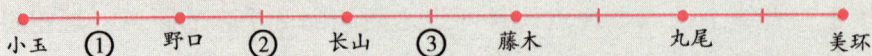

（1）如果大卖场设在①处，则小玉、野口、长山、藤木、九尾、美环六户人家分别与大卖场距离 1 千米、1 千米、3 千米、5 千米、7 千米、9 千米，大卖场距离六户人家的距离总和为 1+1+3+5+7+9=26 千米。

（2）如果大卖场设在②处，则小玉、野口、长山、藤木、九尾、美环六户人家分别与大卖场距离 3 千米、1 千米、1 千米、3 千米、5 千米、7 千米，大卖场距离六户人家的距离总和为 3+1+1+3+5+7=20 千米。

（3）如果大卖场设在③处，则小玉、野口、长山、藤木、九尾、美环六户人家分别与大卖场距离 5 千米、3 千米、1 千米、1 千米、3 千米、5 千米，大卖场距离六户人家的距离总和为 5+3+1+1+3+5=18 千米。

所以大卖场应设在③处，大卖场距离六户人家的距离总和为 18 千米。

问题 56 解答

21=7×3×1×1×1，即一个 7 岁，一个 3 岁，另外三个都是 1 岁（可能是三胞胎）。

7+3+1+1+1=13，五名子女的年龄和是 13 岁。

问题 57

甲、乙相差 18 岁，乙、丙相差 24 岁，甲、丁相差 9 岁。请问：丙、丁最少可能相差几岁？

问题 58

长山、小杉、关口三人原本约定花 9 天时间，每人各去学校协助做 3 天的绿化校园工作，但关口因为生病，最后由长山、小杉两人分别去做了 5 天与 4 天。工作结束，关口买了 18 个凤梨酥感谢长山、小杉两人的帮忙，若依据帮忙的程度给予酬谢，那么关口应各给长山、小杉多少个凤梨酥？

问题 57 解答

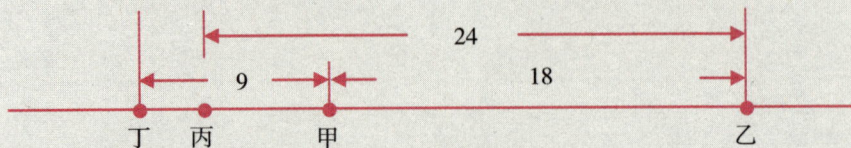

$18+9-24=3$，丙、丁最少可能相差 3 岁。

问题 58 解答

$5-3=2$，$4-3=1$，所以长山、小杉各帮忙 2 天与 1 天。

$$18 \times \frac{2}{2+1} = 12,$$

$$18 \times \frac{1}{2+1} = 6,$$

所以关口应给长山 12 个凤梨酥，给小杉 6 个凤梨酥。

问题 59

　　山田在前天上午向山根借了 1000 元，山根在前天下午向野口借了 2000 元，野口在昨天上午向关口借了 3000 元，关口在昨天下午向山田借了 4000 元。如果今天四个人要以最简单的方式解决之间的借款问题，那么最简单的方式是什么呢？

问题 60

　　下图是甲、乙两校的工艺成绩曲线图，请比较两校工艺成绩平均分数的高低。

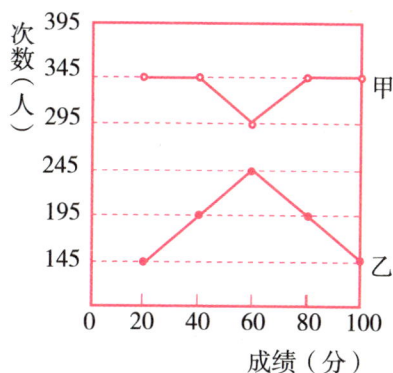

问题 59 解答

　　山根、野口、关口跟别人借的钱都是比借给别人的钱多1000元，而山田借给别人的钱比跟别人借的钱多3000元。所以只要山根、野口、关口各拿出1000元给山田，四个人的借款问题就解决了。

问题 60 解答

　　（1）甲校20分与100分人数相同（都是345人），所以这些人的平均分数为60分；40分与80分人数相同（都是345人），所以这些人的平均分数也为60分；而其他295人都是60分，所以甲校平均分数为60分。

　　（2）乙校20分与100分人数相同（都是145人），所以这些人的平均分数为60分；40分与80分人数相同（都是195人），所以这些人的平均分数也为60分；而其他人都是60分，所以乙校平均分数为60分。

　　所以两校的工艺成绩平均分数相同。

问题 61

　　大雄、胖虎、小夫各有一部玩具车，他们都记录了车子的行驶速度如下：大雄的车 18 秒跑了 100 米；胖虎的车 37 秒跑了 200 米；小夫的车 75 秒跑了 400 米。请问：谁的玩具车速度最快？谁的玩具车速度最慢？

问题 62

　　大雄、胖虎、小夫利用电脑玩游戏，但电脑只有两台，因此三人决定轮流玩，而且当两人玩游戏的时候，没玩的一个人就休息。如果每人玩的时间都是 50 分钟，那么游戏过程中每人休息了多少时间？

问题 61 解答

大雄的车跑 400 米需要 72 秒；胖虎的车跑 400 米需要 74 秒；小夫的车跑 400 米需要 75 秒，推知：

大雄的车速 > 胖虎的车速 > 小夫的车速。

所以大雄的玩具车速度最快，小夫的玩具车速度最慢。

问题 62 解答

$50 \times 3 = 150$，即三人共玩了 150 分钟；

$150 \div 2 = 75$，即每台电脑提供了 75 分钟的游戏时间；

$75 - 50 = 25$，所以游戏过程中每人休息了 25 分钟。

问题 63

毛利小五郎想订阅财经月刊一年，而该月刊打出了两种优惠方案。请问：哪一种方案比较便宜？便宜了多少钱？

甲方案：	乙方案：
订阅一年，前一个月免费，其余月缴235元。	订阅一年，前两个月免费，其余月缴250元。

问题 64

安安、元元两人在公园散步，安安对人说："我身旁的那个人是我的小孩。"元元对人说："我身旁的那个人不是我妈妈，我也不是他的儿子。"如果安安、元元都没说谎，那么到底是怎么一回事呢？

问题 63 解答

甲方案：235×11=2585，

乙方案：250×10=2500，

2585−2500=85，

所以乙方案比甲方案便宜，便宜了 85 元。

问题 64 解答

安安是元元的爸爸，元元是安安的女儿。

问题 65

灰原在下面的小正六边形内先填入数字 2，接着又填了 5 个数，请帮忙完成最后一个空格内的数。

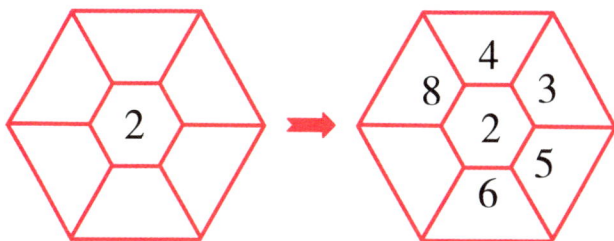

问题 66

阿笠博士列出以下三个式子，并鼓励少年侦探队动脑筋解开式子中□、☆与△各代表哪一个数。请你也试试看吧！

$$□ + ☆ + △ =13$$

$$□ - ☆ + △ =7$$

$$□ × ☆ - △ =22$$

（5，2，8）为一组，（4，2，6）为一组，（3，2，□）为一组，每组的第一个数乘以2后，减去第二个数即得第三个数。

$3 \times 2 - 2 = 4$，所以空格内的数应填入4。

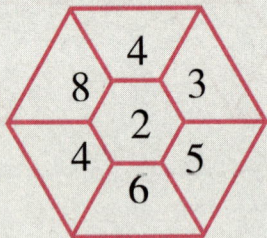

（1）由 $\square - \bigstar + \triangle = 7 \Rightarrow \square + \triangle = 7 + \bigstar$；

（2）由 $\square + \bigstar + \triangle = 13 \Rightarrow (\square + \triangle) + \bigstar = 13 \Rightarrow (7 + \bigstar) + \bigstar = 13 \Rightarrow \bigstar = 3$；

（3）将 $\bigstar = 3$ 代入 $\square + \triangle = 7 + \bigstar \Rightarrow \square + \triangle = 10$；

（4）将 $\bigstar = 3$ 代入 $\square \times \bigstar - \triangle = 22 \Rightarrow \square \times 3 - \triangle = 22$；

（5）由 $\square + \triangle = 10$ 与 $\square \times 3 - \triangle = 22$

$\Rightarrow (\square + \triangle) + (\square \times 3 - \triangle) = 10 + 22$

$\Rightarrow \square \times 4 = 32 \Rightarrow \square = 8 \Rightarrow \triangle = 2$。

所以 $\square = 8$，$\bigstar = 3$，$\triangle = 2$。

问题 67

如图，表演台前共有 15 排座位，其中第一排有 30 个，且每一排均比前一排多 2 个座位。若小丸子就读的小学有 1 ～ 25 班，每班 20 人，并依下列方式安排学生入座：（1）依班级顺序先排第一班，安排完后再排下一班；（2）前排的座位排满后，才排下一排座位。请问：哪一班的学生全部都坐在第 8 排？

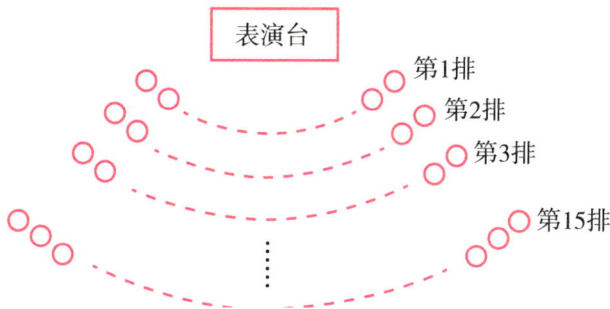

表演台

第1排
第2排
第3排

第15排

问题 68

6 个学生进行象棋比赛，美环负责登记每个人下的盘数（如下表），但活动策划人花轮却肯定地指出美环统计错了。你知道谁对谁错吗？

学生	甲	乙	丙	丁	戊	己
盘数	4	3	4	5	3	2

问题 67 解答

前 7 排共有座位 30+32+34+36+38+40+42=252 个，第 8 排有座位 30+（8-1）×2=44 个，前 8 排共有座位 252+44=296 个。

252<20×13<296，252÷20=12……12⇒第 13 班分散在第 7 排和第 8 排，

又 252<20×14<296，所以第 14 班全部坐在第 8 排。

问题 68 解答

每一盘棋有 2 个人比赛，也就是每完成一盘比赛，下棋总盘数就增加 2，所以登记表上的总盘数必为偶数。

但 4+3+4+5+3+2=21 是奇数，所以美环一定统计错了。

问题 69

小玉身上带的钱全部是 50 元纸币，如果她付一张 50 元纸币买了 6 本同款笔记本，店员就会找 2 元给她。请问：小玉最少要付多少张 50 元纸币，买了一些同款式的笔记本后，店员才不会找钱给她？

问题 70

耕福对耕芳说："在 1 ~ 100 这 100 个整数中，全部偶数的和与全部奇数的和相差 50。"耕芳对耕福说："在 1 ~ 99 这 99 个整数中，全部偶数的和与全部奇数的和相差 50。"请问：他们两人谁说对了？

问题 69 解答

（50-2）÷6=48÷6=8，

所以 1 本笔记本售价为 8 元。

换个角度想，如果有四个人都用 50 元纸币，且各买 6 本同款笔记本，则每人都找回 2 元，则四个人找回的钱加起来是 8 元，就可多买 1 本笔记本了。

所以小玉最少要付 4 张 50 元钞票，买了 6×4+1=25 本笔记本，店员才不会找钱给她。

问题 70 解答

（1）（2-1）+（4-3）+（6-5）+…+（98-97）+（100-99）
=1×50=50，

所以在 1～100 这 100 个整数中，全部偶数的和与全部奇数的和相差 50。

（2）1+（3-2）+（5-4）+…+（97-96）+（99-98）
=1×50=50，

所以在 1～99 这 99 个整数中，全部偶数的和与全部奇数的和相差 50。

所以耕福、耕芳两人都说对了。

问题 71

小玉用许多大小相同的圆形磁铁紧密靠在一起，在黑板上排出如下的等式图形"3+5=8"。请移动一个磁铁，使下图成为另一个等式图形。

问题 72

陈老伯有两个年龄相差一岁的子女，日前他们因共同偷窃被警察抓回派出所做笔录。男的说："我是哥哥。"女的说："我是妹妹。"如果两个人当中至少有一个人说谎，那么真实的情况到底是怎样？

问题 71 解答

如下图，可移成等式图形"3+6=9"。

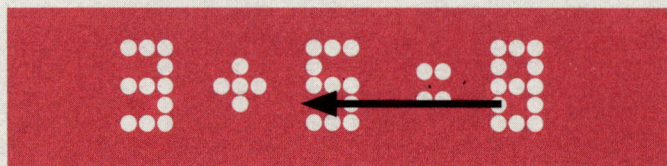

问题 72 解答

男的说："我是哥哥。"女的说："我是妹妹。"以上两句话，不是全对，就是全错。因为至少有一个人说谎，所以两个人都说谎。

故真实的情况为：男的是弟弟，女的是姐姐。

问题 73

阿笠博士说 1，2，3，4，2，3，4，5，3，4，5，6，4，5，6，7，…… 是一个依照某一规律发展的数列。请问：第 102 个数应该是多少？

问题 74

阿笠博士说以下表格内的数具有特殊的相同关系。请问："?" 表示哪一个数？

6	4	3	10
5	9	8	22
7	8	4	12
4	3	7	?

问题 73 解答

每 4 个数成一组，102÷4=25……2，

依此类推，（1，2，3，4）（2，3，4，5）（3，4，5，6）（4，5，6，7）…（25，26，27，28）（26，27，28，29），所以第 102 个数应该是 27。

问题 74 解答

第 1 列的数乘以第 3 列的数后，再减去第 2 列的数乘以 2，就会得出第 4 列的数。

所以"？"表示的数为 4×7-3×2=22。

第 1 列	第 2 列	第 3 列	第 4 列
6	4	3	10
5	9	8	22
7	8	4	12
4	3	7	22

问题 75

阿笠博士说 $\dfrac{3}{7}$，$\dfrac{5}{9}$，$\dfrac{9}{13}$，$\dfrac{15}{19}$，$\dfrac{?}{22}$，$\dfrac{21}{25}$，…是一个依照某一规律发展的数列。请问："？"表示的数字为多少？

问题 76

盒子里有一些糖果，园子取了一半多一颗，弟弟再取了剩下的一半多一颗，之后妹妹又取了剩下的一半多一颗，最后只剩下一颗糖果。请问：盒子里原本有多少颗糖果？

问题 75 解答

　　每一个分数的分母都比分子多 4，所以"？"表示的数字为 22−4=18。

问题 76 解答

　　将三人取糖果的变化，依照题意由后往前思考，即可列得下表：

	剩下糖果数
妹妹取糖果之后	1
妹妹取糖果之前	(1+1)×2=4
弟弟取糖果之前	(4+1)×2=10
园子取糖果之前	(10+1)×2=22

　　所以盒子里原本有 22 颗糖果。

问题 77

已知年子买的糖果多于 100 颗，但少于 200 颗。当分给 20 个人，且每人都拿到一样多时，则剩下的糖果数恰等于每人拿到的糖果数。请问：糖果可能共有多少颗？

问题 78

小玉、小杉、丸尾、花轮、猪太郎五个人下课后在教室嬉戏，不小心把老师桌上的茶杯打破了。

老师怒问谁打破他的茶杯时，五个人回答如下：

小杉："不是花轮就是猪太郎打破的。"

丸尾："是猪太郎打破的。"

花轮："我没有打破茶杯。"

猪太郎："我也没有打破茶杯。"

小玉虽然知道谁打破的，但只说："他们四个人当中只有一个人说谎。"

如果小玉讲的话属实，那么到底谁打破了老师的茶杯？

问题 77 解答

$20 \times 5 + 5 = 105$，

$20 \times 6 + 6 = 126$，

$20 \times 7 + 7 = 147$，

$20 \times 8 + 8 = 168$，

$20 \times 9 + 9 = 189$。

所以糖果可能共有 105 颗、126 颗、147 颗、168 颗或 189 颗。

问题 78 解答

若是小杉打破了茶杯，则小杉、丸尾都说谎；若是丸尾打破了茶杯，则小杉、丸尾都说谎；若是花轮打破了茶杯，则丸尾、花轮都说谎，以上都与小玉所说的"他们四个人当中只有一个人说谎"不符合，因此茶杯不是小杉、丸尾或花轮打破的。

所以是猪太郎打破了老师的茶杯。

问题 79

花轮、丸尾两人到图书馆看书时，发现某个阅读区只剩下②④⑥三个座号的位置是空着的，于是各选了一个座位坐下来开始看书。请问：花轮、丸尾选择的座位共有多少种可能情况？

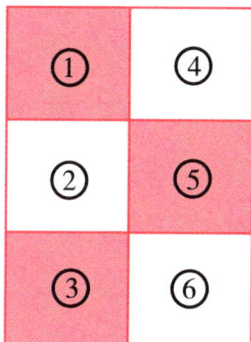

问题 80

春节快到了，某店促销红袜子的优惠活动如下：

每双一律 10 元，每买 6 双就送一双，买超过 24 双还享有打九折优惠。

老师想送给 28 个小朋友每人一双袜子。请问：他至少要花多少钱？

问题 79 解答

　　花轮、丸尾选择的座位有（②，④）（②，⑥）（④，②）（④，⑥）（⑥，②）（⑥，④），共 6 种可能情况。

问题 80 解答

　　因为每买 6 双就送一双，所以若买 24 双，则实际可得到 28 双，恰可送给 28 个小朋友每人一双，而费用为 10 元 ×24＝240 元。

　　如果买 25 双，则实际可得到 29 双，28 个小朋友仍可每人得到一双，因为享有打九折优惠，所以费用为 10 元 ×25×90%＝225 元。

　　所以老师至少要花 225 元。

问题 81

老师要同学计算：10000+593-591-589-587+407-409-411-413。
小丸子算得的答案为 8000，请问她算对了吗？

问题 82

学校校庆当天，从早上 8 点 30 分到下午 4 点整，为了迎接贵宾，校门口需要随时保持 6 名值周生站岗，如果该校共有 18 名值周生，那么当天每名值周生平均需要站岗多长时间？

问题 81 解答

10000+593-591-589-587+407-409-411-413

=10000+（593+407）-（591+409）-（589+411）-（587+413）

=10000+1000-1000-1000-1000

=8000，

所以小丸子算对了。

问题 82 解答

从 8 点 30 分到下午 4 点整，共计 60×7+30=450（分钟）。

450×6÷18=150，所以当天每位值周生平均需要站岗 150 分钟，即 2 小时 30 分钟。

问题 83

小玉和年子相约在 5 月连续 4 个星期的周末（下图中涂色的 8 天），到图书馆看书准备期末考试。已知这 8 天的日期数总和为 120。请问：这 8 天的第一天是 5 月几日？

问题 84

猪太郎制作了以下的"加法表"。请问：表格内 25 个数的总和是多少？

	1	2	3	4	5
1	2	3	4	5	6
2	3	4	5	6	7
3	4	5	6	7	8
4	5	6	7	8	9
5	6	7	8	9	10

问题 83 解答

4 个星期六的日期数总和比 4 个星期日的日期数总和小 4，

（120-4）÷2=116÷2=58，

所以 4 个星期六的日期数总和为 58。

58÷2=29，第四个星期六的日期数与第一个星期六的日期数总和为 29。

又第四个星期六的日期数比第一个星期六的日期数多 21，（29-21）÷2=4，所以这 8 天的第一天是 5 月 4 日。

问题 84 解答

20×5+（5+10+15+20）

=100+50

=150，

所以表格内 25 个数的总和是 150。

	1	2	3	4	5	
1	2	3	4	5	6	→ 20
2	3	4	5	6	7	→ 20 + 5
3	4	5	6	7	8	→ 20 + 10
4	5	6	7	8	9	→ 20 + 15
5	6	7	8	9	10	→ 20 + 20

问题 85

阿笠博士说以下路径图是以特定形式持续发展的，请画出从 135 到 137 的路径方向。

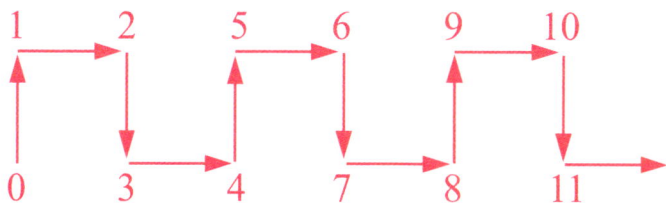

问题 86

小玉、年子两人共存款 1400 元，若小玉增加存款 250 元，年子减少存款 50 元，则小玉存款将成为年子存款的 3 倍。请问：小玉、年子两人原来各有存款多少元？

问题 85 解答

四个不同的方向一组，135÷4=33……3，

可推知 135 的位置如下：

$$
\begin{array}{ccc}
133 & \rightarrow & 134 \\
\uparrow & & \downarrow \\
132 & & 135
\end{array}
$$

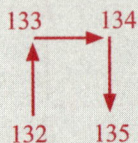

所以从 135 到 137 的路径如下：

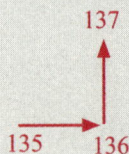

$$
\begin{array}{cc}
& 137 \\
& \uparrow \\
135 & \rightarrow & 136
\end{array}
$$

问题 86 解答

250−50=200，1400+200=1600，

也就是当小玉、年子两人依题意共存款 1600 元时，小玉的存款将成为年子存款的 3 倍。

1600÷4=400，400×3=1200，

1200−250=950，400+50=450，

所以小玉原来有存款 950 元，年子原来有存款 450 元。

问题 87

　　阿德的妈妈从高楼窗口看着阿德穿越马路，她发现阿德正停在斑马线的其中一条白线上，且这条白线前端的白线数量是后端白线数量的 2 倍，如果阿德再走至他前方的第 7 条白线上，则前、后两端的白线数量相等。请问：这条斑马线总共有多少条白线？

问题 88

　　柯南说他可以用五个数字 1、2、3、4、5 以及适当的数学符号列出算式，使得结果分别为 10、20、30、40。你知道他是怎么办到的吗？

问题 87 解答

由题意推知：

如果阿德从斑马线正中间的白线向后退 7 条白线后（此时他前端的白线数量比后端白线数量多 14 条），因为他前端的白线数量是后端白线数量的 2 倍，所以他前端的白线数量有 14×2=28 条，后端的白线数量有 14 条。

28+14+1=43，

所以这条斑马线总共有 43 条白线。

问题 88 解答

以下皆是可行的算式：

（1）5×2+4-3-1=10；5×（2+4-3-1）=10。

（2）4×3+5+2+1=20；5×（2+4+1-3）=20。

（3）1+5+4×3×2=30；（1+5）×4+3×2=30。

（4）（5-1）×（4+3×2）=40；（1+5）×（4+3）-2=40。

问题 89

小玉在计算除法时，不小心将被除数 219 写为 291，结果得出的商比真正的商大 8，但余数跟真正的余数相等。请问：原计算式的除数是多少？

问题 90

阿德路过"阿花"豆花店，买了五杯原味豆花与五杯红豆豆花，回办公室请同事吃。阿德各吃了几口原味豆花与红豆豆花后，对同事说："我觉得原味的比较好吃，因为红豆的太甜了，豆花的原本香味都被掩盖掉了。"

针对以上情况，请问以下哪一句为正确叙述？

A．原味豆花很好吃。

B．红豆豆花不好吃。

C．红豆豆花比原味豆花好吃。

D．对阿德来说，原味豆花比红豆豆花好吃。

E．如果有其他更好叙述，可不必选择任何选项，但请补充说明。

问题 89 解答

被除数 219 写为 291 时，被除数增加了 291-219=72。
72÷8=9，所以原计算式的除数是 9。

问题 90 解答

严格说来，D 的叙述仍然不正确。

所以应选择 E，可补充说明成更好的叙述为："对阿德来说，'阿花'豆花店卖的原味豆花比红豆豆花好吃。"

问题 91

　　小丸子到杂货店买鸡蛋，没想到鸡蛋已经全部卖完，于是店老板紧急购入一批新鲜鸡蛋，数量是一个三位数。老板发现：若卖掉 7 个鸡蛋，则剩下的鸡蛋数量可被 7 整除；若卖掉 8 个鸡蛋，则剩下的鸡蛋数量可被 8 整除；若卖掉 9 个鸡蛋，则剩下的鸡蛋数量可被 9 整除。请问：这批鸡蛋有多少个？

问题 92

　　丸尾考全班同学："请将 1、2、3、4、5、6 这六个数字填入以下的圆圈内，使得三个圆上的四个数字和都相等。"小杉花了 100 分钟解出答案，你可以解得比他快吗？

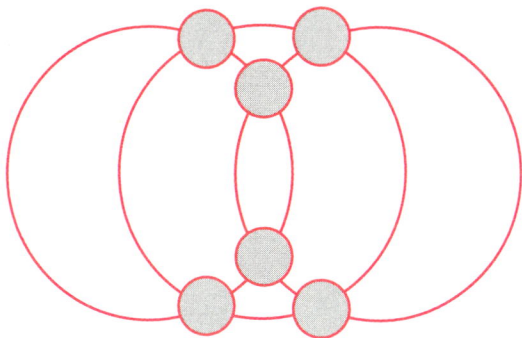

问题 91 解答

依题意可知：

新购入的鸡蛋数量是 7、8、9 的倍数。

7、8、9 的最小公倍数为 7×8×9=504，而且这批新购入的鸡蛋数量是一个三位数，所以这批新购入的鸡蛋有 504 颗。

问题 92 解答

如下图的方式填入即可，每个圆上的四个数字和都等于 14。

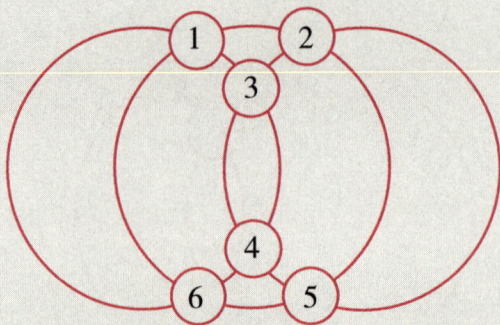

问题 93

将相同大小的三块黏土，分给花轮、小杉、长山三位小朋友，要他们使用全部黏土，捏出自己最喜爱的动物造型。花轮捏出一只小青蛙，小杉捏出一只小白兔，长山捏出一只大象。请问：哪一个人捏出的动物体积最大？

问题 94

小玉的爸爸每天开车上班，家与公司的行车路程为十几千米。他只记得早上开车出门时，车子里程表上的行车总里程快接近30000千米，而且这个五位数由右向左念跟由左向右念都一样。他开车到公司并停妥车子后，发现里程表上的行车总千米数由右向左念跟由左向右念还是一样。请问：小玉家到爸爸公司的行车路程为多少千米？

问题 93 解答

相同大小的黏土捏出的小青蛙、小白兔与大象的体积相同。

类似问题如："请问 1 千克的铁与 1 千克的棉花，哪个比较重？" 答案当然是一样重了。

问题 94 解答

因为家与公司的行车路程为十几千米，且早上出门时行车总里程快接近 30000 千米，所以开车出门时，里程表上的行车总千米数为 29992。开车到公司时，里程表上的行车总千米数为 30003。

30003-29992=11，

所以小玉的爸爸家与公司的行车路程为 11 千米。

问题 95

柯南将数学、社会、英语、自然四本书排列在书架上。请问：紧邻数学的两侧恰是一本英语与一本自然的可能排列方式共有多少种？

问题 96

小美、小琪、小亮、小安四个学生排排坐，其中小美与小亮紧邻而坐，小亮与小安也要紧邻而坐。请问：这四位学生坐成一行的可能情况共有多少种？

问题 95 解答

数学必须排在由左至右的第二本或第三本，所以有以下四种可能的排列方式：

（英语，数学，自然，社会）；

（自然，数学，英语，社会）；

（社会，英语，数学，自然）；

（社会，自然，数学，英语）。

问题 96 解答

这四位学生坐成一行的可能情况共有以下四种：

（1）小琪、小美、小亮、小安；

（2）小美、小亮、小安、小琪；

（3）小琪、小安、小亮、小美；

（4）小安、小亮、小美、小琪。

问题 97

老师收到邻居送来的一箱水果，若将 1 个番茄放进箱子，则箱内的番茄可均分给 2 个人；若将 2 个番茄放进箱子，则箱内的番茄可均分给 3 个人；若将 3 个番茄放进箱子，则箱内的番茄可均分给 4 个人；若将 4 个番茄放进箱子，则箱内的番茄可均分给 5 个人；若将 5 个番茄放进箱子，则箱内的番茄可均分给 6 个人。请问：箱内最少有几个番茄？

问题 98

小丸子与班上同学共 15 个人围坐成一圈，按照顺序传递一袋不超过 100 颗的糖果。每个人接到袋子后先拿出一颗给自己，再将袋子传给下一个人。如果小丸子恰好取得第 6 颗和最后一颗，那么这袋糖果最多有多少颗？

问题 97 解答

如果箱内只有 1 个番茄，多 1 个就有 2 个，可均分给 2 个人；多 2 个就有 3 个，可均分给 3 个人；多 3 个就有 4 个，可均分给 4 个人；多 4 个就有 5 个，可均分给 5 个人；多 5 个就有 6 个，可均分给 6 个人。

所以箱内最少有 1 个番茄。

问题 98 解答

如果由后往前看取糖果的过程，从小丸子取第一颗糖果开始，几轮之后，最后一轮只有 6 人多取一颗糖果。

因为袋内糖果总数为 15 的倍数多 6，且糖果不超过 100 颗，所以最多有 $15 \times 6 + 6 = 96$（颗）。

问题 99

老师在黑板上出了一道计算题："请计算 1234567890 × 5 的结果。"一美算得头都快晕了，没想到阿德盯着黑板上的题目，很快就写出了正确答案。阿德并没有学过心算，到底他是怎么办到的呢？

问题 100

阿笠博士鼓励少年侦探队动脑筋，将 0、1、2、3、4、5、6、7、8、9 这十个数字填入以下圆圈内，使得三角形每边上四个圆圈内的数字总和都相等（右下图是一种可行的填入方式，每边的数字总和都是 16）。请问：数字总和最大与最小的填入方式分别是什么？

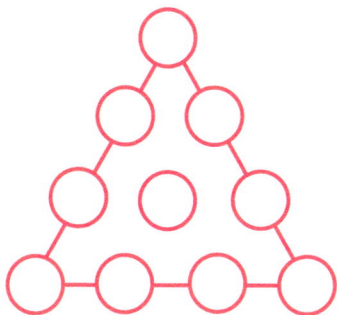

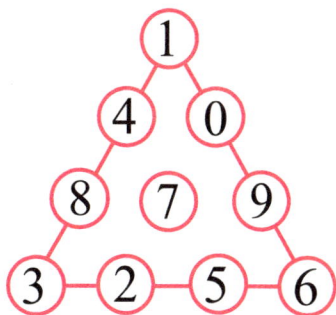

问题 99 解答

阿德盯着黑板上的题目，心里头是这样推想的：

1234567890×5=（1234567890÷2）×10

=617283945×10

=6172839450。

问题 100 解答

数字总和最大与最小的填入方式分别如左下图（每边数字总和都是 23）与右下图（每边数字总和都是 13）。

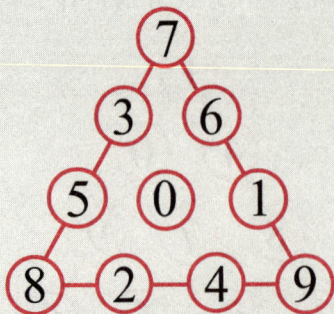

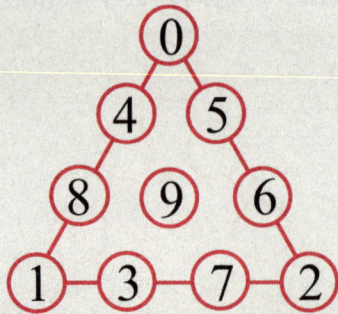

问题 101

永泽一家有爸爸、妈妈、永泽、永馨、司机五个人以及一只狼狗，他们全部要过河，但只有一艘小船，而且这艘小船一次只能载三个人，或载两个人与一只狗。如果妈妈和永泽两人一起时，爸爸必须在；爸爸和永馨两人一起时，妈妈必须在；狼狗在的时候，必须由司机看管。假定每个人都会划船，请问：全家如何以最少的渡河次数渡河？

问题 102

丸尾考全班同学："请将 1、2、3、4、5、6、7 这七个数字填入以下的圆圈内，使得每条线上的三个数字和都相等。"阿德花了 80 分钟解出答案。请问：你可以解得比他快吗？

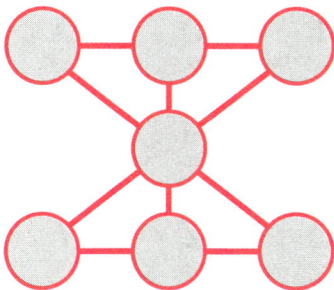

问题101解答

以如下的方式渡河5次，全家可符合要求渡河：

原岸	渡河者	彼岸
爸爸、妈妈、永泽、永馨、司机、狼狗		
永泽、司机、狼狗	爸爸、妈妈、永馨→	
永泽、司机、狼狗	←爸爸	妈妈、永馨
狼狗	爸爸、永泽、司机→	妈妈、永馨
狼狗	←司机	爸爸、妈妈、永泽、永馨
	司机、狼狗 →	爸爸、妈妈、永泽、永馨
		爸爸、妈妈、永泽、永馨、司机、狼狗

问题102解答

如下图的方式填入即可，每条线上的三个数字和都等于12。

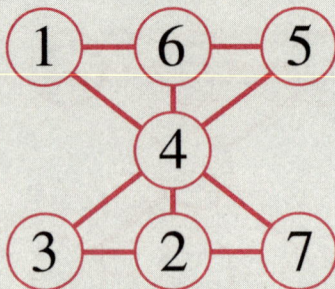

问题 103

小丸子、小玉、年子三个人比赛跑步，老师鸣枪后三人同时从起跑线出发。过了几秒之后，小丸子跑在最前面，小玉紧追其后，年子落在最后。老师突然对三人下达命令："三人即刻转向往回跑！"如果三个人在同一时间，立刻转向往回跑，那么跑回原起跑线的先后顺序如何？

问题 104

小兰想将 1、2、3、4、5 五个数字填入以下表格，使每行、每列、两主对角线都恰有这五个数字，且总和都是 15。请你也跟着想想看吧！

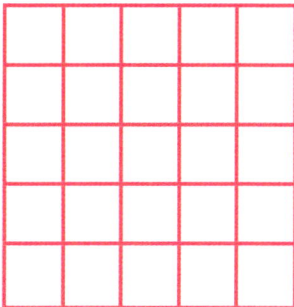

问题 103 解答

因为三个人从原起跑线跑到"往回跑的起点"所花的时间相同，那么三个人从"往回跑的起点"跑回原起跑线的时间一样，所以三个人同时跑回原起跑线。

问题 104 解答

如下的方式填入即可：

1	2	3	4	5
3	4	5	1	2
5	1	2	3	4
2	3	4	5	1
4	5	1	2	3

问题 105

花轮说:"所有位数的数字乘积大于 100 的最小三位数是 269。"请问他说对了吗?

问题 106

新一与小兰一起用餐时,小兰出了一道题考新一,并告诉他如果不能在三分钟内解出答案,就要请她看电影。题目是:以下"我""爱""你"各代表 0 ~ 9 的三个不同数字,如果两位数"爱我"与"爱爱"的和等于三位数"我爱你",那么"我""爱""你"各代表哪一个数字?没想到新一只花 10 秒钟就算出答案了,害得小兰既惊讶,又失望! 到底"我""爱""你"各代表哪一个数字呢?

$$
\begin{array}{r}
爱\ 我 \\
+\ \ 爱\ 爱 \\
\hline
我\ 爱\ 你
\end{array}
$$

问题 105 解答

他说对了。

因为 $1×9×9=81$，$2×5×9=90$，$2×6×8=96$，$2×6×9=108$

所以所有数字乘积大于 100 的最小三位数是 269。

问题 106 解答

	爱	1				9	1
+	爱	爱	$\Rightarrow$		+	9	9
1	爱	你			1	9	0

所以"我""爱""你"各代表数字 1、9、0。

问题 107

已知小华、小明、小宝是亲兄弟，而且小明有三个哥哥，小华有七个弟弟，小宝有五个哥哥和三个弟弟。请问：小明是小华的第几个弟弟？

问题 108

已知 1、1、9、9 四个数字，元太只使用"加、减、乘、除、小括号"中的部分符号，就列出一个答案为 10 的算式 11−9÷9=10。请你也试着列出答案为 10 的其他算式。

问题 107 解答

因为小宝有五个哥哥、三个弟弟，可推知这些亲兄弟共有九个。

又由小明有三个哥哥、小华有七个弟弟，可推知依年龄由大排到小，小明排第四，小华排第二，所以小明是小华的第二个弟弟。

问题 108 解答

以下都是答案为 10 的算式：

（1）$19-9\times1=10$（或 $19\times1-9=10$）；

（2）$9^1+1^9=10$（因为 $9^1=9$，$1^9=1$）；

（3）$9\times1+1^9=10$；

（4）$9+9^{1-1}=10$（因为 $9^{1-1}=9^0=1$）；

（5）$(1+1\div9)\times9=10$。

问题 109

游戏室内有一面长 1848 cm、宽 1050 cm 的墙壁，现在想在这面墙壁上贴满相同的正方形小壁纸，现要求壁纸必须整张使用，且不能重叠。请问：下列哪些规格的壁纸可以贴满整面墙壁？

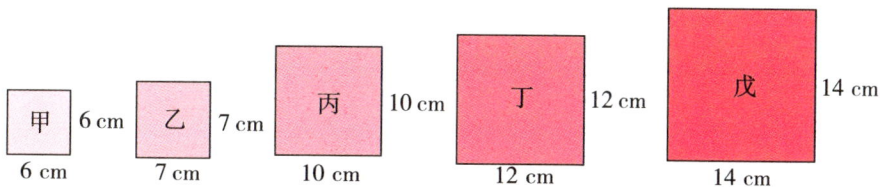

| 甲 6 cm | 乙 7 cm | 丙 10 cm | 丁 12 cm | 戊 14 cm |
| 6 cm | 7 cm | 10 cm | 12 cm | 14 cm |

问题 110

白鸟警官有一个长方体的盒子，它的底部是个正方形，它的体积是 144 立方单位。如果盒子的长、宽、高都是整数单位，那么这个盒子可能有多少种不同的尺寸？

问题 109 解答

因为 1848=2×2×2×3×7×11,

1050=2×3×7×5×5,

推知：6、7、14 都可整除 1848 与 1050,

所以甲、乙、戊三种壁纸可以贴满整面墙壁。

问题 110 解答

144=2×2×2×2×3×3

⇒144=（1×1）×144,

144=（2×2）×36,

144=（3×3）×16,

144=（4×4）×9,

144=（6×6）×4,

144=（12×12）×1,

所以这个盒子可能有 6 种不同的尺寸。

问题 111

　　小丸子班上共 22 个人要搭一部专属电梯从一层到顶层，但操作电梯必须使用专用电梯卡确认身份，才能使电梯到达指定楼层并打开电梯门。而且当使用者进入电梯，电梯门完全关闭后，持相同电梯卡在电梯内做最后确认，才可使这部电梯上楼或下楼。

　　如果电梯一次最多搭载 5 个人，现在这 22 个人只有一张电梯专用卡，那么全部从一层到顶层至少要搭电梯上或下共多少次？

问题 112

　　胖虎被以下计算题难倒了。请问：正确结果的数字和是多少呢？

$$\underbrace{1\,1\cdots1}_{55个} + \underbrace{2\,2\cdots2}_{55个} + \underbrace{3\,3\cdots3}_{55个} + \underbrace{4\,4\cdots4}_{55个} =$$

问题 111 解答

一楼的人数	电梯上楼（→）或下楼（←）	上到最高楼层的人楼
22		0
17	5→	0
17	←1	4
13	5→	4
13	←1	8
9	5→	8
9	←1	12
5	5→	12
5	←1	16
1	5→	16
1	←1	20
0	2→	20
0		22

$22 \div (5-1) = 5 \cdots\cdots 2$，即电梯必须上楼 6 次、下楼 5 次，共 11 次，才能使全部的人从一层上到顶层。

问题 112 解答

$$\underbrace{11\cdots1}_{55个} + \underbrace{22\cdots2}_{55个} + \underbrace{33\cdots3}_{55个} + \underbrace{44\cdots4}_{55个}$$

$$= \underbrace{111\cdots110}_{55个}$$

```
      111·········111
      222·········222
      333·········333
 +)   444·········444
  ─────────────────────
     1111·········110
         ⌣
        55个1
```

$$\underbrace{1+1+1+\cdots+1+1}_{55个} + 0 = 55，$$

所以所得结果的数字和是 55。

问题 113

　　大雄将钟面上的时针从指向 12 点开始，先顺时针方向旋转 990 小时，再逆时针方向旋转 990 度。请问：钟面上的时针指向几点？

问题 114

　　阿笠博士说下图中（1）～（3）各组骰子图面是按规则变化的，请思考它们的发展关系，并画出"？"处的图形。

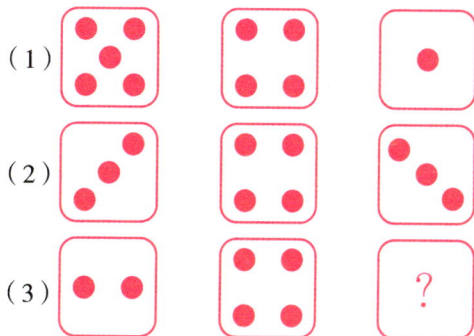

（1）

（2）

（3）

问题 113 解答

$990 \div 12 = 82\frac{6}{12}$ 圈，顺时针方向旋转 990 小时，时针指向

6 点；

$990 \div 360 = 2\frac{3}{4} = 2\frac{9}{12}$ 圈，再逆时针方向旋转 990 度，时针

指向 9 点。

问题 114 解答

各组第一颗与第二颗骰子图面上，若黑点的位置相同，则这些黑点都删去；若黑点的位置不同，则这些黑点都留下。

问题 115

爱吃糖果的小丸子在时钟 1 ~ 12 时的每个位置都放一颗糖果，然后选择吃掉其中一颗后，顺时针数第 5 颗糖果再吃掉一颗。如果她想最后吃掉位置在 6 时的糖果，那么第一颗必须吃掉放在哪一个位置的糖果？

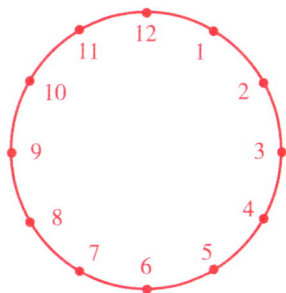

问题 116

基德说以下表格中的数字是依照一定规则排列的。请问：第 8 行第 10 列的数字是多少？

	第1列	第2列	第3列	第4列	第5列	第6列	…
第1行	5	7	11	13	17	19	…
第2行	3	9	9	15	15	21	…
第3行	1	11	7	17	13	23	…
…	…	…	…	…	…	…	…

问题 115 解答

　　如下图，如果选择 12 时的糖果当第一颗吃掉，则最后会吃掉位置在 8 时的糖果。所以如果想最后吃掉位置在 6 时的糖果，则第一颗必须吃掉放在 10 时位置的糖果。

问题 116 解答

　　（1）第 1 行奇数列的数字：

$$5 \xrightarrow{+6} 11 \xrightarrow{+6} 17 \xrightarrow{+6} 23 \xrightarrow{+6} 29 \cdots\cdots$$

第 1 行偶数列的数字：

$$7 \xrightarrow{+6} 13 \xrightarrow{+6} 19 \xrightarrow{+6} 25 \xrightarrow{+6} 31 \cdots\cdots$$

所以第 1 行第 10 列的数字是 31。

　　（2）偶数列每行数字是上一行数字加 2，第 8 行第 10 列的数字：

$$31 \xrightarrow{+2} 33 \xrightarrow{+2} 35 \xrightarrow{+2} 37 \xrightarrow{+2} 39 \xrightarrow{+2} 41 \xrightarrow{+2} 43 \xrightarrow{+2} 45$$

所以第 8 行第 10 列的数字是 45。

启发图形知觉

问题 117

如下图，丸尾告诉小玉，只要移动其中 4 根火柴棒，就会没有任何正方形。小玉本以为丸尾是在开玩笑，没想到他真办到了。你知道丸尾是如何办到的吗？

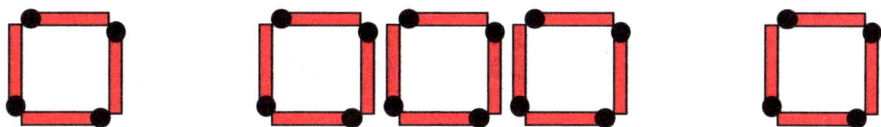

问题 118

静香以 8 个边长为 1 厘米的正三角形纸片拼成以下的菱形。如果她想重新拼成一个 "S" 形，那么她最少必须移动多少个正三角形纸片？

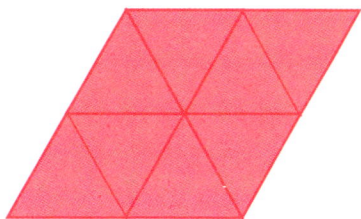

121

问题 117 解答

此题无法仅以图形观点处理，宜运用计算观点处理，即 "□＋□－□－□＝0（没有）"，如下图的移法。

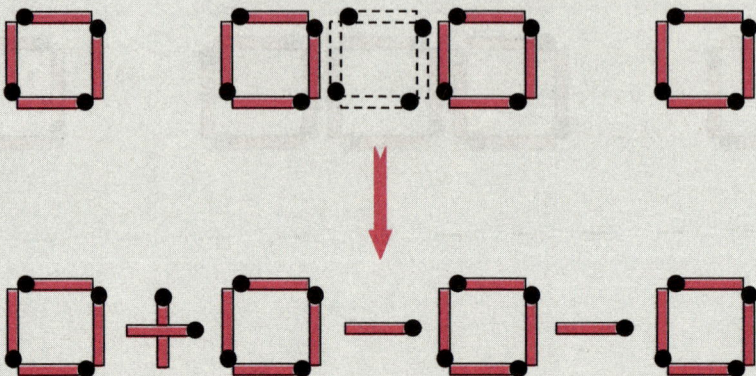

问题 118 解答

（1）若移动 3 个正三角形纸片，可拼成一个 "S" 形（将右下图逆时针转 30 度观察）。

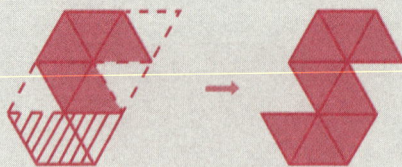

（2）如下图，最少必须移动 2 个正三角形纸片，即可拼成一个 "S" 形（将右下图逆时针转 90 度观察）。

问题 119

阿笠博士要将 7 个大小相同的蛋糕分给 6 个小朋友，如果每个蛋糕均允许切成大小相同并少于 6 块的任意块数，那么要如何公平地分给 6 个小朋友？

问题 120

佐佐木爷爷裁了四块面积皆为 5 平方厘米的木片。如果木片可以翻面，且规定两块木片相接时，至少必须有 1 厘米的边重合，请将四块木片平放并围出最大的区域面积。

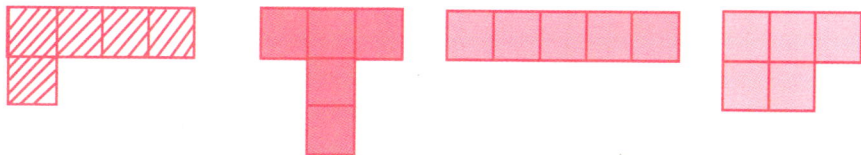

123

问题 119 解答

如下图，将其中 3 个蛋糕都等分成 2 小块；其中 4 个蛋糕都等分成 3 小块。

如下图，每个小朋友都可拿 $\frac{1}{2} + \frac{2}{3} = \frac{7}{6} = 1\frac{1}{6}$ 个蛋糕。

问题 120 解答

如下图，可以围出的最大区域面积为 9 平方厘米。

问题 121

　　服部用 10 片长方形纸板拼成下图，由左而右的"宽"依次为 5 厘米、10 厘米、15 厘米、20 厘米、25 厘米、25 厘米、20 厘米、15 厘米、10 厘米、5 厘米；由左而右的"长"依次为 12.5 厘米、17.5 厘米、22.5 厘米、27.5 厘米、32.5 厘米、37.5 厘米、42.5 厘米、47.5 厘米、52.5 厘米、57.5 厘米。请问：这 10 个长方形的面积和是多少平方厘米？

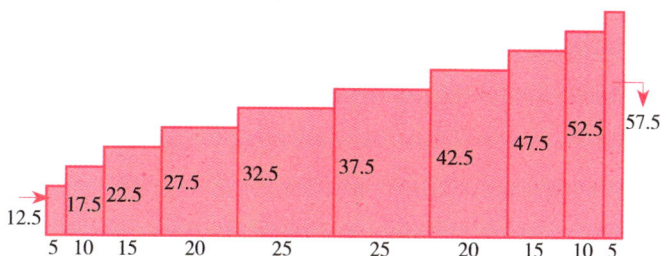

问题 122

　　小玉生日当天，她要将一块正六边形蛋糕平分给 8 个同学，但每个人分到的蛋糕形状与大小都要相同。请问：她要怎么分蛋糕呢？

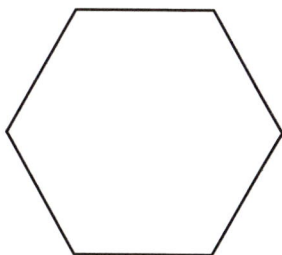

问题 121 解答

如下图，将右侧五个长方形逆时针转 180 度后，可与左侧五个长方形拼成一个大长方形。

（5+10+15+20+25）×（12.5+57.5）=75×70=5250，

所以这 10 个长方形的面积和是 5250 平方厘米。

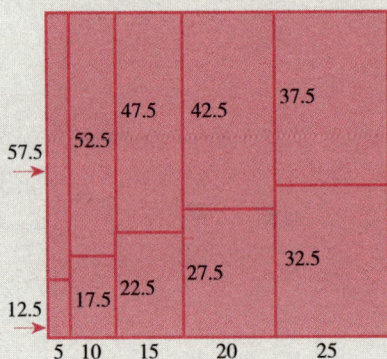

问题 122 解答

以下是两种可行的分蛋糕方式：

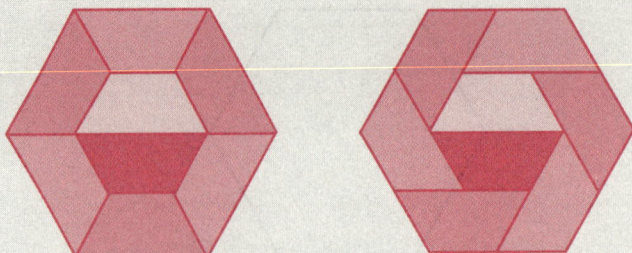

问题 123

　　小夫在纸上画了 10 条长 18 厘米且等间隔的平行线段，然后沿着最上方一条的左端与最下方一条的右端，切割出对角线（如左下图虚线所示），再将对角线右侧全部图形往右下方移动（如箭头方向所示），则对角线两侧的图形可合并成 9 条线段（如右下图所示）。请问：新图形最上面三条线段长的总和是多少厘米？

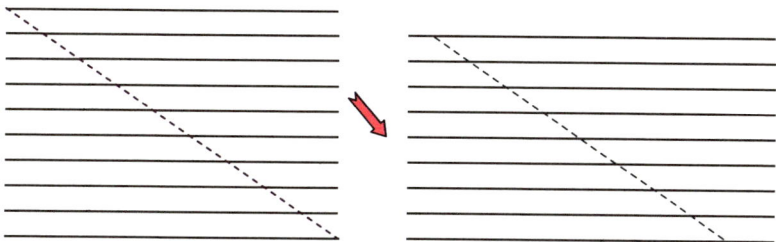

问题 124

　　丸尾拿着一张 28 个平方单位的纸张（如左下图），将它分割成两部分，再拼成如右下的图形。请问：他是怎么办到的呢？

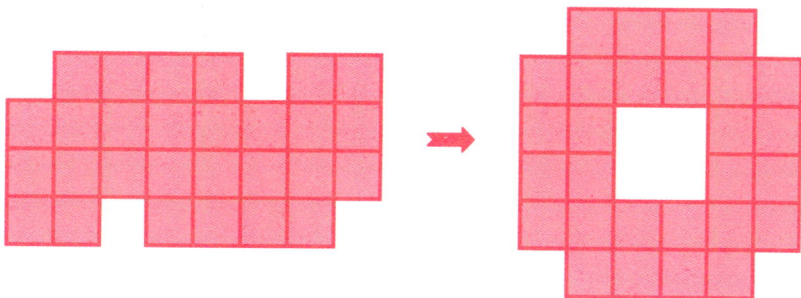

问题 123 解答

对角线两侧的图形经过合并会成为 9 条等长线段，18×10÷9=180÷9=20，即新图形上每一条线段长 20 厘米。

20×3=60，所以新图形最上面三条线段长的总和是 60 厘米。

问题 124 解答

如下图分割。

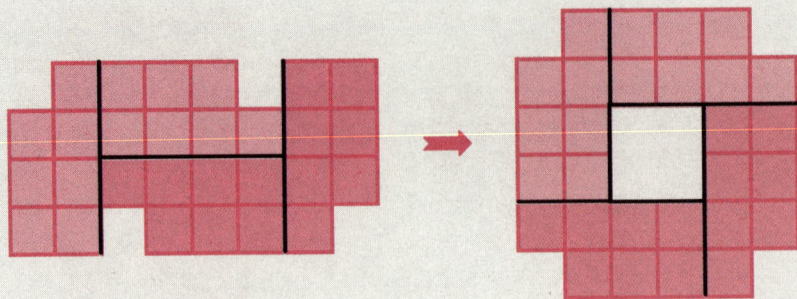

问题 125

如下图，大雄、胖虎、小夫分别将一张长 14、宽 10 的纸张剪成五小张（粗黑线段为剪裁线），再拼合成一个无盖的长方体容器。请问：哪一种分割方式所拼成的容量最大？

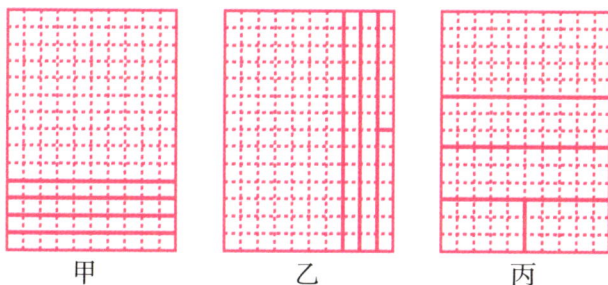

甲　　　　　　　乙　　　　　　　丙

问题 126

阿笠博士要元太、光彦各利用 8 根等长火柴棒围出一个最大的区域面积，元太围出一个正方形，光彦围出一个菱形，但阿笠博士说两人围出的面积都不够大。请问：要怎样才能围出最大的区域面积？

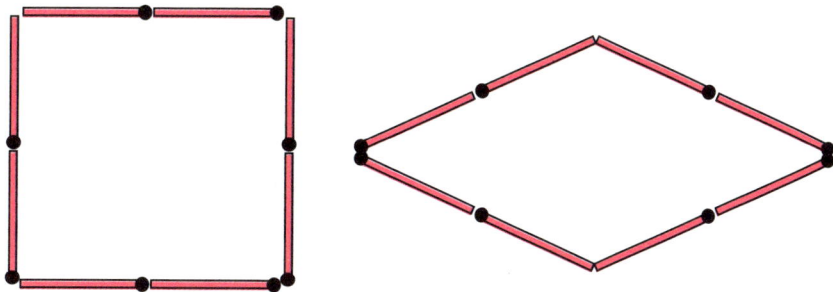

问题 125 解答

甲：$10 \times 10 \times 1 = 100$，

乙：$14 \times 7 \times 1 = 98$，

丙：$10 \times 5 \times 3 = 150$。

因为 $150 > 100 > 98$，所以丙分割方式所拼成的容量最大。

问题 126 解答

如下图，围出一个正八边形可以得到最大的面积。

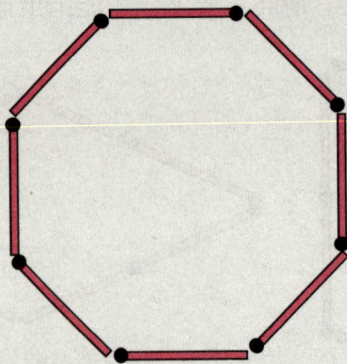

问题 127

小丸子把教科书上的图形加上一些线条并涂色。请问：图中涂满颜色的三角形共有多少个？

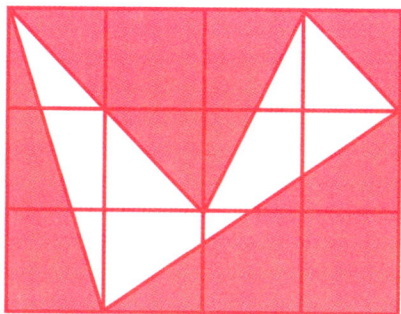

问题 128

阿笠博士拿了一张由 8×8=64 个小正方格组成的棋盘纸（如下图），以及一个由 5 个小正方格组成的十字形纸张。如果所有小正方格的大小均相同，那么在棋盘纸上至少必须挖空多少个小正方格，才能使得当十字形纸张放在棋盘纸上任意位置时，一定会盖到挖空的小正方格？

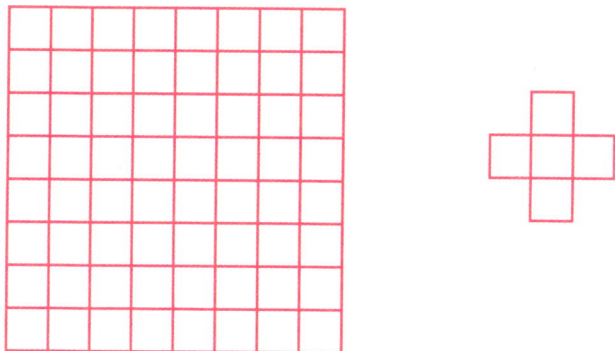

问题 127 解答

涂满颜色的区域共有四部分，其三角形个数如下图示：

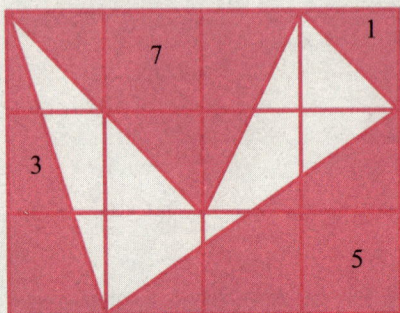

$1+3+5+7=16$，所以涂满颜色的三角形共有 16 个。

问题 128 解答

应该要尽量且适当拉开挖空方格的间距。而经由试验得知至少必须挖空 10 个小正方格（涂颜色的部分），才能使得当十字形纸张放在棋盘纸上时，一定会盖到挖空的小正方格。以下最左边的图示是利用一种走法，得出的一种有效空间配置。

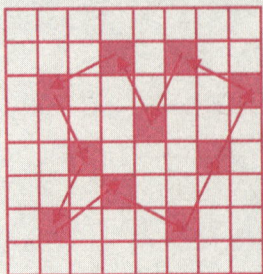

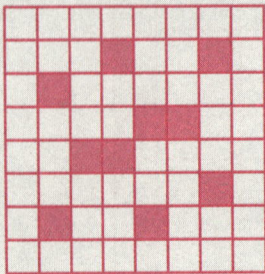

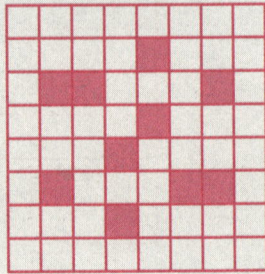

问题 129

如图将正方体的其中两面，各划分成九个相同的小正方形，再分别标上○、△两个符号。请问：正方体的展开图上符号△的正确位置在哪里？

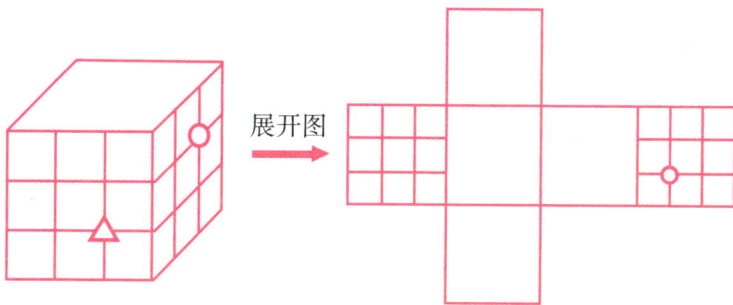

展开图

问题 130

小丸子将甲、乙、丙、丁四个立体图形前后或左右旋转90度，仅旋转一次。请问：哪一个不可能转成如下的立体圆形？

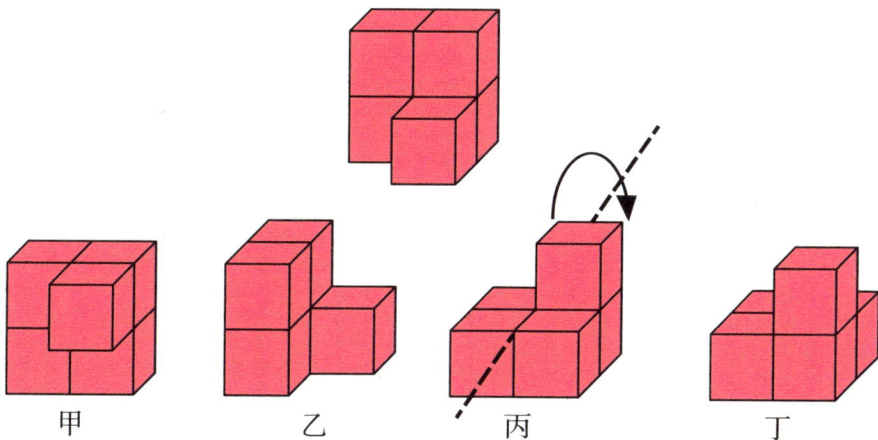

甲　　　　乙　　　　丙　　　　丁

问题 129 解答

展开图上符号 △ 的正确位置如下：

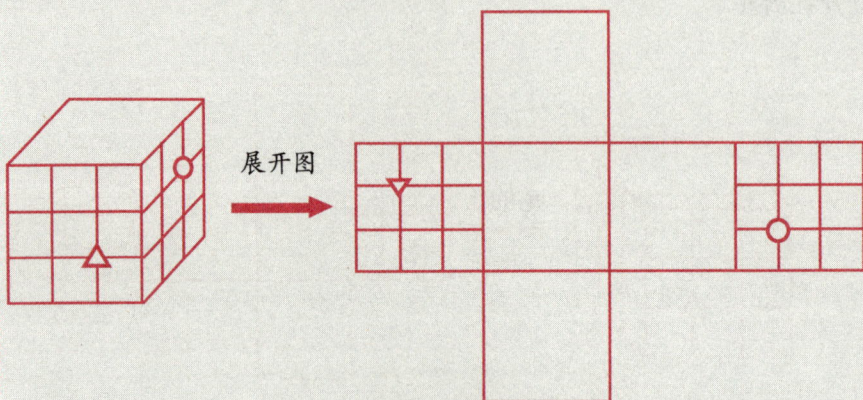

问题 130 解答

　　如下图，甲以由前而后的直线为轴向右旋转 90 度，乙以由上而下的直线为轴向左旋转 90 度，丁以由左而右的直线为轴向前旋转 90 度，以上皆可转成原立体图形。丙无论向前后或左右旋转 90 度，都不可能转成原立体图形。

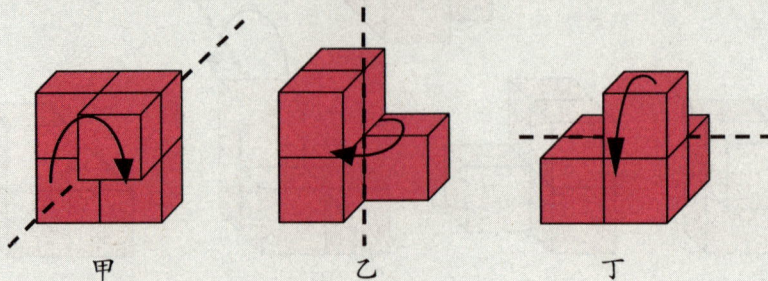

甲　　　　乙　　　　丁

问题 131

富田拿了两枚相同的 50 元硬币，固定其中一枚（内部涂颜色的圆），并使另一枚（内部涂白色的圆）紧靠此枚硬币的圆周逆时针绕一圈，最后转回原来的位置。请问：内部涂白色的这枚硬币自己转了多少圈？

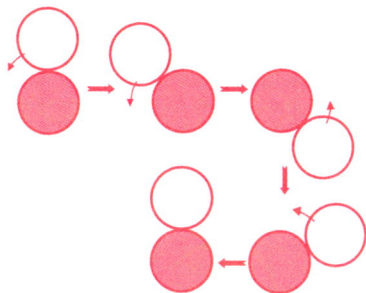

问题 132

小兰在笔记本上画了五个人物图案。如果这些图案是有规律的，那么你可以画出第六个图案吗？

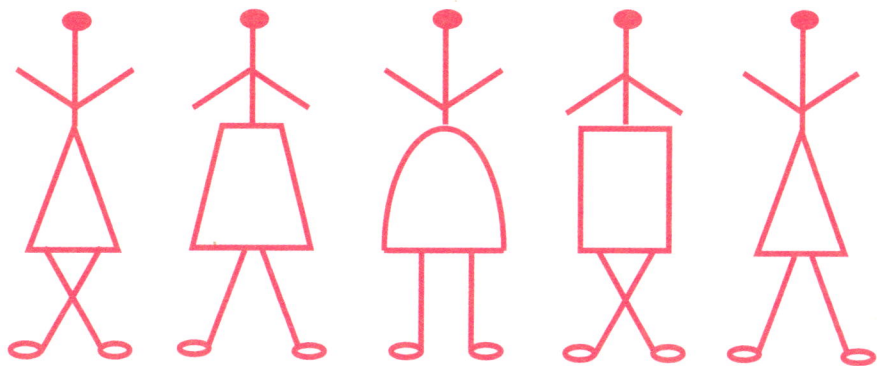

问题 131 解答

可实际拿两枚相同的硬币试试看。

如果设内部涂白色的硬币圆心为 B 点，当内部涂白色的硬币绕着内部涂灰色的硬币转一圈，最后回到原来位置时，则 B 点行进的路线轨迹是一个半径为原硬币半径 2 倍的圆（如图示的虚线圆），所以 B 的行进轨迹长是一个硬币周长的 2 倍。由此推知：内部涂白色的这枚硬币自己转了 2 圈。

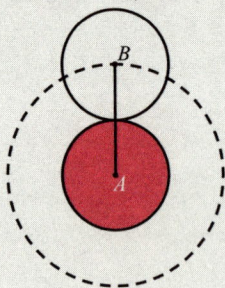

问题 132 解答

人物图案的双手有两种变化；裙子有四种变化；双脚有三种变化。依此变化规律，可画出第六个图案（下图最右侧）：

问题 133

山田画了一个 3×3 的九宫格。请问：包含斜线部分的四边形共有多少个？

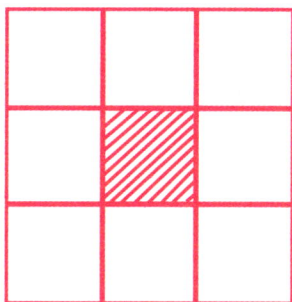

问题 134

阿笠博士说，以下的三个小题，若只利用同一种密切关系，则每个小题都可从四个选项中找到唯一答案。请你试着找出各小题的答案。

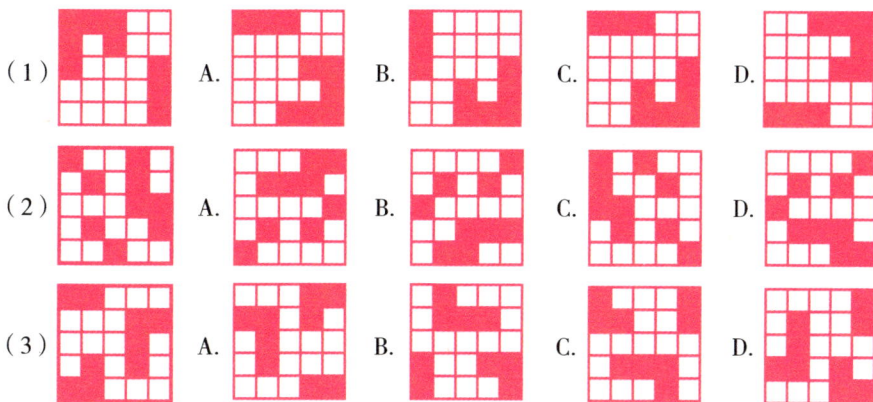

（1） A. B. C. D.

（2） A. B. C. D.

（3） A. B. C. D.

问题 133 解答

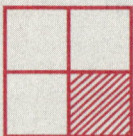 ×4　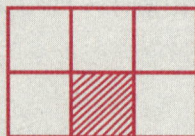 ×4

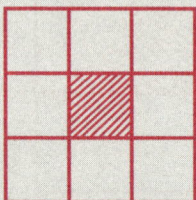 ×1　 ×2

4+4+4+1+1+2=16，所以包含斜线部分的四边形共有16个。

问题 134 解答

 顺时针转90度 　 顺时针转90度

 顺时针转90度

所以三个小题的答案依次为 D、B、C。

问题 135

阿笠博士说以下的三个小题，若只利用同一种密切关系，则每个小题都可从四个选项中找到唯一答案。请你试着找出各小题的答案。

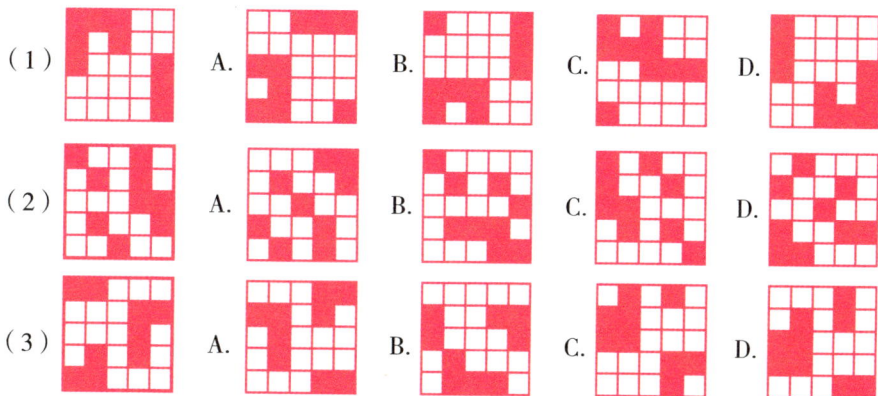

（1） A. B. C. D.

（2） A. B. C. D.

（3） A. B. C. D.

问题 136

户川老师发给每位学生八张纸片，其中 2 平方单位与 3 平方单位的纸片各有 4 张（如下图左侧），他要学生利用它们拼成一个如下图右侧的正方形框。请问：共有多少种不同的组合方式？

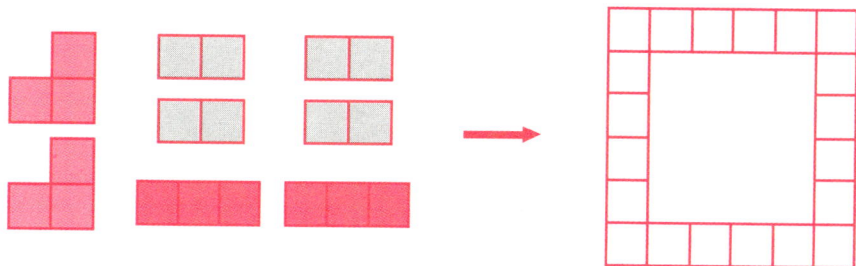

问题 135 解答

所以三个小题的答案依次为 B、A、D。

问题 136 解答

共有以下 5 种不同的组拼方式：

问题 137

阿笠博士说以下是四个依照特定规律排列的图案，请完成"？"的正确图案。

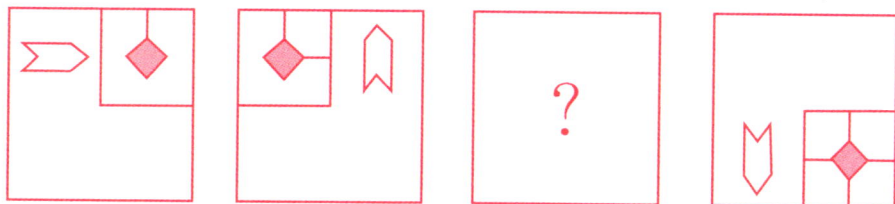

问题 138

有一块巧克力被划分成 3×4 个小方格，我们每次只可以把任何一块巧克力沿着格线从头到尾掰开，但不可以只掰到一半、斜掰或叠加在一起掰。小玉想将这块巧克力恰好掰为四块与朋友分享。请问：剥出的四块巧克力的小方格数共有几种不同的可能掰法？（掰下的巧克力只考虑小方格数，不考虑顺序与形状，下图是一个掰为 3：3：4：2 的例子）

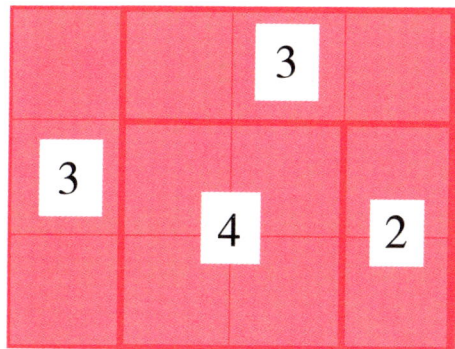

问题 137 解答

四个依照特定规律排列的图案如下所示：

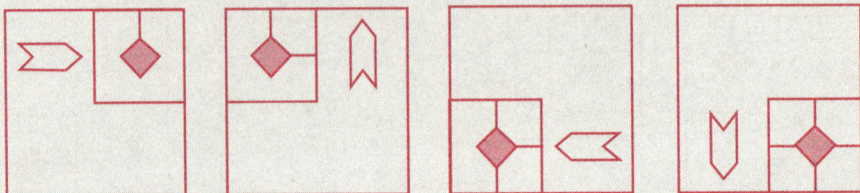

问题 138 解答

（1）第一次掰成的两块，其小方格数必为（3，9）或（4，8）。

（2）不可能掰出小方格数为5或7的巧克力块。

（3）我们考虑掰下的四块巧克力，小方格数最多的这一块，其小方格数为9、8、6、4、3的五种情形，同时考虑每一种可能掰法的可行性：

①小方格数最多的一块，其小方格数为9：（9，1，1，1）。

②小方格数最多的一块，其小方格数为8：（8，2，1，1）。

③小方格数最多的一块，其小方格数为6：（6，4，1，1）或（6，3，2，1）或（6，2，2，2）。

④小方格数最多的一块，其小方格数为4：（4，4，2，2）或（4，4，3，1）或（4，3，3，2）。

⑤小方格数最多的一块，其小方格数为3：（3，3，3，3）。

所以掰出的四块巧克力的小方格数共有9种不同的掰法。

问题 139

阿笠博士说以下的图形是依照特定规则呈现的，请思考它们的发展关系，并画出"？"处的图形。

问题 140

猪太郎说他可以使用4条相连接的线段，将以下9个点串起来。他到底是在"吹牛"，还是真有可行的画法呢？

　　图形是一个正三角锥（正方体每个面都是正方形，正三角锥每个面都是正三角形）。

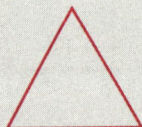

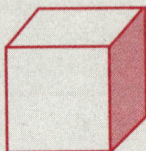

　　猪太郎没有"吹牛"。如下图，画线段不能遇到点就马上转弯，多画一些长度，才可能只用 4 条相连接的线段将 9 个点串起来。

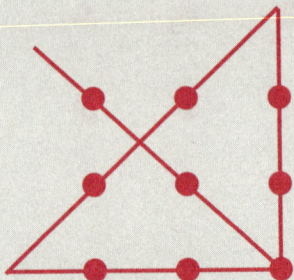

问题 141

以下有图（1）～（3）三个立体图形，它们都是小丸子用边长为 1 厘米的小正方体拼成的。请问：三个图形的表面积各是多少平方厘米？

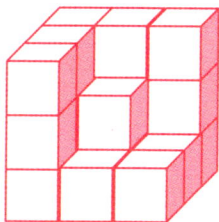  

图（1）　　　　　　图（2）　　　　　　图（3）

问题 142

年子以直尺在白纸上画了以下的图。请问：图中共有几个三角形？

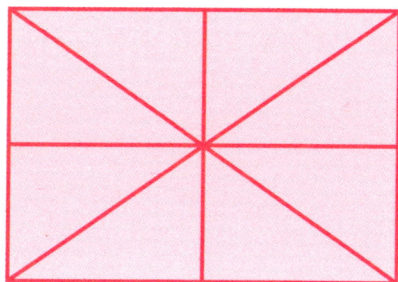

问题 141 解答

（1×1×9）×6=54，54+2=56，54+4=58。

所以图（1）的表面积为 54 平方厘米；

图（2）的表面积为 56 平方厘米；

图（3）的表面积为 58 平方厘米。

问题 142 解答

如果假设最小三角形的面积为 1 平方单位，则面积为 1 平方单位的三角形有 8 个；面积为 2 平方单位的三角形有 4 个；面积为 4 平方单位的三角形有 4 个。8+4+4=16，所以图中总共有 16 个三角形。

问题 143

阿笠博士要少年侦探队观察下图中（1）和（2）两组图形的变化规律，然后画出"？"处的图形。请问："？"处的图形应该是什么？

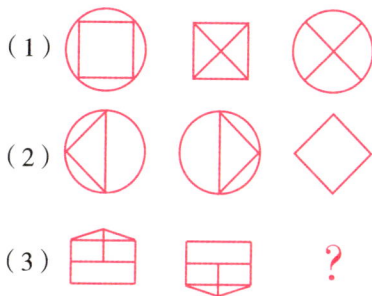

（1）

（2）

（3） ？

问题 144

下图是山根用相同积木拼成的立体图形。请问：至少还要加入多少块积木才能组成一个大正方体？

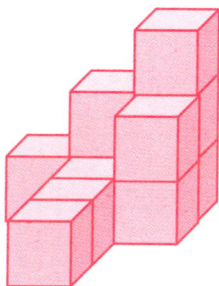

问题 143 解答

将各组第一个图形右移至第二个图形上，并将重叠的部分删去后，留下的部分则为各组的第三个图形。

(1)

(2)

(3)

问题 144 解答

$4 \times 4 \times 4 - (1+5+5) = 64-11 = 53$，

所以至少还要加入 53 块积木才能组成一个大正方体。

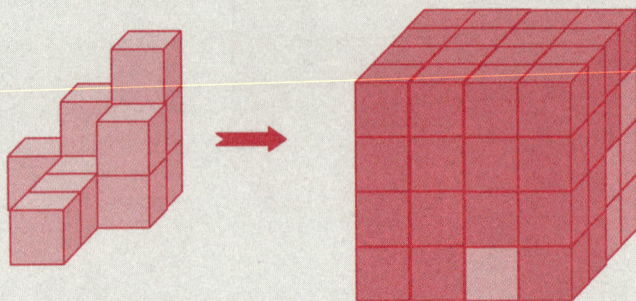

问题 145

如下图，花轮用直尺在纸上画了一个等腰直角△ABC，其中四边形 $DEFG$ 为正方形，如果正方形 $DEFG$ 的面积为 32 平方厘米，那么等腰直角△ABC 的面积为多少平方厘米？

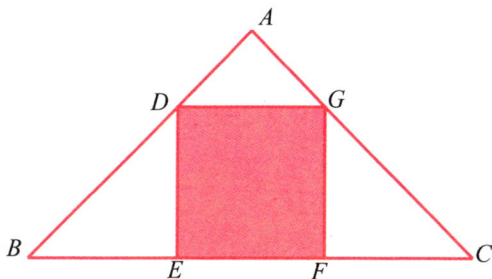

问题 146

花轮将一张边长 30 厘米的正方形纸张，先分割成两个等腰直角三角形，再从这两张纸上各剪出一个正方形（如图之阴影部分）。请问：两个正方形的面积相差多少平方厘米？

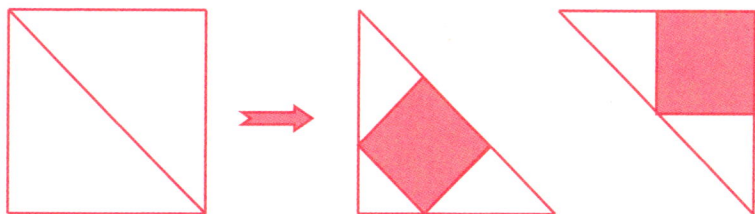

问题 145 解答

　　原图可等分成 9 个相同大小的等腰直角三角形。

　　$32 \div 4 = 8$，$8 \times 9 = 72$，所以等腰直角 $\triangle ABC$ 的面积为 72 平方厘米。

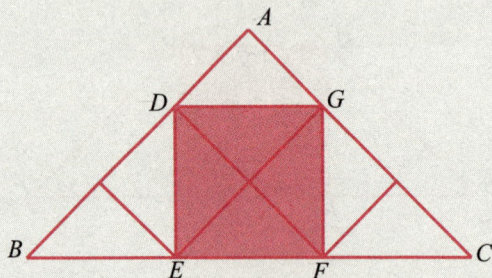

问题 146 解答

　　$30 \times 30 \div 2 = 450$，每张等腰直角三角形纸张的面积为 450 平方厘米。

　　下图左的正方形面积为 $450 \times \dfrac{4}{9} = 200$（平方厘米）；

　　下图右的正方形面积为 $450 \times \dfrac{2}{4} = 225$（平方厘米）；

　　$225 - 200 = 25$，所以两个正方形的面积相差 25 平方厘米。

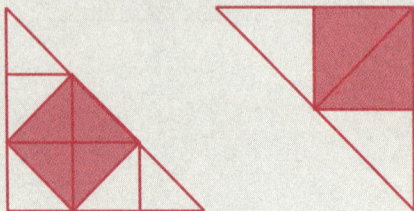

问题 147

下图有个等腰三角形，请加上一些线段，使整个图形表示二十六个英文字母中的第一个字母"A"，但加上的线段必须一笔画完成，且不能重复原三角形上的任一线段。

问题 148

下图是元太数学考试考满分，妈妈买给他的立方体蛋糕。如果只能切一刀，并切出一个表面积为原立方体一半的长方体，那么应从何处切下？

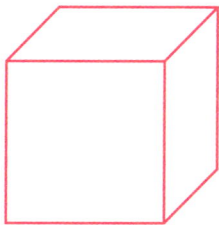

问题147 解答

可以表示二十六个英文字母中第一个字母"A"的字形应该很多，如下两个图都能表示英文字母"A"，加上的线段除了可以一笔画完成，且未重复原三角形上的任一线段。

问题148 解答

如下图，从四分之一处垂直切下，即可得到一个表面积为原立方体一半的长方体。假设原立方体每一面的面积为1，则原立方体表面积为6，切出的长方体表面积为$1+1+\dfrac{1}{4}\times4=3$，恰为原立方体表面积的一半。

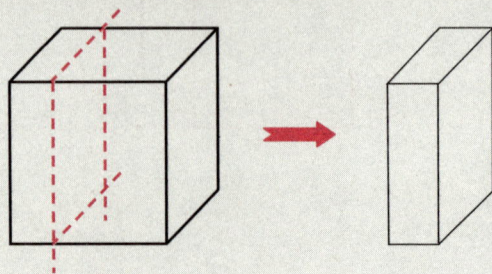

问题 149

如下图示，静香在一个长 5 厘米、宽 4 厘米的钉板上，用橡皮筋围出一个 △EFC。请问：这个三角形的面积是多少平方厘米？

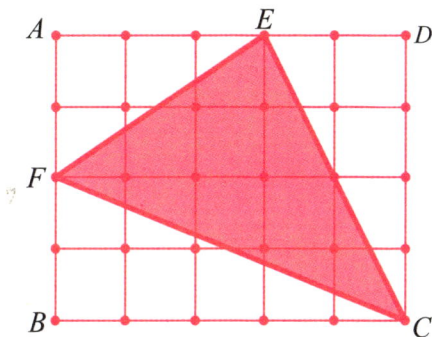

问题 150

花轮用 17 根火柴棒排成以下长 3 格、宽 2 格的长方格，如果他想排成长 30 格、宽 20 格的长方格，那么必须使用多少根火柴棒？

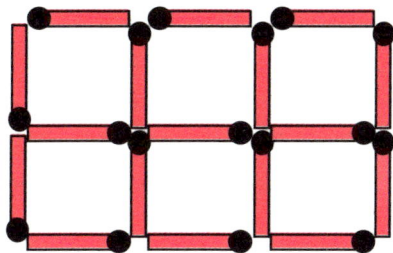

问题 149 解答

△EFC 的面积等于长方形 ABCD 面积减去 △EAF、△FBC 与 △CDE 的面积和。

长方形 ABCD 的面积 $=5×4=20$（平方厘米）；

△EAF 的面积 $=3×2÷2=3$（平方厘米）；

△FBC 的面积 $=5×2÷2=5$（平方厘米）；

△CDE 的面积 $=4×2÷2=4$（平方厘米）。

$20-3-5-4=8$，所以 △EFC 的面积是 8 平方厘米。

问题 150 解答

因为长方格的长 30 格，所以需要横向的火柴棒 $30×(20+1)=630$ 根；

因为长方格的宽 20 格，所以需要纵向的火柴棒 $20×(30+1)=620$ 根。

$630+620=1250$，

所以如果想排成长 30 格、宽 20 格的长方格，必须使用 1250 根火柴棒。

问题 151

以下有甲、乙、丙三个相同的正方形。请问：甲、乙、丙三个正方形内的涂色部分的面积大小为多少？

甲

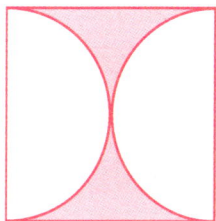

乙

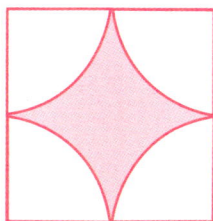

丙

问题 152

小玉的数学教科书上出现了一道面积题："已知长方形 *ABCD* 的面积为 270 平方厘米，如果 $FG=\frac{1}{3}\times BC$，请问 △ *EFG* 的面积为多少平方厘米？"她原本以为很困难，没想到几个步骤就算好了。请问：你算得出 △ *EFG* 的面积是多少平方厘米吗？

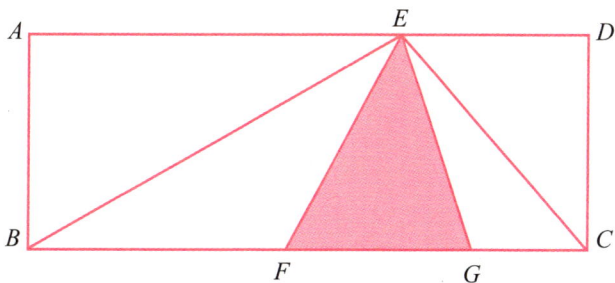

问题 151 解答

　　如下图示，经过切割与重新组合，即可确知甲、乙、丙三个正方形内的涂色部分面积相等。

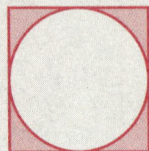
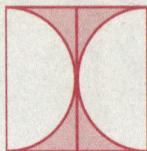
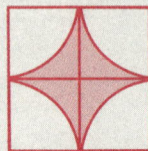

甲　　　　　　　乙　　　　　　　丙

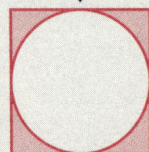

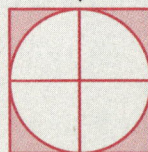

甲　　　　　　　乙　　　　　　　丙

问题 152 解答

　　△ EBC 面积为长方形 ABCD 面积的二分之一

　　⇒△ EBC 面积为 270 平方厘米的二分之一

　　⇒△ EBC 面积为 135 平方厘米，

　　因为 $FG = \frac{1}{3} \times BC$，所以 △ EFG 面积为 △ EBC 面积的三分之一，

　　$135 \times \frac{1}{3} = 45$，所以 △ EFG 面积为 45 平方厘米。

问题 153

长山在纸上画了一个长方形 *ABCD*，如果 *BF*=14 厘米，*ED*=25 厘米，*AB*=9 厘米，且 *ABFE* 面积为 *ABCD* 面积的三分之一。请问：*ABFE* 的面积为多少平方厘米？

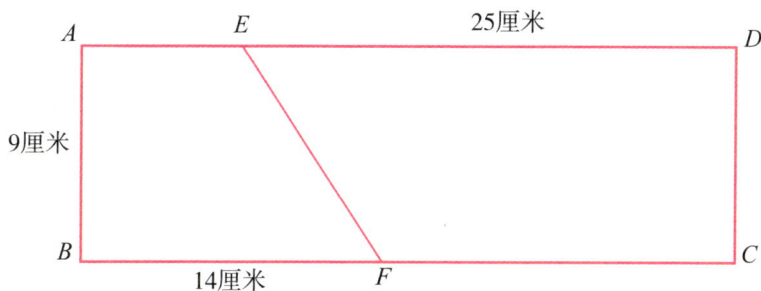

问题 154

阿笠博士要少年侦探队动脑筋，数数看下图中：（1）总共有多少个三角形？（2）总共有多少个平行四边形？请你也好好数一数吧。

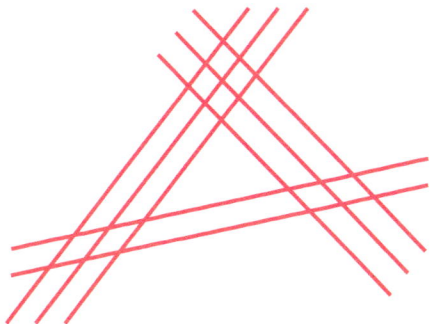

问题 153 解答

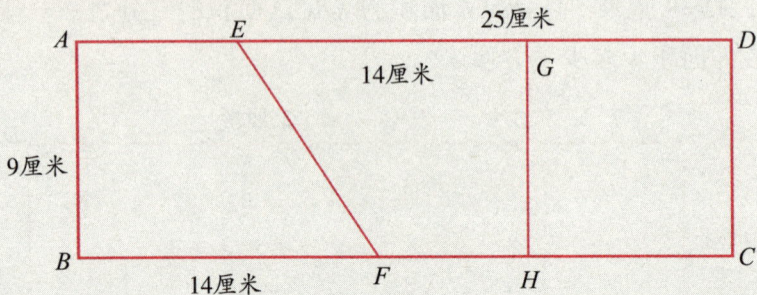

（1）如上图，取 $EG=14$ 厘米，作 $GH \perp BC$，则 $HGEF$ 面积等于 $ABFE$ 面积。

（2）由 $ABFE$ 面积为 $ABCD$ 面积的三分之一，推知：$GHCD$ 面积为 $ABCD$ 面积的三分之一。

（3）$GD=25-14=11$（厘米），$11 \times 9=99$，所以 $GHCD$ 面积为 99 平方厘米，故 $ABFE$ 的面积为 99 平方厘米。

问题 154 解答

（1）图中有 8 条线段，但只有三种不同的方向，每种各选一条，即可得出一个三角形。$3 \times 3 \times 2=18$，总共有 18 个三角形。

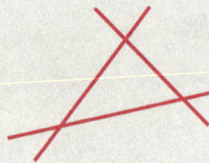

（2）图中有 8 条线段，但只有三种不同的方向，任两种各选 2 条，即可得出一个平行四边形。$3+3+9=15$，总共有 15 个平行四边形。

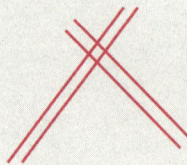

问题 155

藤木使用 12 根火柴棒排成以下的 3 个相同菱形，请移动其中 6 根火柴棒，使成为 6 个相同的菱形。

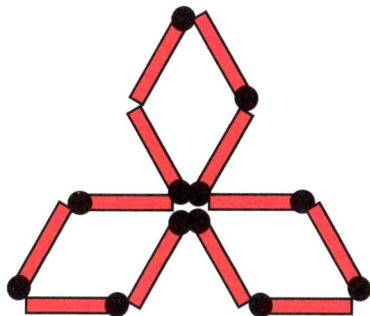

问题 156

藤木用 9 根等长火柴棒拼出以下的 3 个正三角形。请问：至少移动几根火柴棒，恰可得出 5 个正三角形？

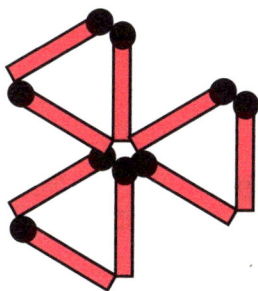

问题 155 解答

如下图，右侧的图形共有 6 个相同菱形。

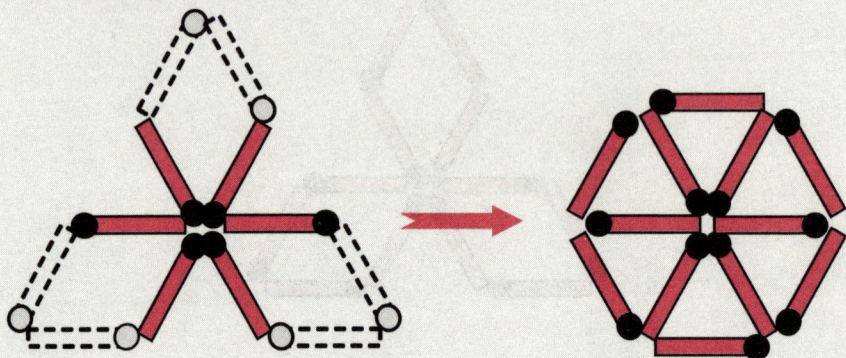

问题 156 解答

至少移动 3 根火柴棒。如下右图，小的正三角形有 4 个，大的正三角形有 1 个，合计有 5 个正三角形。

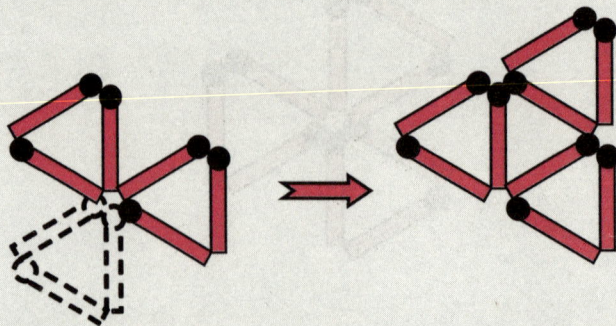

问题 157

如图，长山想将 8 平方单位的纸张切割成最少部分，再全部拼成一个内部完全密合的正方形。请你帮忙想想办法吧！

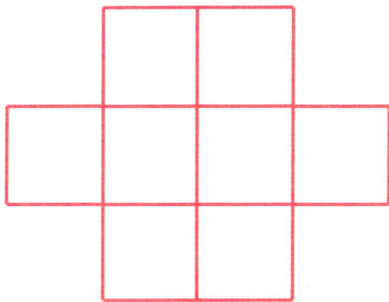

问题 158

阿德手上拿着一张 8 平方单位的木板，对着全班同学说："有没有人可以将它锯成最少部分，再拼接出两个正方形？"不久之后，花轮想出分成 4 部分的锯法与拼接方式，但猪太郎随即说："我找到了分成 3 部分的锯法与拼接方式！"请问：他们两人的锯法与拼接方式是怎样的？

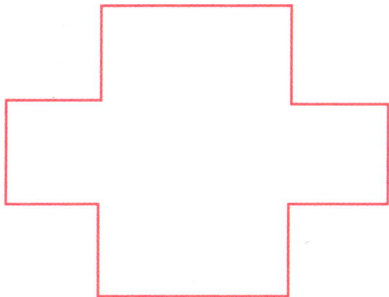

问题 157 解答

（1）以下切拼方式共分成 5 部分：

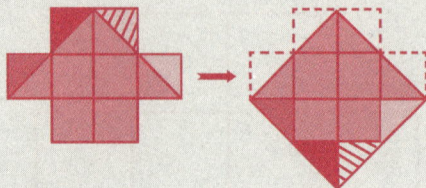

（2）以下切拼方式共分成 4 部分：

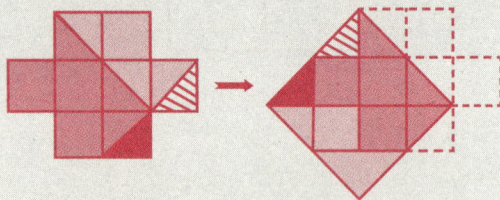

问题 158 解答

（1）以下为花轮分成 4 部分的锯法与拼接方式，他拼接出两个边长为 2 厘米的正方形：

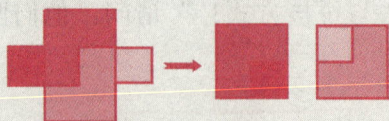

（2）以下为猪太郎分成 3 部分的锯法与拼接方式，他拼接出一个边长为 3 厘米的正方形，以及一个边长为 1 厘米的正方形（镂空部分）：

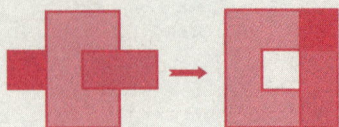

问题 159

胖虎将一张黑白相间的正方形棋盘剪成两片，请问：以下哪一个图形可与左图拼成正方形棋盘？

问题 160

阿笠博士要少年侦探队动脑筋，数数以下方格纸上与 $ABCD$ 相似的长方形（除了长方形 $ABCD$ 之外）共有几个。请你也好好数一数吧！

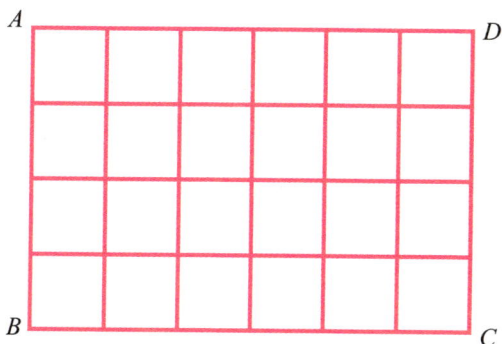

问题159 解答

B 图可与左图拼组成一个黑白相间的棋盘。

问题160 解答

长为 3 单位、宽为 2 单位的长方形与 $ABCD$ 相似。

图（1）这种方向的图形有（6-2）×（4-1）=4×3=12 个；

图（2）这种方向的图形有（4-2）×（6-1）=2×5=10 个；

12+10=22，所以共有 22 个。

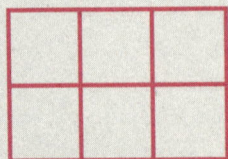

图（1）

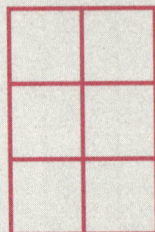

图（2）

问题 161

基德将八片相同的正方形纸张叠放拼成一个大正方形（如下图），如果这个大正方形面积是原正方形纸张面积的 4 倍，你知道哪一片纸张放在最下面吗？

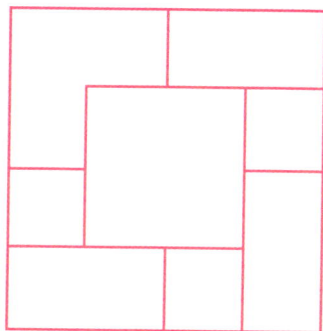

问题 162

花轮在纸上画了一个正八边形，若 $\triangle ABC$ 的面积为 10 平方厘米，则正八边形的面积为多少平方厘米？

问题161解答

　　可将八片正方形纸张都涂上不同的颜色，由于叠成的最大正方形面积为一片小正方形纸张的4倍，因此可确定标有符号"◎"的纸张是彼此不重叠的。

　　我们可以"由上而下"考虑（即8,7,6,5,4,3,2,1）小正方形纸张的叠放次序，并确定如下图标示的"1,2,3,4,5,6,7,8"是纸张"由下而上"的叠放次序，所以最右上角的一片纸张放在最下面。

问题162解答

　　如下图示，设 O 点为正八边形的中心点，则 $OA=OC$，因此 $\triangle OBC$ 面积为 $\triangle ABC$ 面积的一半。

　　$10 \div 2 = 5$，所以 $\triangle OBC$ 面积为5平方厘米。

　　又正八边形的面积为 $\triangle OBC$ 面积的8倍，$5 \times 8 = 40$，故正八边形的面积为40平方厘米。

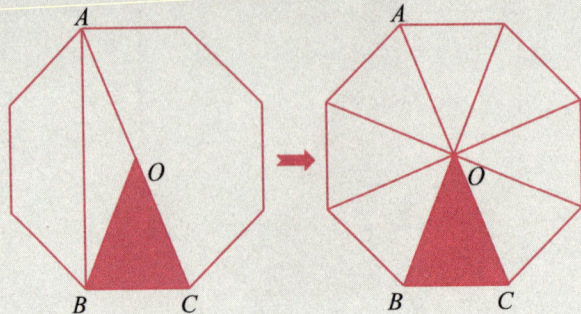

问题 163

如下图，鲁夫以一条长约 62 厘米的绳子，可将 3 个半径为 5 厘米的圆柱形汽水瓶恰好紧绕一圈。如果以相同方式，要将 6 个半径为 5 厘米的汽水瓶恰好紧绕一圈，那么绳子长约多少厘米？

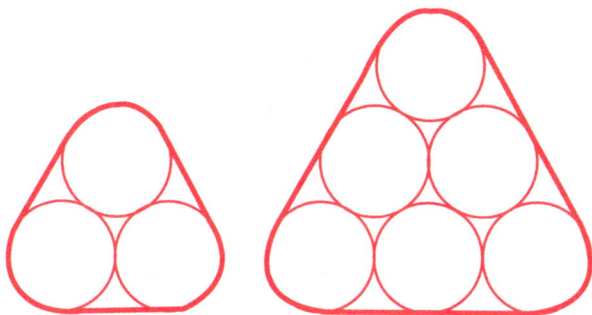

问题 164

柯南将一张长 16 厘米、宽 12 厘米的纸张分别卷成两种不同高度的圆柱，光彦说两种圆柱的体积相等，灰原却说后者的体积较大。请问：哪个人说对了呢？

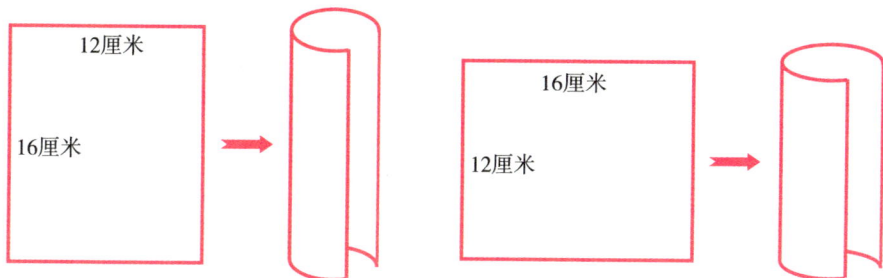

问题 163 解答

如图（1）所示，欲以绳子将 3 个半径为 5 厘米的汽水瓶恰好紧绕一圈，则绳长等于 1 个汽水瓶的底圆周长再加上 6 个底圆半径长；

如图（2）所示，欲以绳子将 6 个半径为 5 厘米的汽水瓶恰好紧绕一圈，则绳长等于 1 个汽水瓶的底圆周长再加上 12 个底圆半径长，也就是图（2）的绳长比图（1）的绳长多 6 个底圆半径长。

$62+5×6=92$，所以绳子长约 92 厘米。

图（1）　　　　　　　　　图（2）

问题 164 解答

（1）前者圆柱的底圆圆周为 12 厘米，则底圆半径为（$6÷π$）厘米，因为圆柱的高为 16 厘米，故圆柱的体积为（$6÷π$）×（$6÷π$）$×π×16$ 立方厘米。

（2）后者圆柱的底圆圆周为 16 厘米，则底圆半径为（$8÷π$）厘米，因为圆柱的高为 12 厘米，故圆柱的体积为（$8÷π$）×（$8÷π$）$×π×12$ 立方厘米。

比较两者大小，可知后者的体积较大，故灰原说对了。

问题 165

光彦的书桌上有个长方体（如下图），这个长方体的长、宽、高分别为 6 厘米、5 厘米、4 厘米，它是光彦用一些边长为 1 厘米的小立方体拼组而成的。现在想让这个长方体成为一个最大的立方体。请问：最少应移除多少个小立方体？

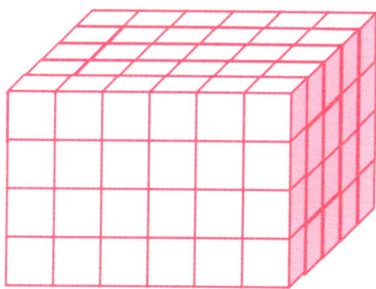

问题 166

"花轮"公园的正六边形广场中央有个正六边形花圃，在花圃周围全部铺设大小相同的正三角形地砖。下图（1）有一圈正三角形地砖，图（2）有两圈正三角形地砖，图（3）有三圈正三角形地砖，依此类推。如果共铺设 15 圈地砖，那么第 15 圈共有多少块正三角形地砖？

图（1）：一圈地砖

图（2）：两圈地砖

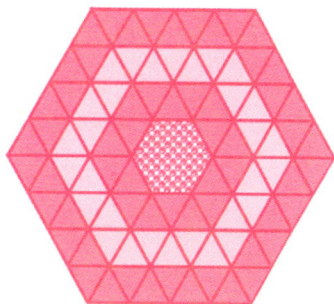

图（3）：三圈地砖

问题 165 解答

因为 $5\times5\times5=125$，$4\times4\times4=64$，$6\times5\times4=120$，所以可移除一些小立方体，使得原长方体变成一个 $4\times4\times4$ 的立方体。

$6\times5\times4-4\times4\times4=120-64=56$，所以最少应移除 56 个小立方体。

问题 166 解答

第 1 圈有 $3\times6=18$ 块正三角形地砖；

第 2 圈有 $5\times6=30$ 块正三角形地砖；

第 3 圈有 $7\times6=42$ 块正三角形地砖；

……

$31\times6=186$，所以第 15 圈共有 186 块正三角形地砖。

问题 167

野口将一张方格纸上的部分小方格涂色（如下图）。请问：所有涂色部分的小正方形共有多少个？

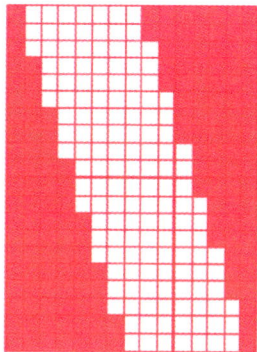

问题 168

下图是一张长 50 厘米、宽 30 厘米的纸张，目暮警官要光彦将它分割成大小相同的三张后，再将每一张纸折叠成边长为 10 厘米的无盖立方体纸盒。目暮警官的问题真的有解吗？请你赶快拿出可用的材料，解解看吧。

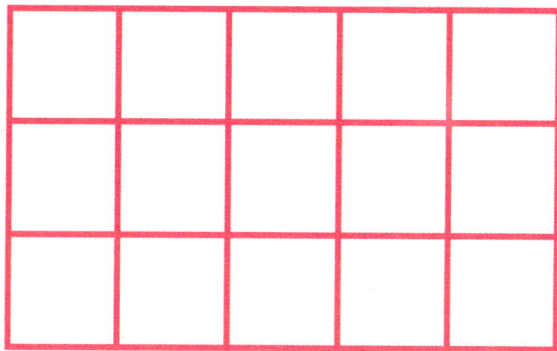

如下图，所有涂色阴影部分的小正方形可拼成一个 7×22 的长方形，所以共有 154 个小正方形。

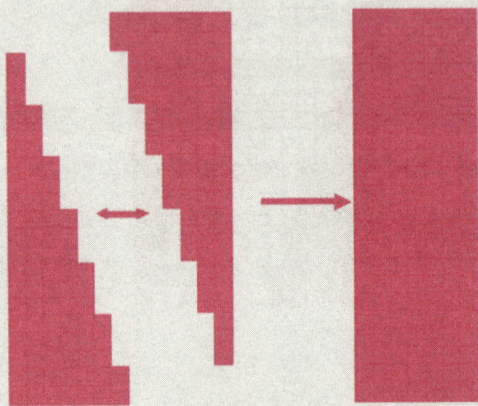

如图的分割方式即可，且分割出的每一张纸皆可折叠成边长为 10 厘米的无盖立方体纸盒。

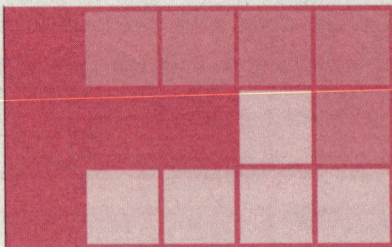

问题 169

下图是大原拥有的长方形土地 *ABCD*，其中 *AD*=100 米，*CD*=80 米，现在土地上开辟宽 6 米的道路。请问：道路以外的土地面积为多少平方米？

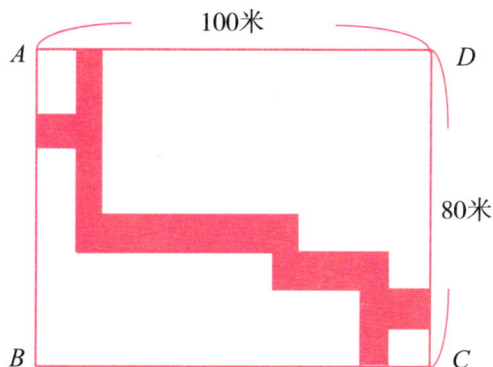

问题 170

下图是藤木在笔记本上画的图案。请问：它是哪一个立方体的展开图？

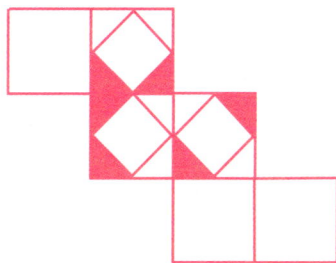

甲　乙　丙　丁

问题 169 解答

　　将道路分成两部分，分别计算其面积：（1）点状部分可拼成长 94 米、宽 6 米的长方形；（2）斜线部分可拼成长 80 米、宽 6 米的长方形。

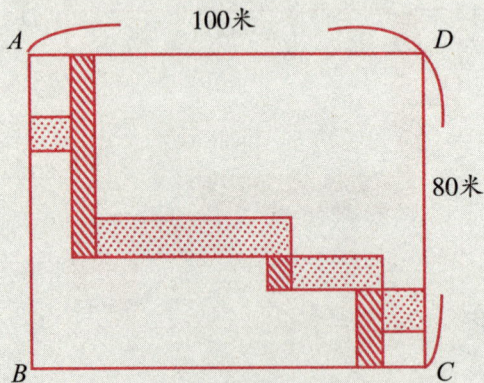

　　$100 \times 80 - 94 \times 6 - 80 \times 6 = 8000 - 564 - 480 = 6956$，

　　所以剩余的土地面积为 6956 平方米。

问题 170 解答

　　它是乙立方体的展开图。

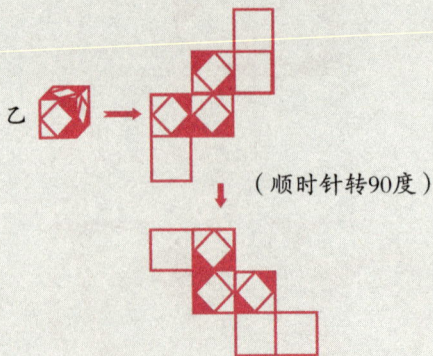

（顺时针转90度）

问题 171

下图是静香画的图形。请问：它是哪一个立方体的展开图？

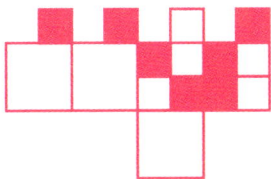

甲　　　乙　　　丙　　　丁

问题 172

下图是小玉的爸爸用相机拍的照片，请在右侧三个空格内画出这个立体图形的三个视图。

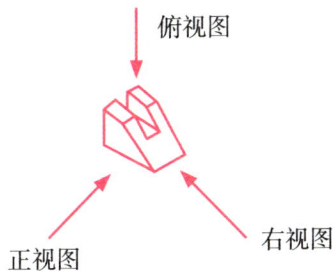

俯视图

正视图　　　　　右视图

正视图	
右视图	
俯视图	

问题 171 解答

它是丙立方体的展开图。

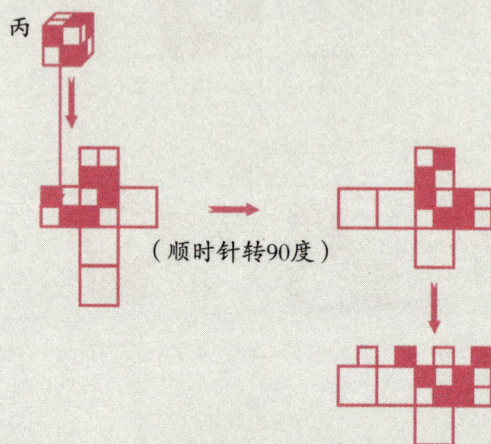

丙

（顺时针转90度）

问题 172 解答

此立体图形的三个视图如下：

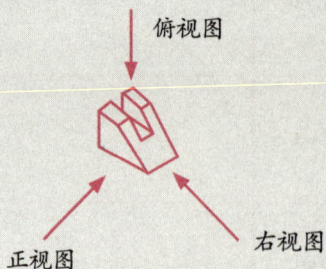

正视图	
右视图	
俯视图	

问题 173

　　大雄在回家的路上捡到一个纸制物品。他利用光源，从完全不同的六个面将物品分别投影在墙壁上。请你试着由墙上产生的投影图（如下图），画出这个物品的立体造型。

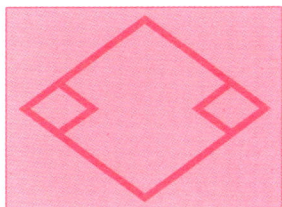

上、下面的投影图　　　　左、右面的投影图　　　　前、后面的投影图

问题 173 解答

　　如下图，它像是某种电灯泡的纸制固定物。